圖 1：1943 年，蔣夫人宋美齡與美國總統夫人愛蓮娜 · 羅斯福合影。

圖 2：1948 年 5 月 10 日，蔣夫人在中國南京家中舉辦露天聚會，夫人所戴的新草帽襯托出她美麗的臉龐，攝影師也替展露笑顏的夫人拍攝照片。

圖 3：1955 年，蔣中正和宋美齡在院內讀聖經。

圖 4：1965 年 12 月 22 日，蔣中正總統夫人在紐約市參與會議期間。

圖 5：1971 年 10 月 10 日，約三十萬人聚集在臺北慶祝中華民國雙十國慶，蔣中正總統偕夫人宋美齡向底下歡呼的群眾揮手致意。總統及夫人大約公開露面兩分鐘。

圖 6：2002 年，宋美齡在美國歡度一百零五歲生日。（中新社攝影）

呂晶——著
蔣永敬——審訂

宋美齡的後半生

找到真實的第一夫人

SOONG MEI-LING
1898-2003

蔣序

宋美齡，中華民國「第一夫人」，由於戰後國共內戰，國民黨的潰敗，於一九五〇年一月離開美國來到臺灣，與蔣中正共度時艱，開始她後半生的生涯，至二〇〇三年在美國去世，享年一百零六歲。從一九五〇年到二〇〇三年，計為時五十三年，正是她享年一百零六歲的一半。

她的後半生活動和工作，可從她在臺灣主持的婦女聯合會名稱的改變顯示出來。婦聯會初名「中華婦女反共抗俄聯合會」，創辦於一九五〇年四月，其任務是「反共抗俄」。一九六四年略去「抗俄」字樣，改名為「中華婦女反共聯合會」，僅是「反共」而不「抗俄」了。一九九六年又略去「反共」而加上「民國」字樣，改名為「中華民國婦女聯合會」，即不「反共」而是捍衛「中華民國」了。

「反共抗俄」及「反共」，是為配合蔣中正的政策。捍衛「中華民國」的工作，她早在一九五〇年代即結合美國的反共人士所組成的「百萬人委員會」以阻止中共進入聯合國，頗具成效。到了一九六五年中華民國在聯合國的地位發生動搖，尤其一九六八年尼克森（Richard Nixon）當選為美國第三十七屆總統後，亟謀與中共建交，尼氏為「聯中（共）制蘇」而拋棄中華民國，一九七一年十月二十六日，使中共取代中華民國在聯合國的席位。此乃尼氏對其「老友」的「背叛」也。尼氏原與蔣、宋關係友好，一九五三年十一月，時任美國的副總統尼氏偕夫人訪問臺灣，受到蔣、宋熱忱的接待。彼與蔣、宋關係的惡化，本書著者呂晶博士在書中引有蔣的兩則日記，至為精彩。錄之如下：

（一）一九七一年九月二十八日的日記：

尼醜昔年（按為一九六七年）在慈湖晤談時，視為其可厭之政客，以輕薄待之，並未允其助選。

（二）一九七一年十二月十四日的日記：

尼醜未當選以前，來臺北相訪，彼滿懷我協助其選舉資本，應（因）其未先提，而我亦未提也。此等政客，成事不足，敗事有餘，此乃吾妻（宋）專聽（孔）令侃一面之詞所致。今國患至此，令侃之罪不小也。

這是悔不當初。中華民國之被逐出聯合國，蔣氏頗怨「尼醜」之「背叛」，以及宋與孔令侃的誤判。在國民黨二〇〇〇年失去臺灣政權而由民進黨當政後，一度進行「去中」、「去蔣」化，二〇〇二年七月二十二日，陳水扁之「總統府國策顧問」陳隆志在該府紀念週月會上之演講，詆毀蔣中正一九七一年堅持「漢賊不兩立」退出聯合國，害了臺灣。對於陳隆志之言，曾有當年參與其事的外交官陸以正及蔣經國之子蔣孝嚴提出反駁之文。筆者亦「不甘寂寞」，以為反駁之文證據不足，乃根據當年參於其事的王世杰之日記撰一短文，於七月二十六日由臺北《聯合報》刊登之，該報標題為：〈從《王世杰日記》看當年多方努力全盤皆輸——奈何賊立漢不立〉，可證陳隆志所言非實。此文內容如下：

從《王世杰日記》看當年多方努力全盤皆輸——奈何賊立漢不立

總統府國策顧問陳隆志七月二十二日在總統府國父紀念月會上專題報告〈臺灣與聯合國〉，批評故總統蔣中正當年（民國六十年）處理中華民國在聯合國的席位問題，因堅持「漢賊不兩立」，最後變成「賊立漢不立」。今天臺灣不能進入聯合國的一切問題，都是蔣介石造成的。

蔣中正是當年的中華民國總統，處理中華民國在聯合國的席位問題，總統府必定留有檔案資料，陳教授既為總統府的顧問，當有查閱檔案之便。就筆者所知，當年處理聯合國的席位問題時，總統府設有宣傳外交綜合研究組（簡稱宣外組），其重要成員有黃少谷、谷正綱、王世杰以及當時的外交部長周書楷等。筆者雖無特權能看到這種檔案、紀錄，幸而從王世杰的《日記》中可以清楚地瞭解當年處理的過程。大致可分為三個層次：一是「漢立賊不立」，就是要能保住自己的席位，而不讓中共加入，這是最高的層次。如此層辦不到，只好「賊立漢亦立」，也就是一般所說的「兩個中國」或「一中一臺」。但當時我方並不使用此類名詞，稱之為「一國兩席」或「雙重代表權」較為恰當。結果這個層次雖經多方努力，還是「全盤皆輸」，落得「賊立漢不立」。決不是「漢賊不兩立」所造成的。

首先我們來看第一個層次，如何來處理「漢立賊不立」。引王氏《日記》數則如下：

1.「頃悉美國政府向我政府表示，主張准共匪政權入聯合國，並取得安全理事會中國席位。余（王世杰自稱）向外部當局及黃少谷說：如不獲己，我政府或可要將安理會中國席位暫行停止至能獲得解決辦法為止。彼等均以為現在做不到。」（民國六十年七月二十七日記）

2.「午後總統府宣外組會議後，余（王）與黃少谷商量如何答覆美方提以安理會為中國常務理事席讓給共匪之議。依現時判斷，共匪將可得到必需要票數，我之拒絕將歸失敗。余謂我不妨提議將安理會中國席位暫行停止一、二年。少谷似以為做不到。蔣先生（中正）對此無明白之指示。」（七月三十日記）

3.「宣傳外交綜合組討論聯合國中國代表權問題。據外交部報告，美方曾邀約二十位駐聯大代表團團長商討保留中國（中華民國）席位提案，但無多反應。前途形勢顯然於我不利。」（八月十三日記）

如上所記，不但「漢立賊不立」有困難，就是「漢立賊亦立」也有問題，但亦不能不做最大努力。因此，當外交部長周書楷定九月十五日赴紐約出席聯合國大會前，王雲五、黃少谷及王世杰等請其注意兩事：

1. 要求美國務卿應允，於彼所提保留中國（中華民國）普通會員籍一則，如不能在大會通過，美將在安理會使用否定權，以否定大會之決議。

2. 我在安全理事會常任理事如絕對無法保持，可試探修正美案，將此席位缺席，使中共不能入安理會。（九月十五日記）

此不過一廂情願耳。乃不得不退而求次，進入第二個層次，試圖「漢立賊亦立」了。王氏《日記》云：

「今日午後總統府宣傳外交綜合組開會，討論我對聯合國態度。余（王）以為我只能保留大會席位，而共匪政權被選入聯合國及其安全理事會常任理事，我不宜退出或完全缺席，而仍應出席聯大大會，但嚴厲抗議其決定之違憲。谷正綱、黃少谷等均支持余之主張。至於最後決定，自需最高當局為之。」（九月二十四日記）

「最高當局」，當指蔣中正而言，以後照此進行，未見蔣中正反對，應是默認。在試圖「漢立賊亦立」時，美國確曾幫忙，但不敵阿爾巴尼亞的「排我納匪案」。王氏在《日記》中不勝感慨曰：

「最近聯合國會員對中國代表權問題，趨炎附勢者日眾。支持美國所提的第二案（原注：保留中華民國普通席位）似亦較支持阿爾巴尼亞排我納匪案者為少。最可恥者如印度、英國、馬來西亞等國。……」（十月二日記）

縱然聯大通過阿案，我方仍打算賴著不走。王記云：「總統府宣外組午後開會，余（王）力主倘聯大決議通過阿爾巴尼亞排我納匪案，我絕不宣告退出，不承認聯大決議，未先經依聯大憲章第六條程式，由安理會議決，不能生效，我在聯合國地位仍存在。該組多數委員同意余之意見。」（十月二十二日記）

十月二十六日，聯大通過阿爾巴尼亞排我納匪案，所謂「賊立漢不立」大勢已定。王乃草擬「宣布我在聯合國之會籍，因聯合國未依憲章（尤其第六條）通過阿爾巴尼亞案，在法律上依然保持著……」之提案。經過大家的討論，似乎覺得無濟於事。為了面子，只好發表「嚴正」聲明（表示所謂「漢賊不兩立」）。事後內部檢討，此乃美國背棄中華民國之故也。迫於現勢，只好打落牙齒和血吞。王之《日記》云：

「今日（十一月五日）午後，宣傳外交綜合研究組在總統府舉行例會，除由周部長（書楷）報告此次聯大會議，中國（中華民國）被排除之經過外，發言人俱對未來我方應有之措施說話，共達兩小時。眾對美國益多失去信任，周部長亦然。但在策略上彼（周）仍勸告宣傳方面，不可造成我朝野反美之印象。咸謂此議甚是。惟沈大使（劍虹）之反美言論，外部亦當指示糾正。」（十一月五日記）

宣外組是總統蔣中正的幕僚機構，其所作之決策，當然稟承蔣之意旨而行。我們從王氏《日記》中看了這段的經過以後，再來對證陳隆志那天在「廟堂」之上的報告，從電視的畫面上，看到國家「元首」（陳水扁）率領「文武百官」正襟危坐，聆聽這位「國士」在那「胡吹亂蓋」，誠不知「哀哀諸公」作何感想！

（臺北《聯合報》〈民意論壇〉，二〇〇二年七月二十六日）

宋美齡在蔣中正一九七五年四月五日去世後，即於九月十七日赴美國隱居，到一九八六年十月二十五日為紀念蔣中正百年冥壽離美回臺，這段留美時間為十一年一個月。一九八八年一月十三日蔣經國去世三年後，即於一九九一年九月二十一日離臺赴美定居，一直居留美國為時十二年一個月，到二〇〇三年十月二十四日去世為止。這兩次留美計為時二十三年二個月，加上一九五二、一九五四、一九五七、一九六五年的四次訪美，總共留美時間為二十六年六個月，占其後半生五十三年的一半時間。為何如此之久？著者呂晶博士在本書中已有說明。筆者認為其晚年留美主要原因之一，是美國為一個民主自由的國家，適於安身立命。反之，如果是一個專制的國家，或是缺乏正義的社會，就會使人避之惟恐不及了。

呂晶博士這部《宋美齡的後半生》，具有高度的學術水準，充分利用中外檔案資料，特別是臺北國史館「蔣檔」文獻，可信度極高，是研究宋美齡的傑作之一，值得欣賞。

蔣永敬　二〇一六年一月於臺北淡水水世紀

張序

南京大學中華民國史研究中心呂晶博士與幾位女教授，自二〇〇九年開始合作研究宋美齡。六、七年間，她們先後赴臺灣、美國及中國大陸各地，廣泛搜集宋美齡的有關史料，其中包括著述、書信、函電等，總數達一百五十萬字。不敢說窮盡了宋美齡的各類資料，但已掌握相當豐富的史料。為此，我們不僅編纂出版了《宋美齡文集》（五卷本），幾位女學者還在分工研究宋美齡一生經歷的基礎上，分別就幾個專題完成研究著作，並於近期在北京和臺北出版繁、簡體。呂晶博士分工研究宋美齡的後半生，並以此為研究方向，撰寫了博士論文。答辯時，獲得專家們的稱讚。著名歷史學家蔣永敬教授推薦在臺北出版，我深表贊同。

宋美齡是跨越近現代中國三個歷史時代的著名女性，是對中國社會、政治、外交、婦女運動作出過重要貢獻的女政治家。

宋美齡出身於有濃厚基督教背景的家庭。父親宋耀如曾支持孫中山革命，其養育的六個子女及女婿，都是民國政治舞臺上最有影響的政治領袖，這在世界各國也是極其罕見的。

宋美齡自少年時代即隨姐姐赴美求學，所受教育是典型的西方文化，在歐美的影響中長大。然而，一九一七年回國後，宋美齡作為一位青年女性，更多地接受了中國的傳統文化和優秀美德的影響，更廣泛地瞭解了中國社會。應該說，宋美齡是將西方文化和中國傳統美德結合得最好的中國現代女性和政治家。綜觀宋美齡一生，她在一九三〇年代，配合蔣介石推動中國的社會改造運動；抗戰時期，她組織中國婦女支援和參與抗日戰爭，救助和慰問前線將士，特別是在戰爭最艱難時刻遠赴美國爭取援助，其中國女性的形象和政治風度，震動了美國朝野。

國共內戰，國民黨敗退臺灣，宋美齡仍然堅持蔣介石的政治理念，推動不切實際的反攻大陸幻想。一九七五年，蔣介石過世，宋美齡面臨新的政治決斷。在經過反復的政治考量之後，宋美齡毅然決定擺脫各種是是非非，脫離政治舞臺，遠離臺灣，長期寓居於美國紐約長島。這對宋美齡來說，是其晚年最痛苦也是最好的選擇。宋美齡的美好形象曾被人們扭曲，然而最終還是恢復了她的真實面貌。宋美齡一生有多方面的遺憾，兄弟姐妹由於政治理念和政治道路的分歧，使原本十分親密的手足情誼，拉開了政治距離。長兄子文去世，宋美齡未能出席葬禮。二姐慶齡病重彌留，不能見上最後一面。喜愛的三個孫兒，都夭折於青年時代。有違於中國傳統習俗，宋美齡與蔣介石遺體至今仍暫厝紐約和臺灣，未能按其遺願，魂歸故里。

呂晶博士的博士論文，是一部優秀的學術著作。她為我們瞭解和研究宋美齡特別是其後半生的政治思想和政治活動，提供了有益的參考。我們祝賀這部著作的出版。

南京大學中華民國史研究中心

張憲文　二〇一六年元旦

陳序

宋氏家族在二十世紀中國歷史進程中扮演了重要的角色。從宋查理先生到宋靄齡、宋慶齡、宋美齡三姐妹和宋子文、宋子良、宋子安三兄弟以及宋家三位翁婿孫中山、蔣中正和孔祥熙，都以各自不同的程度影響了中國的現代化轉型。

宋氏家族為什麼會對二十世紀中國史產生這麼大的影響？這應該從更宏大的歷史視角來認識。十九世紀中葉以來，閉關自守的中國被西方列強打開了大門。西方文化對中華文化造成了極大的衝擊，使中國人的思想觀念發生了急劇變化。從此，西學盛行，中國的傳統文化逐漸解體。中國人逐漸認識到，中國的生產力、生產關係和社會文化已經處於落後狀況，學習西方先進的政治制度、思想文化和建設現代化國家，已經成為中國先進知識分子追尋的目標。宋氏家族就是在這樣的背景下登上歷史舞臺。基督教家庭、留學美國和國際化價值觀念，鑄就了他們日後在中國歷史上的貢獻。

宋美齡是二十世紀中國史上最令人尊敬的女性之一。她顯赫的家庭背景顯然是她成為蔣夫人的最重要原因。但她在中國政治舞臺上的崛起，同其在西安事變和抗日戰爭中的卓越表現有著密切關係，從此，「第一夫人」成為不退色的光環。宋美齡在和平解決西安事變中所起的作用是有目共睹的，她在中國政治生態中的地位由此奠定；而太平洋戰爭爆發以後，她為推動中美聯盟抗擊日本軍國主義在亞太地區發動的侵略戰爭、對於推動中國戰時外交，均發揮了獨具特色的魅力和作用。而開羅會議則是宋美齡政治生涯的頂峰。

但宋美齡的後半生研究卻有讓兩岸學者難以逾越的障礙。在大陸學者看來，宋美齡是蔣介石的夫人，既是基督教徒、又堅決反共，當然被貼上「反動分子」的政治標籤。在臺灣學者來看，作為第一夫人的宋美齡在冷戰時期利用其在美國政界的影響力，對於在韓戰以後爭取美國協防、援助臺灣，將臺灣變成反共抗俄的基地等方面功勳卓著。因此，宋美齡無疑是中國國民黨的「政治遺產」和「歷史符號」。政治方面的禁忌使得宋美齡後半生的研究變得相當困難。

呂晶博士早年參加南京大學中華民國史研究中心與臺灣婦聯會合作的「宋美齡與近代中國研究」。當她提出要以宋美齡後半生作為博士論文來研究時，我當時並不以為然。我之所以有這樣的看法，主要基於兩點：第一，宋美齡後半生所處的國際環境已經發生了極大變化，加以兩岸宋美齡研究在政治立場、意識形態方面的對立和禁忌，研究存在極大風險。第二，宋美齡的史料散落於海內外各地，尤其缺乏完整的檔案史料，這就給研究帶來極大困難。這也是學界對於宋美齡研究鮮有完整和系統研究成果的主要原因。

不過，令我感到欣慰的是，這本《宋美齡的後半生》同海峽兩岸出版的林林總總有關宋美齡的傳記相比較，的確有很大的突破。

首先，本書的史料基礎非常紮實。全書二十萬字，卻有一千多個註釋。作者除了運用收藏在臺灣的國史館和中國民黨黨史館檔案外，還搜集了美國衛斯理學院檔案館的蔣宋美齡檔案、艾瑪・德隆・米爾斯檔案；美國史丹佛大學胡佛研究院檔案館庋藏的宋子文檔案、蔣介石日記、喬治・索科爾斯基檔案等；美國哥倫比亞大學善本與手稿圖書館館藏的「張學良、趙一荻檔與口述材料」，等等。史學研究，尤其是人物研究最重視的是史料的翔實，新史料的發掘無疑是本書的一大亮點。

其次，本書以宋美齡的「政治符號」與「社會角色」屬性為出發點，構建了宋美齡後半生研究的分析框架和研究體系，而在這一框架和體系中展現的是宋美齡在國際交往、婦女兒童、醫藥衛生、文化教育、宗教活動等全方位的社會工作。這一研究思路為宋美齡後半生的研究提供了較完備的切入點。

第三，作者能夠盡力回避國際政治環境和冷戰思維對宋美齡評價的幹擾，摒棄了對政治人物進行政治評判的傳統做法。作者指出：「回顧宋美齡的後半生，筆者認為宋美齡是一個極為聰明的人，她知道自己缺乏什麼、需要什麼。她在對美外交中，隱忍厚重，抓住『院外援華集團』為其奔走。但在時代潮流變化之時，跋前疐後，轉型艱難。高舉反共大旗，重視符號性、指標性的勝利，以至於在國際環境變幻之時，美國國內輿論轉變之際，難以適應。」

宋美齡反共是自然的，我們毋庸大驚小怪。但我們應該從更高的層次上去認識宋美齡、評價宋美齡。我們應該看到，宋美齡是一個偉大的愛國者，她堅持一個中國、反對臺獨；她企盼中國的現代化發展。她的一生值得充分肯定。

南京大學中華民國史研究中心
陳謙平　二〇一六年一月六日

緒言

宋美齡，蔣介石夫人，宋氏家族重要成員，還有眾多標籤貼在她的身上。然而，有兩項是最本質的，一個是她出生的家庭，在中國近代史上，就是一個不平凡的家庭；另一個就是她通過婚姻成為日後民國政府最高領導者的配偶，其他頭銜基本由此衍生而來。由於宋美齡本人身分和經歷的特殊性，使得多方面的人士對她的評價不一，同時也引起學者對她研究的重視。早在一九四八年十二月，被中共列為內戰四十三名「戰犯」之一，而今有大陸學者稱她是近代中國歷史上傑出的女性、著名的政治家、中國婦女運動的推動者和指導者。[1]還有的學者認為「宋美齡的去世，標誌著一個時代的結束」，「她的一生值得肯定」。[2]臺灣學者指出，歷史學者對宋美齡的研究還不夠，過去的研究可能受到政治上的干擾，以及宋美齡本人還健在，對其評論有所忌諱，但現在她已過世，又有相關檔案開放的條件，應該是重新評價宋美齡的時候了。[3]

1. 張憲文〈序〉，張憲文、姜良芹等編著，《宋美齡、嚴倬雲與中華婦女》（臺北：黎明文化事業股份有限公司，二〇一二年），頁三。
2. 宋美齡逝世後，陳謙平教授接受上海《東方早報》（二〇〇三年十月二十五日）記者採訪時的回答。
3. 呂芳上：「研究蔣夫人打開禁忌大門。她健在時，想研究的不便研究；她不在了，讓歷史的回歸歷史。」《聯合報》，臺北，

多年來，海峽兩岸以及國外學術界對宋美齡研究甚少，對其評價也見仁見智，爭議頗多。基於此，為了實事求是評述宋美齡一生事蹟，南京大學中華民國史研究中心組織了兩岸十多位歷史學者以「宋美齡與近代中國研究」為主題，對其進行各類專題研究。該研究系列共分若干子課題，分別就宋美齡在中國近代歷史上的重大政治參與、政治思想、人際網路以及後半生作為等，展開了深入探討與研究，努力拓展宋美齡研究領域和提升研究的學術水準。同時，利用中國大陸教育部人文社會科學重點研究的優勢，將宋美齡研究列為重大專案。筆者作為項目組成員，承擔了宋美齡後半生研究的任務，並以此為博士論文研究選題加以研究。

著者認為研究宋美齡的意義在於：（一）近代政治人物的代表性與特殊性；（二）國民黨史的重要組成部分；（三）近代婦女參與政治、外交等事務的典型；（四）中西文化交會的寫照。研究宋美齡不僅要研究宋美齡的生平，還要深入與之相關聯的各種關係；不僅要分析她的著述資料，還要分析她的思想演變，從而總結出宋美齡在歷史中的作用和影響。

宋美齡於二〇〇三年十月二十三日晚間十一點十七分（**臺北時間二十四日上午十一點十七分**）在紐約曼哈頓寓所與世長辭，享年一百零六歲。[4]她跨越三個世紀，見證了百年歷史。其跌宕起伏一生，大致以宋美齡一九四八年再度赴美尋求援助為分水嶺，國民政府退到臺灣之後，宋美齡進入了她的後半生。事實上，這裡的後半生，是一個廣泛意義上的後半生，不僅僅是指年齡

二〇〇三年十月二十六日，版B六。

4. 人們通常認為宋美齡在世時間是一八九七—二〇〇三年。實際上，關於宋美齡的生年，一般有一八九七年、一八九八年、一八九九年、一九〇一年四種說法，並各有力證。本著採用的是最通常的說法。

已逾半百，更指宋美齡在政治生命、婦女兒童事業、社會教育活動上，均較其在大陸時期的狀況不可同日而語。從時間上看，宋美齡後來在臺灣和美國生活的時段，在其生命中的比重超過大陸時期。依照中國人特別重視晚年的習俗，強調「蓋棺論定」的傳統，實在是一段不能忽視的歷史。就目前所能見到的各類著述看，研究和論述宋美齡在大陸時期活動的比重，要超過她的晚年。其緣由一是宋美齡的後半生雖有作為，但較先前在大陸已明顯衰落，難以激發學者們的研究興趣，所作的研究題材有限；二是資料匱乏，特別是宋美齡沒有如蔣介石那樣留下日記或手稿。[5]宋美齡主要活動中心婦聯會的核心檔案，也並未開放，使得人們只能看到一個為國民黨所塑造出的宋美齡形象，而無法探究真實的宋美齡；三是宋美齡在歷史中的身影總是隱藏在蔣氏父子背後，在一些關鍵歷史時刻的作用，往往被蔣氏父子的光環所籠罩，使得學者們有意無意地輕忽了宋美齡在後半生的歷史作用。對於此種情形，不管是大陸學者，還是臺灣與海外學者，都覺得有所缺憾。

從大陸到臺灣，再到美國，宋美齡在幾個時期有何不同？她個人有何改變？內外環境與時代起了什麼作用？區域、空間，有限定的時間，折射一生。她的所作所為，無法離開臺灣的政局，國際間的大環境，以及對美國的依賴和某些堅持。這些都可以與大陸時期的宋美齡相互參照，從而真正認識一個完整的宋美齡。

同時，通過對宋美齡的研究，還能夠從某個角度關照到中美關係問題，臺美關係問題，國共

5. 據美國國會圖書館前中文部主任王冀在其回憶錄《從北京到華盛頓》中提到，宋美齡曾與之交談，表示「自己不寫，但可由王冀代寫」，而王冀自述已寫有五百多頁的宋美齡傳記，會在適當時機出版。王冀，〈前言〉，氏著，《從北京到華盛頓：我的中美歷史回憶》（北京：華文出版社，二〇一二年），頁五。但王冀的說法，未得到證實。

兩黨關係問題，臺灣的政治、經濟發展問題等。因為當時的宋美齡雖然不擔任政治要職，但是她追隨蔣介石，依舊在臺灣和國際上做了大量的臺前與幕後工作。她成立了中華婦女反共抗俄聯合會，配合蔣介石反攻大陸的政策，動員婦女建設臺灣、保衛家園；她數次訪美，頂著「第一夫人」的頭銜發聲，為蔣氏爭取盡可能多的經濟、軍事上的援助，努力打開臺灣的困局；她著書立說，幫助丈夫進行反共抗俄宣傳，強烈的民族主義信念，也使她一直堅決反對分裂中國的企圖。[6]

本著旨在全球背景下，以宋美齡後半生的個人思想、行為與生活為主線，探討她在政治等方面及其與家族其他成員的關係，揭示她上下浮沉的心路歷程，勾勒她與中國現代史的一些風雲人物複雜而又微妙的關係，以圖全方位、多角度反映其人、其事與其作用。也許這樣可以找到那個真實的宋美齡。

宋美齡是一個特殊的政治人物。對她的研究，不能局限於把她作為意識形態的批判對象，而應看成漫漫歷史長河中客觀存在的研究的對象。希望隨著更多資料的出現和開放，宋美齡研究能夠深入開展，讓她從「政治符號」回歸為「社會人」的史學研究對象。[7] 即反映出的研究趨勢是：由過去的放大檢驗，逐漸變為回歸本體、透析個人。事實上，這也是本書研究方向之一，探求宋美齡個人優雅氣質、不畏艱險的勇氣背後那些真正的思想動力、婦女意識、宗教信仰以及歷史事實。

---

6. 佟靜，《宋美齡的晚年歲月》（北京：團結出版社，二〇一四年），頁二九七。
7. 此處受陳紅民教授關於蔣介石研究的啟發，參見陳紅民、何揚鳴，〈蔣介石研究：六十年學術史的梳理與前瞻〉，《學術月刊》，二〇一一年第四十三卷第五期（二〇一一年五月），頁一五四。

著者認為，討論一個人的功過，需要時間的沉澱，再把她放進一個相對較長的時間裡與同一時代人物加以比較、考察，如此，不難看出她和中國的命運是那麼的密不可分，她在各種權力的爭戰中角力浮沉，或多或少地影響那裡的政治生態和社會發展，即便那個舞臺已經變小。對於一個長壽的人而言，時間似乎失去了意義，原本的對立終將變化。

宋美齡的研究，牽涉至廣，考慮整體研究的完整性，本著考察其在：對美外交、婦女工作、宗教信仰與社會事業、家庭角色、隱居美國等作為。不管從時限上，還是從涵蓋的內容上都做了大量的梳理。但就每個細節而言，恐難完備，遺珠之憾在所難免，還請方家多加指正。

目錄

第一章

致力外交抑制逆流

對宋美齡而言，婚姻給了她第一夫人的身分，時代則為她搭建了表演的舞臺。和同時代的女性相比，宋美齡有紮實的英語功底，有對美國文化的深刻體驗，有著和美國人同樣的西方思維方式，也有著對美英公眾輿論力量的廣泛理解。這使得宋美齡不僅是蔣中正的翻譯和外交事務私人助理，也是蔣中正的國際形象宣傳者。第二次世界大戰的爆發，國際反法西斯聯盟的形成，讓宋美齡有了更廣闊的國際政治活動空間，更成為蔣中正的外交政策代言人。一九四三年二月，宋美齡在美國參眾兩院發表了呼籲支持中國抗戰的精彩演講，讓她的魅力一時間傾倒了美國朝野，在中美之間架起了一座對話的橋樑。對美外交於是成為了宋美齡的政治優勢。儘管一九四八年宋美齡倉促出訪美國並最終失敗，但這並沒有澆熄宋美齡對美國的期望。退居臺灣後，依然積極地在臺美兩地奔走，取得美國的援助和支持，穩定臺灣的地位，可謂功不可沒。

第一節　積蓄中美外交助力

一九五〇年一月九日，當宋美齡發現再也無法動搖杜魯門（Harry S. Truman）政府的對華政策，挽救蔣中正在大陸統治的最後一根稻草已然落空，她黯然地離開紐約飛往臺北。臨行之前，她在紐約電臺發表演說，將臺灣定位為「一切希望的堡壘」，表示「不論有無援助，我們一定打下去」，「只要一息尚存，只要對上帝存有信心，就要繼續奮鬥，無一日無一時不用來為爭取自由而奮鬥。」[1]在演說中，她譴責了英國，「為了幾塊銀子的代價，出賣了一個民族的靈魂」，並稱英國「太無恥了」。[2]但宋美齡卻不便對美國假以顏色，只能感歎道：「你們愛我們或者已經拋棄我們，你們的心裡可知道，你們援助中國爭取自由，抑或業已拋棄自由，悉憑你們的意志決定。」她感慨地說：「懇求而又要能保持尊嚴是不可能的」，因此「我們伸著空無一物而願接受援助的雙手直立著，我們謙卑而又疲困的直立著」。[3]與此同時，宋美齡轉而充當幕後主導，通過美國「院外援華集團」（或稱「中國遊說團」）（China Lobby）」，開展對美外交工作。

、宋美齡與美國「院外援華集團」

（一）整頓「院外援華集團」

一九四八年底，宋美齡訪美受到冷遇，促使其決定調整和擴大「院外援華集團」，並親自指揮其活動，以向美國政府施加壓力。一九四九年一月六日，宋美齡不顧蔣中正要她從速回國、以免受辱的指示，趕赴紐約，並把紐約市布朗克斯（Bronx）里弗代爾區（Riverdale）的孔祥熙寓所，作為領導和指揮「院外援華集團」的指揮部。她致電蔣經國說：在此非常時期，「非有美國出面

1. 〈在紐約向全美廣播演說〉（一九五〇年一月九日），蔣夫人思想言論集編輯委員會編，《蔣夫人思想言論集》（臺北：中央文物供應社，一九六六年），卷三．演講，頁二二七。
2. 〈在紐約向全美廣播演說〉（一九五〇年一月九日），《蔣夫人思想言論集》，卷三．演講，頁二二八。
3. 〈在紐約向全美廣播演說〉（一九五〇年一月九日），《蔣夫人思想言論集》，卷三．演講，頁二三〇—二三一。

擁護」不可，「故余雖抱病，不甘屈服，應仍繼續與各方聯絡」，「倘一離此，中心即失，對於汝父（**按指蔣中正**）之再起，必更加多阻力耳。」[4]

在紐約，宋美齡的使命，是「指揮留美最幹練之中國人，盡其所能以拉攏美國之支持」[5]，因此，她在紐約期間的大部分工作，是同各種團體的中國人舉行每週戰略會議。[6]參加會議的，通常包括俞國華、李惟果、皮宗敢、毛邦初、陳之邁等，[7]以及宋子文、孔祥熙、陳立夫、蔣廷黻等。[8]這些人可以分為兩大集團：「一為孔宋派之有錢闊佬，另一為蔣所信任之駐美諸首長。」[9]在宋美齡的安排下，孔祥熙與參議員魯斯勃里奇斯、進出口商柯爾伯等進行廣泛接觸；孔令杰是宋美齡之信差、發餉官及排難解紛者；宋子文聯絡科卡南、陳納德（Claire Lee Chennault）、維勞爾、諾蘭（Knowland, William）、周以德（Walter Judd）、伊克遜等；其他如于焌吉、劉鍇、于斌、胡適等也是集團的人員。[10]

與此同時，宋美齡還考慮建立「院外援華集團」的周邊宣傳組織。一九四九年一月八日，她

4.「宋美齡致蔣經國文電資料」（一九四九年二月二十六日），〈一般資料〉，《蔣中正總統文物》，國史館藏。
5.「王世杰呈蔣中正美國記者雜誌有關中國遊說組織譯文摘要」（五月十七），〈對美外交〉（十），《蔣中正總統文物》，國史館藏。
6. 羅斯・凱恩，《美國政治中的「院外援華集團」》，頁四七。
7.「王世杰呈蔣中正美國記者雜誌有關中國遊說組織譯文摘要」（五月十七），〈對美外交〉（十），《蔣中正總統文物》，國史館藏。
8. 同上。
9. 同上。
10. 同上。

給蔣中正發電報請示：「可否挑選專門機關向美國民眾與國會宣傳援華工作，並飭徐堪直電紐約中國銀行逕付二十萬元予該機關，並由該機關製據報財政部出帳。」[11]蔣中正回電云：「此事不宜電商，即速返國面商。」[12]一月十日，宋美齡又電蔣中正，提出：「美方友人建議我國組織良好對美宣傳聯絡機構，以便從旁爭取美援，並聘顧問鼓動美民眾與國會援華工作，如同意，請轉飭紐約中國銀行逕付經費予選定機關，並由妹（宋美齡自稱）負責指揮工作。」[13]一月十四日，宋美齡再電蔣中正，稱「美方現尚商討對我採取步驟」，預計「杜魯門二十日就職宣言對外交政策將有表示」，且「目前情形複雜，則宣傳聯絡不容鬆懈」[14]。宋美齡六天內連發三份電報，顯示了她依然把取得美國的援助，作為挽救國民政府在大陸統治的最後一根稻草。

到了一九四九年年中，也就是宋美齡逗留美國僅僅半年時間，蔣中正獲知，在美國新的「系統」已經建立起來了，並「擬以每週呈報要聞一次。如一旦發生緊急事項，當立即以有線電報奉呈」。[15]這一新的「系統」是越過大使館而獨立運作的，並直屬蔣中正和宋美齡，因為「凡此密電，即日起著交空軍辦事處編制密電碼及譯文。電文署名「官方」，而發報人等不必署名。[16]顧維鈞《回憶錄》中亦提及，這個背著大使館秘密運行的新系統，「經常在毛（邦初）將軍住處聚會，提出

11.「宋美齡電蔣中正」（一九四九年一月十四日），〈蔣中正致宋美齡函〉（六），《蔣中正總統文物》，國史館藏。
12. 同上。
13.「宋美齡電蔣中正」（一九四九年一月十日），〈對美關係〉（五），《蔣中正總統文物》，國史館藏。
14.「宋美齡電蔣中正」（一九四九年一月十六日），〈對美關係〉（五），《蔣中正總統文物》，國史館藏。
15. 羅斯・凱思，《美國政治中的「院外援華集團」》，頁四八－四九。
16. 羅斯・凱思，《美國政治中的「院外援華集團」》，頁四九。

每一個人從報紙上或通過與美國人接觸所能蒐集到的最新情報後，他們進行核對，並匯總擬出電報，這些電報用『公』字押腳（『公』即表示小組）。並由毛將軍的譯電員拍發出去。」[17]

宋美齡還為「院外援華集團」雇用了一些美國代理人，其中最重要的人物應該算是威廉・J・古德溫（William. J. Goodwin），他過去是老「基督教陣線」的一個成員。一九四四年他成為美國民主黨全國委員會的司庫，這個委員會曾反對第四次提名羅斯福為總統候選人。一九四八年四月九日，古德溫按照美國外國代理人登記法，登記為中國全國資源委員會的代理人。合同規定他的年薪為三萬美元，外加各種經費。全年的費用達到二二，八五七美元。一九四九年六月，古德溫又一次通過中國通訊社登記為中華民國政府的代理人，年薪為二萬五千美元，外加經費九，七七六美元。[18]聘用古德溫的命令來自宋美齡，而且聘書是由她親筆修改的。[19]九月十八日，《華盛頓郵報》（*The Washington Post*）在頭版刊文〈蔣在國會搞院外活動〉中指出，古德溫的工作是「向考慮政策的領導人物，包括一些國會領袖們提供共產主義對中國以及對美國的安全有哪些危險性的消息」，「在與有關方面接觸過程中，還要促使他們提高對國民政府的信心，並為國民政府尋求多多益善的同情和物質援助。」而且古德溫為國會議員設宴時，中國大使和陳之邁也總在座，向賓客們說明中國需要援助的情況，並且回答有關問題。[20]

---

17. 顧維鈞，《顧維鈞回憶錄》，第九分冊（北京：中華書局，一九九三年），頁五四七。
18. 羅斯・凱恩，《美國政治中的「院外援華集團」》，頁五二。
19. 顧維鈞，《顧維鈞回憶錄》，第七分冊（北京：中華書局，一九九三年），頁三八一。
20. 顧維鈞，《顧維鈞回憶錄》，第七分冊（北京：中華書局，一九九三年），頁三八〇。

在宋美齡所雇傭的、登記為國民政府代理人的商業公司中，最重要的一家是名為聯合辛迪加有限公司的美國公關公司，它在一九五〇年登記為中國銀行紐約分行的代理人，活動包括「公共關係領域的全部範圍」，主要工作方法之一是「通過與各種形式的新聞消息媒介的代表們的交往，以及與民間組織的經理人員的交往來進行的」。[21]

美國的一些軍方人員也是宋美齡拉攏的對象，其中退休的美國海軍上將、前西太平洋艦隊司令小查理斯·M·庫克（Charles M. Cooke），就是美國軍方與「院外援華集團」的牽線人。一九四九年十月十七日，宋美齡致電蔣中正請示：「可否邀前駐華海軍上將庫克赴華協助防守臺灣地區，並以每年美金一百至二百萬元預算，聘請軍事顧問。」蔣中正回電：「該事應即刻進行。」[22]此後庫克作為國際新聞社記者前往臺灣，並以記者的身分常駐臺北。一九五〇年二月十一日，蔣中正會見了庫克。[23]隨後庫克成為駐臺的美國軍事技術顧問團領導人，並很快集合了多位原具有遠東經驗的退休美國軍官，充當顧問團成員。這些顧問團成員，都是能夠向華盛頓施加壓力的人，能夠促使美國把更多的軍事裝備給臺灣。[24]庫克的主要任務，是與東京盟軍總部聯絡，促使麥克阿瑟將軍（Douglas MacArthur Jr.）偏向蔣中正。一九五一年十月十九日，庫克還特地回到美國，在調查太平洋關係協會的參議院小組委員會作證。他在作證時，猛烈地批評了美國政

21. 羅斯·凱恩，《美國政治中的「院外援華集團」》，頁五四。
22. 「宋美齡電蔣中正」（一九四九年十月十八日），〈蔣中正致宋美齡函〉（六），《蔣中正總統文物》，國史館藏。
23. 南京大學臺灣研究所編，《海峽兩岸關係日誌（一九四九—一九九八）》（北京：九州圖書出版社，一九九九年），頁八。
24. 羅斯·凱恩，《美國政治中的「院外援華集團」》，頁五九。

府在援助蔣中正方面的失敗，並敦促美國政府儘快地、大量地增加援助臺灣。[25]

此外，還有一些或自願或被說服支持蔣中正和國民政府的美國組織，也附屬於「院外援華集團」旗下，其中重要的有《中國月刊》雜誌、美國對華政策協會（American China Policy Association, ACPA）和援助中國以保衛美國委員會（Committee to Defend America by AidingAnti-Communist China）。

《中國月刊》雜誌隸屬於《中國月刊》公司的組織，該組織存在的唯一目的，似乎就是出版《中國月刊：中國的真相》。自一九三九年底出版第一期以後，外界除了知道其編輯先後是巴里・奧圖爾（Barry G. O'Toole）主教和馬克・蔡（Mark Tsai）神父外，其他一無所知。《中國月刊》在美國親蔣宣傳的任何階段，總是衝鋒在最前，甚至把不同情蔣中正的美國人，指責為「賣國者」。《中國月刊》的文章常常被其他出版物引用。[26]

美國對華政策協會是由阿弗烈・科爾伯格（Alfred Kohlberg）於一九四六年創辦，首任會長由《生活》（*Life*）及《時代》（*Time*）雜誌社老闆亨利・魯斯（Henry Luce）的妻子、國會前女議員克雷爾・布思・盧斯（Claire Boothe Luce）擔任，主要成員有：眾議員周以德、弗雷達・厄特利（Freda Utley）、愛琳・庫恩（Irene Kuhn）、嬌拉汀・菲奇（Geraldine Fitch）、威廉・R・詹森（William R. Johnson）、依薩克・唐・萊文（Isaac Don Levine）、瑪格麗特・普羅克特・史密斯（Margaret Proctor Smith）等人。美國對華政策協會對美國的對華政策的攻擊，不論在規模上和直截了當的程度上，都超過了其他一切組織。[27]從它成立到一九五三年為止，美國對華政策協會發

25. 同上。
26. 羅斯・凱恩，《美國政治中的「院外援華集團」》，頁六三。
27. 羅斯・凱恩，《美國政治中的「院外援華集團」》，頁六五。

表了大量的文獻，採取的形式有文章、小冊子、新聞稿和書評等等。

又援助中國應急委員會（China Emergency Committee）成立於一九四九年三月，委員會主席為斐特烈・C・麥基（Friedrich C. Maiki），主要成員有：眾議員周以德、眾議員B・卡羅爾・里斯（B. Carroll Reece）、愛琳・庫恩等人。同年，該委員會改名為援助中國以保衛美國委員會（Committee to Defend America by AidingAnti-Communist China）。仍由麥基擔任主席，並增加威廉・J・多羅萬將軍（William J. Donovan，二戰時曾任戰略情報局局長）、查理・愛迪生（Charlie Edison，前新澤西州州長、海軍部長）及赫伯特・威爾其（Herbert Welch，紐約主教派主教）三位副主席。董事會成員則包括：前駐波蘭大使亞瑟・布利斯・萊恩（Arthur Bliss Lane），曾任國際婦女服裝工人聯合會主席、美國勞工聯合會第二副主席和勞聯所屬自由工會委員會副主席的大衛・杜賓斯基（David Dubinsky），詹姆斯・A・法利（James A. Farley），曾任美國共產黨總書記的傑伊・洛夫斯通（Jay Lovestone），克雷爾・布思・盧斯，曾任派駐中國的聯合國救濟總署副署長的喬治・A・菲奇（George A. Fitch）等。委員會目的在於確保國民政府獲得美國財政援助，並阻止美國承認中華人民共和國。[28]

（二）「院外援華集團」的活動

在宋美齡領導下的「院外援華集團」的主要任務是：第一，必須使美國人相信，蔣中正統治的一個強大而又友好的中國，對美國人自身的安全來說，是必不可少的。第二，必須向美國人民

28. 羅斯・凱恩，《美國政治中的「院外援華集團」》，頁六七。

灌輸一種信念，即他們的代表們沒有給蔣中正以令人滿意和必需的支持。[29]於是，「院外援華集團」通過向美國國會議員提供有關中國及中美關係方面的資料、遊說國會議員，按照其意志提出對華議案、遊說行政部門、影響公眾輿論，甚至對總統施壓，以爭取制定出符合蔣中正和「院外援華集團」利益的對華政策。

第一，遊說國會議員

「院外援華集團」的主要工作對象是國會議員，最主要的遊說手段，是不斷向議員們灌輸有利於蔣中正的觀點。一九四九年六月二十四日，陳之邁電報給蔣中正，特別提議如何運用適當方法，來影響美國政策的問題。電文說：

> 關於我國的在美活動問題，看來似乎是：我們不僅應在政府內活動，還要在立法機構內活動。我們尤其應該與後者建立緊密的聯繫。如果我們的活動嚴格遵循美國法律，那是根本沒有危險的。但胡適博士（前任駐美大使）反對與立法機構保持接觸。他的意見是不對頭的。[30]

一九五〇年，「院外援華集團」的重要幹將古德溫在同《聖路易郵報》（St. Louis Post）的愛德華・A・哈裡斯（Edward A. Harris）的談話中說：他一年可能要招待大約一百名國會議員。他認為他已經促使其中大約五十人轉向中國的事業。他還聲稱，他為參加議員約瑟夫・R・麥卡錫

29. 羅斯・凱恩，《美國政治中的「院外援華集團」》，頁七〇。
30. 鄒讜著、王寧、周先進譯，《美國在中國的失敗：一九四一—一九五〇年》，頁四〇五。

（Joseph R. McCarthy）的有關共產黨人已滲透到國務院中這一指控打下了基礎。[31]當時的美國雜誌揭露，古德溫還於白皮書發表後宴客，使陳之邁強烈批評白皮書，供給參議員布里奇斯、諾蘭、惠理及麥加蘭等攻擊國務院之資料。[32]

「院外援華集團」為了讓議員們接受他們的觀點，有的時候還幫助議員起草講稿。顧維鈞《回憶錄》中曾這樣記述到：「一些同情而友好的參議員和眾議員，有時願在國會發表演說，支援中國的事業，使館或應其要求，或為其方便，理所當然地代筆起草講稿。」[33]

「院外援華集團」還利用金錢收買議員，以獲得議員們的支持。一九四九年七月二十日，宋美齡致電蔣中正，告知：「上週撥款委員會提出的援華方案，未得通過。如欲推動部分委員在下次會議討論時將撥款方案歸入軍事援華款項，須允諾提供他們下屆選舉所需經費。如同意，請即匯款。」[34]此外，當時的美國雜誌揭露「俞（國華）為蔣中正在美所信任有權力之人，俞有三套帳目，有為辦事處用的，有為遊說有關費用準備的，另有為正式會議用的。遊說組織籌款途徑沒有一個人詳確知道，國民政府自一九四九年將大批款項匯寄歐洲美洲親友，一則為避免美國凍結，亦有一相當數目撥作製造美國輿論之用」，「中國為遊說組織活動開支，小至請酒會，大至五百

31. 羅斯．凱恩，《美國政治中的「院外援華集團」》，頁六〇。
32. 「王世杰呈蔣中正美國記者雜誌有關中國遊說組織譯文摘要」（五月十七），〈對美外交〉（十），《蔣中正總統文物》，國史館藏。
33. 《顧維鈞回憶錄》，第七分冊，頁七一二。
34. 「對美外交：一般交涉（二）」，〈革命文獻〉，《蔣中正總統文物》，國史館藏。

萬美元均有之。」[35]一九五〇年，宋美齡離開美國前，也曾自中國資源委員會款項下，撥一百萬美元交陳之邁用於遊說事宜。[36]

通過遊說國會議員，宋美齡成功地在美國國會建立起一支為數不少的親蔣隊伍。為了更好地說明宋美齡的成就，我們可以看看一九四五年、一九四六年期間的情況。那時，僅僅只有四名議員關心中國問題，其中兩個是美國對華政策協會的發起人，眾議員克雷爾・布思・盧斯和周以德。另外兩個是參議員肯尼斯・惠理（Kenneth S. Wherry）和斯泰爾斯・布里奇斯（Styles Bridges），他們更為關心親俄分子的影響。[37]然而到了宋美齡離開美國時，這個隊伍已經擴大到令人驚異的程度。這些人包括：參議院的歐文・布魯・斯特（Owen Blue Sturgeon，緬因州的共和黨人）；斯泰爾斯・布里奇斯（新罕布希爾州的共和黨人），他在一九四八年接受了科爾伯格（Kohlberg）贈送的一千美元競選捐款；詹姆斯・O・伊斯特蘭（James O. Eastland，密西西比州的民主黨人）；哈裡・P・凱恩（Harry P. Cain，華盛頓州的共和黨人）；霍默・弗格森（Homer Ferguson，密西根州的共和黨人）；伯克・B・希肯盧珀（Bourke B. Hickenlooper，愛荷華州的共和黨人）；威廉・F・諾蘭（William F. Knowland，加利福尼亞州的共和黨人）；派特・麥卡倫（Pat McCarran，內華達州的民主黨人）；約瑟夫・R・麥卡錫（威斯康辛州的共和黨人）；H・亞歷山大・史密斯（H. Alexander Smith，新澤西州的共和黨人）；眾議院的O・K・阿姆斯壯（O. K. Amstrong，密蘇里州

35.「王世杰呈蔣中正美國記者雜誌有關中國遊說組織譯文摘要」（五月十七），〈對美外交〉（十），《蔣中正總統文物》，國史館藏。
36. 同上。
37. 羅斯・凱恩，《美國政治中的「院外援華集團」》，頁一〇四。

的共和黨人）；周以德（明尼蘇達州的共和黨人）；小約瑟夫．W．馬丁（Joseph W. Martin.Jr.，麻塞諸塞州的共和黨人）；勞倫斯．H．史密斯（Lawrence H. Smith，威斯康辛州的共和黨人）；約翰．M．沃里斯（John M.Vorys，俄亥俄州的共和黨人）。[38]

第二，利用美國人的恐共心理，製造共產主義滲透美國的假象

「院外援華集團」最擅長的活動，就是製造共產主義滲透美國的假象。事實上，經歷了一九二九至一九三三年大蕭條的美國資產階級和保守主義者，在戰後日益表現出對共產主義滲透的恐懼。[39]因此，「院外援華集團」抓住了某些事件大做文章。羅斯．凱恩（Ross Y. Koen）在《美國政治中的「院外援華集團」》一書中詳細論述了「院外援華集團」所利用的六起事件，它們分別是：一九四五年的《雅爾達協定》；一九四五年六月發生的《美亞》雜誌（*Amerasia Affair*）事件；一九四五年十一月派翠克．J．赫爾利（Patrick J. Hurley）大使的辭職；一九四六年和一九四七年，馬歇爾（George C. Marshall）使命的失敗；前共產黨人間諜網的破獲以及阿爾杰．希斯（Alger Hiss）的定罪；朝鮮戰爭。[40]事實上，在上述的這些事件發生之時，美國的「院外援華集團」就已經利用這些事情展開了攻擊。

《雅爾達協定》方面。一九四六年五月十五日，海軍上將H．E．亞內爾（H.E.Yarnell）、眾議員周以德、克雷爾．布思．盧斯女士、阿弗烈．科爾伯格、亨利．R．盧斯（Henry Robinson

38. 羅斯．凱恩，《美國政治中的「院外援華集團」》，頁六九－七〇。
39. 羅斯．凱恩，《美國政治中的「院外援華集團」》，頁七〇。
40. 羅斯．凱恩，《美國政治中的「院外援華集團」》，頁七一。

Luce）和約翰・B・鮑威爾（John B. Powell）等六十五名美國知名人士聯名發表了《滿洲宣言》，指出《雅爾達協定》「不僅是背著中國談妥的，而且在雅爾達會議上，美國根本不考慮中國政府是否同意，就做出保證，把已答應的在滿洲的特權和蒙古交給蘇俄。」[41]一九四七年年中，科爾伯格、威廉・C・布里特（William C. Bullit）等人又對《雅爾達協定》展開了攻擊，他們聲稱羅斯福（Franklin D. Roosevelt）和邱吉爾（Winston Leonard Spencer Churchill）正扮演著叛徒的角色。[42]同時期的一位前美國駐華傳教士威廉・R・詹森則在《中國月刊》上撰文，將這種背叛引申到「從事秘密活動的共產主義陣線小集團」。他評論道：「美國對華政策在雅爾達會議上秘密表明的立場，早在雅爾達會議以前的赤色宣傳刊物中，就有明顯的預兆；其次，國務院內部顯然曾經有過，而且現在仍然存在著一個從事秘密活動的共產主義陣線小集團，這些人參與向大使和總統介紹有關中國事務的彙報。因此，他們是為我們敵人的目的服務，而不是為我們自己的目的服務的。」[43]

《美亞》雜誌事件方面。事情爆發伊始，《中國月刊》、斯克里普斯・霍華德報系連篇累牘地發表文章，指責政府對此案的處理，並暗示本案牽涉到間諜活動和叛國行為。[44]其後，一九四六年下半年，伊曼紐爾・S・拉森（Emmanuel S.Larse）又在科爾伯格主辦的《老實話》雜誌上發表了後來被麥卡錫大加利用的報導。[45]

41. 羅斯・凱恩，《美國政治中的「院外援華集團」》，頁七二。
42. 羅斯・凱恩，《美國政治中的「院外援華集團」》，頁七三。
43. 羅斯・凱恩，《美國政治中的「院外援華集團」》，頁七四。
44. 羅斯・凱恩，《美國政治中的「院外援華集團」》，頁八〇。
45. 同上。

赫爾利（Patrick J. Hurley）大使辭職事件方面。「院外援華集團」則把此事件描述成美國國內親蘇聯集團，為接管國務院遠東司而使用的手段。《老實話》雜誌在拉森文章的編者評論中說道：「下一個該走的是赫爾利大使（在趕走了格魯之後）。為親蘇聯中國的集團，已經掃清了接管國務院遠東司的道路。史迪威（Joseph Warren Stilwell）將軍曾經以打敗日本作為手段，企圖硬逼著我們的盟友蔣中正來接受的那個政策，在美國打敗日本之後和在蘇聯軍隊強占滿洲之後，又委託給馬歇爾將軍了。」[46]

馬歇爾訪華使命失敗事件方面。「院外援華集團」把失敗的緣由，歸結於國務院遠東司的親共建議，即國務院遠東司企圖強迫蔣中正政府與共產黨聯合執政，以及阻撓對蔣中正進行軍援，並認為這種企圖本身就是出賣，阻撓軍援，應該被宣布為出賣美國安全的叛徒。[47]

在四〇年代末期，「院外援華集團」對上述四件事情的利用，並沒有引起美國人民的關注和同情，他們隨即開始炒作「共產黨滲入美國政府」話題。「希斯案件」就是他們重點炒作的話題，此案代表了對一個參與親共活動的地位顯赫的政府官員的成功的起訴。它提供了一個具體案件，為那些急於想證明「共產黨人在戰時和戰後對美國政府進行大量滲透並取得控制」的活動分子，提供了證據。為了強調希斯的罪狀，「院外援華集團」先是描述到「因為阿爾杰・希斯在雅爾達會議上，是以國務院官員身分擔任羅斯福總統的顧問的。在雅爾達會議上，他坐在筋疲力盡而在幾週後就去世的羅斯福身後。」以證明希斯有能力對羅斯福施加影響。接著「院外援華集團」指

46. 羅斯・凱恩，《美國政治中的「院外援華集團」》，頁八六。
47. 羅斯・凱恩，《美國政治中的「院外援華集團」》，頁九四。

責希斯蠱惑、欺騙羅斯福，「就一些重大決策在他（羅斯福）耳旁低聲的出主意想點子，而把中國、波蘭和東歐都交給了史達林（Joseph Vissarionovich Stalin）。」[48]

輿論的高潮發生在二十世紀五〇年代初期。一九五〇年，麥卡錫與「院外援華集團」一拍即合，使得上述的那些事件又開始被熱烈炒作。按照鄒讜的觀點，參議員麥卡錫是在準備一九五二年連任競選中用的論題時，偶然發現共產黨人滲入國務院這一問題的。[49]二月九日，麥卡錫在西維吉尼亞州的惠靈縣發表了震驚全美的公開講話，他說道：「不能在此將國務院中全部共產黨活動分子和一個間諜組織成員的名字一一點出來，不過現在我手中有一份二百零五人的名單，國務卿已被告知該名單上的人都是共產黨員，但是他們仍在國務院中工作和制定政策。」[50]二月二十日，麥卡錫又在參議院聽證會上斷言：「由情報研究機關、美國之音及遠東事務司看來，似乎是（共產黨滲透的）三個主要目標。」[51]麥卡錫指控的主要根據是《美亞》雜誌案件，他所提出的指控，絕大多數直接源自「院外援華集團」在《老實話》雜誌上的文章，其中對謝偉思（John S. Service）的七條具體指控，有六條逐字逐句地引自拉森的文章。[52]因為麥卡錫的言論，美國的右傾分子突然開始對中國問題發生了興趣，如羅米里博士之憲政委員會，名作家符林於一九四九年之著作，從未提到中國，至一九五一年時出版《當你睡著的時候》一書時，即以美國在亞洲的悲劇，

48. 羅斯．凱恩，《美國政治中的「院外援華集團」》，頁九九。
49. 鄒讜著，王寧、周先進譯，《美國在中國的失敗：一九四一—一九五〇年》，頁四一五。
50. 羅斯．凱恩，《美國政治中的「院外援華集團」》，頁一一八。
51. 鄒讜著，王寧、周先進譯，《美國在中國的失敗：一九四一—一九五〇年》，頁四一六。
52. 羅斯．凱恩，《美國政治中的「院外援華集團」》，頁八一。

完全歸罪於馬歇爾、艾奇遜（Dean Acheson）及羅斯福。此外很多右傾思想家，也參加這個委員會，都來支持蔣中正，如哈特、厄得里、唐普、格拉爾德．史密斯（Gerald Smith）及天主教徒、三K黨員、猶太勞工、經濟界的貴族等。[53]

第三，追究丟失中國責任

「丟失中國責任」的追究風暴，起源於美國國務院發表對華白皮書之時。白皮書將美國在華政策的失敗，歸咎於蔣中正政府的腐敗無能，並認為：「中國內戰的不幸結局，超出美國政府控制的能力，這是不幸的事，卻也是無可避免的。在我國（美國）能力所及的合理範圍之內，我們所做的以及可能做的一切事情，都無法改變這種結局；這種結局之所以終於發生，也並不是因為我們少做了某些事情。這是中國內部勢力的產物，這些勢力美國也曾企圖加以影響，但不能有效。中國國內已經達成一種定局。」[54]

白皮書一經發表，立刻引發了「院外援華集團」的猛烈攻擊。一九四九年八月七日，白皮書發表兩天之後，赫爾利將軍發表一項聲明，將白皮書稱為：「國務院內親共派人物圓滑的託詞；這些人策劃了推翻我國（美國）盟友中華民國國民政府的事變，並協助共產黨人征服中國。」[55]八月十九日，賈特攻擊說，國務院遺漏了十六個檔案和事實，這些檔案和事實能進一步地支持批

53.「王世杰呈蔣中正美國記者雜誌有關中國遊說組織譯文摘要」（五月十七），〈對美外交〉（十），《蔣中正總統文物》，國史館藏。
54.「Letter of Transmittal」，China White Paper, p.IIIX–XVII.
55. 鄒讜著，王寧、周先進譯，《美國在中國的失敗：一九四一—一九五〇年》，頁四一〇。

評者的指責。[56]參議員布里奇斯、諾蘭、麥卡倫及惠理發表一份長篇備忘錄，猛烈攻擊白皮書是「對一廂情願的、無所作為的政策的一〇五四頁的遮掩粉飾。這種政策的唯一成就，是使亞洲陷入被蘇聯征服的危險之中」。[57]

與此同時，一份旨在闡明「院外援華集團」觀點的，由憲政委員會散發的小冊子開誠布公地說道：[58]

> 至於我們對華政策的現狀，它的制定和執行仍掌握在這樣一些人們的手中，他們在出賣中國期間，自始至終決定並控制著這一政策……。
>
> 六年來，美國與克里姆林宮之間存在著有效的合作，同時，國務院對莫斯科日甚一日地侵吞中國，以及由蘇聯訓練和裝備的幾百萬傀儡軍隊，日益增大威脅的活動，也佯作不知；對於這些情況的唯一解釋，就是下面那令人內疚的事實，即預設一夥身踞高位的美國對華政策的破壞者，破壞了我們有關保持中國領土完整的那個良好基礎。

「院外援華集團」除了指責杜魯門、艾奇遜、馬歇爾等人沒有採取更堅決有效的措施，去幫助蔣中正外，還對一些向美國政策制訂人提供關於中國現狀的學者和外交官，如拉鐵摩爾（Oven Lattimore）、謝偉思、戴維斯（Joseph E. Davis）等人，進行迫害和清洗。當時的美國報紙就認為，

56. 同上。
57. 鄒讜著，王寧、周先進譯，《美國在中國的失敗：一九四一——一九五〇年》，頁四一〇。
58. 羅斯．凱恩，《美國政治中的「院外援華集團」》，頁七五。

在美國國會調查拉鐵摩爾親共事件時，宋美齡是情報提供者。[59] 一九五一年，國務院中最著名之中國專家如謝偉思、戴維斯、克拉布（O. E. Clubb）、范宣德（J. Vincent, Jr.）等人均遭停職處分。《中國白皮書》之主要起草人吉賽普（P. Jessup）也遭麥卡錫指控為蘇聯間諜，為此必須接受長期調查，並因此失去代表美國出席聯合國第六次會議的機會。

「院外援華集團」之所以能夠掀起反共運動高潮，一方面是因為朝鮮戰爭的爆發，使得美國官員和公眾更容易被「院外援華集團」所影響。另一方面，是因為宋美齡利用院外集團來促進其事業，並與友好的美國人採取協調一致的行動。[60]

二、利用新聞界遊說美國

宋美齡十分善於利用新聞媒體，多年的留美經驗，使她十分瞭解美英公眾輿論在制定政策過程中的作用。當她成為蔣中正的外交助手之後，密切注視著西方國家（尤其是美國）對她丈夫的印象。

在二戰期間，宋美齡廣泛地聯繫西方新聞記者、作家和外交官，向西方傳遞有關蔣中正活動的資訊。學者石之瑜比較了一九四二年宋美齡訪美前後美國新聞界對中國印象的差異之後發現，

59.「美國國會調查拉鐵摩爾親共事件報載宋美齡為情報提供者相關報導」，〈外交、國防情報及宣傳（四）〉，《蔣中正總統文物》，國史館藏。

60. 羅斯・凱恩，《美國政治中的「院外援華集團」》，頁一一九。

「宋美齡抵美之後，中國由一個奇風異俗之地，突然變成媒體筆下的自己人，沒有任何一個新聞工作者可以單獨刻意設計這樣的轉變，這個轉變不僅是自發的，而且是不自覺的。」「她的到來，使美國媒體減少了從一種差異的出發點，理解中國和美國的關係，而改從一種趨同的角度，描述這個關係，除了將中國視為更平等的夥伴之外，也加強採用人道主義的觀點。」正是由於宋美齡「特殊的美好教育背景、虔誠的基督教信仰，和中國女性的特有氣質」，使得「美國各界展現更積極的意願，支援中國對日抗戰」。[61] 蔣中正在日記中也不時感歎：「妻在美國七月之久，其於我國之地位與中美之邦交，實有不可想像之收穫也。」[62]「吾妻由美國載譽歸來，其成效乃出於預想之外。」[63]

一九四九年初，當宋美齡發現無法獲得杜魯門的支持時，她開始反復建議蔣中正雇聘美國全國性宣傳機構，加強宣傳。一九四九年一月八日至一月十四日，宋美齡六天內連發三份電報，建議蔣中正雇聘宣傳機構，聲稱：「目前情形複雜，則宣傳聯絡不容鬆懈。」[64] 但此時的蔣中正開始考慮下野之事，因此未做表態，僅回覆：「此事不宜電商，即速返國面商。」[65]

蔣中正的下野和美國政府的拒絕援助，並沒有使宋美齡動搖遊說美國的決心。一九四九年

61. 石之瑜，〈蔣夫人與美國媒體的中國印象——一九四二年十一月二十八日的轉變〉，收入秦孝儀主編，《蔣夫人宋美齡女士與近代中國學術討論集》（臺北：財團法人中正文教基金會，二〇〇三年），頁二四五、二六一。
62. 黃自進、潘光哲編，《蔣中正總統五記．愛記》（臺北：國史館，二〇一一年），頁二八九。
63. 黃自進、潘光哲編，《蔣中正總統五記．愛記》（臺北：國史館，二〇一一年），頁二九二。
64. 「宋美齡電蔣中正」（一九四九年一月十四日），〈對美關係〉（五），《蔣中正總統文物》，國史館藏。
65. 「宋美齡電蔣中正」（一九四九年一月十四日），〈蔣中正致宋美齡函〉（六），《蔣中正總統文物》，國史館藏。

四月二十日，宋美齡獲悉美國有可能承認中共政權時，又分別於四月三十日、五月一日、五月六日、五月九日連發數份電報給蔣中正，要求雇聘美國全國性宣傳機構，語氣一次比一次急迫。四月三十日電文中還僅是建議蔣中正雇聘美國全國性宣傳機構，加強宣傳以獲得美援；[66]五月一日電文即寫道「應速設立對美全國性之宣傳機構」；[67]五月六日電文進一步強調「現須雇聘美國全國性宣傳機關，以抵銷當局對華不利言論，並推動爭取同情輿論」；[68]五月九日電文則急迫地「另詢對美全國性宣傳機構事」。[69]此時國共和談已經破裂，共軍展開了渡江戰役，並於四月二十四日占據南京。而蔣中正也已離開家鄉浙江奉化溪口，於四月二十五日乘坐太康艦赴上海，以中國國民黨總裁的身分指示上海防衛事宜。五月三日，杭州失陷，蔣中正開始做離開上海的準備。[70]五月五日，偕蔣經國至上海虹橋萬國公墓宋氏墓園向岳父母告別，並致電宋美齡，告知日內離滬。[71]五月六日，致電宋美齡：「現可著手進行宣傳計畫，並積極抨擊英國運動美國，共同承認中共偽政府之出賣中國行為。」[72]當晚至復興島登上江靜輪。次日晨永遠離開上海。

儘管蔣中正決定對美開展宣傳外交，但此時尚為下野之身，對宣傳外交的開展程度，仍有躊

66. 「蔣夫人上蔣總統電」（一九四九年四月三十日），〈革命文獻——對美外交：一般交涉（二）〉，《蔣中正總統文物》，國史館藏。
67. 同上。
68. 「宋美齡電蔣中正」（一九四九年五月六日），〈對美關係〉（五），《蔣中正總統文物》，國史館藏。
69. 「宋美齡電蔣中正」（一九四九年五月九日），〈對美關係〉（五），《蔣中正總統文物》，國史館藏。
70. 劉維開，《蔣中正的一九四九：從下野到復行視事》（臺北：時英出版社，二〇〇九年），頁一三〇。
71. 「宋美齡電蔣中正」（一九四九年五月五日），〈蔣中正致宋美齡函〉（六），《蔣中正總統文物》，國史館藏。
72. 「宋美齡電蔣中正」（一九四九年五月六日），〈蔣中正致宋美齡函〉（六），《蔣中正總統文物》，國史館藏。

躇。五月十六日，宋美齡致電蔣中正「請速決定是否在美設宣傳機構以反抗中共在美進行不利宣傳」時，蔣中正僅回電：「速將宣傳事宜……用密電詳報後再商。」[73]五月十八日，宋美齡再請示蔣中正對美宣傳方針之時，蔣中正回電：「惟此時對外宣傳，應強調蔣中正乃中國人民所寄望唯一反共領導人。」[74]由於未獲得蔣中正的批准，宋美齡雇聘美國全國性宣傳機構的行動，暫時擱置。

但是，宋美齡雇聘美國宣傳機構、推動對美宣傳的想法，卻一直沒有打消。因為在她看來，國民黨在美國的宣傳機構是零散的，宣傳工作是失敗的。六月十日，顧維鈞晉見宋美齡時也曾直言：「無論在國內還是在國外，宣傳工作都沒有協調。在中國，因國內管理和職責都分散在外交部情報司、國民黨中央黨部宣傳部、行政院新聞局、國防部、國際新聞處和總統府等機構中。在美國，這裡有十幾個分散的、互相獨立的人員和機構，在從事宣傳工作。」並指出，宣傳工作之所以失敗，「並不是由於我們在美國未作努力，而是由於缺乏三件必不可少的東西：（一）一個提出工作目標的明確綱領，以及源源提供的事實；（二）一個進行指揮和控制的中央機構以及足夠的駐外工作人員；（三）進行工作所需的足夠經費。」[75]宋美齡同意了顧維鈞的看法。七月十九日，顧維鈞與譚紹華、陳之邁討論由顧起草的宣傳工作方針時，還特別強調：「與在里佛代爾的蔣夫人商量一下，最後定稿也是適宜的，因為我知道她也在推動宣傳工作。」[76]事實也是如此，美國雜誌後來揭露，陳之邁在宋美齡的領導下，「於紐約中國新聞處高薪雇用貝奇（Bache）為新

73. 「宋美齡電蔣中正」（一九四九年五月二十日），《蔣中正致宋美齡函》（六），《蔣中正總統文物》（六），國史館藏。
74. 「宋美齡電蔣中正」（一九四九年五月二十一日），《蔣中正致宋美齡函》（六），《蔣中正總統文物》（六），國史館藏。
75. 《顧維鈞回憶錄》，第七分冊，頁一三八。
76. 《顧維鈞回憶錄》，第七分冊，頁一九五。

聞及廣播顧問，為中國而工作，貝奇於一九五二年一月報告中，自稱美國輿論今已轉向，知蔣氏曾被出賣，今日國府已較馬歇爾赴華時為強大，並繼續增強。」[77]

宋美齡在美期間，從兩個方面同時推動宣傳工作。一個方面是利用「院外援華集團」所控制的媒體，直接指責美國對華政策。其中，《中國月刊》是衝鋒在前的美國媒體，其影響，大大超過了它發行量所達到的程度。在持續指責美國對華政策方面，它可能在不由中國國民政府直接控制的美國英文期刊中獨步一時。[78]美國醫藥援華會（American Bureau of Medical Aid of China）中國事務所也在做類似的事情。一九五〇年四月十一日，艾瑪（Emma Delong Mills）寫信告訴宋美齡：「我們正在和所有在美國的中國醫務人員接觸。我們想要知道他們有多少人，在哪裡，都在做些什麼。我們也試圖鼓舞他們的士氣，讓他們這個團體有一種凝聚力，甚或在某種程度上與這裡非常活躍的共產主義的宣傳作鬥爭，因為我們知道，他們中間有共產黨的宣傳活動。二月中旬，我們發出了第一期時事通訊，上面都是在中國從事醫療服務的個人和組織的新聞，還有一些在美國的名人。第一批時事通訊，我們發出了七十至八十冊，到現在已經超過了五百冊。」[79]此外，還有很多雜誌和報紙也在幫助國民政府在美國創造一個有利的輿論氣氛。例如，《柯里爾》（*Collier's*）、《星期六晚郵報》（*Saturday Evening Post*）、《世事》（*Human Events*）、《美國信使》（*American Mercury*）、《讀者文摘》（*Readers Digest*）、《美國新聞與世界報導》（*US News & World Report*）、《新

77.「王世杰呈蔣中正美國記者雜誌有關中國遊說組織譯文摘要」（五月十七），〈對美外交〉（十），《蔣中正總統文物》，國史館藏。

78. 羅斯・凱恩，《美國政治中的「院外援華集團」》，頁六二。

79.「艾瑪致宋美齡信件」（一九五〇年四月十一日），《艾瑪・德隆・米爾斯檔案》，美國衛斯理學院檔案館館藏。

領導者》（*The New Leader*）和《生活》。某些報紙也一貫地批評美國對華政策，並一貫地為中國政府辯護。在這方面最為突出的是紐約的《美國人日報》（*Journal-American*）、華盛頓的《時代先驅報》（*Times-Herald*）、洛杉磯和舊金山的《考察家報》（*Examiner*）、奧克蘭的《論壇報》、新罕布希爾州曼徹斯特的《工會領袖報》（*Union Leader*）。在書籍出版商中，亨利・里格納利（Henry Regnery）和德溫-阿戴爾（Devin-Adair）出版的書籍在那些竭力譴責美國和大肆吹捧中國國民政府的書稿中，占了很大的比例。[80]

宋美齡另一方面的工作是直接遊說新聞界，安排美國記者赴臺灣訪問，促使美國新聞界在中國問題上採納有利於蔣中正的觀點。一九四九年六月十五日，宋美齡致電蔣中正聲稱：「已與全美最大赫斯特系報[81]主管接洽派記者赴臺謁見，並以代答接見時問題其請予以接見，以達宣傳效果，增進對華好感。」[82]蔣中正認為當時尚不是復出的時機，無法確定對美直接宣傳方針，故希望宋美齡暫緩邀請美國記者赴臺訪問。對此，宋美齡仍然堅持，反而不斷催促蔣中正「請研究擾亂共方行動對策與進行我方宣傳方針」，[83]同時地將記者派往臺灣。如此堅持，是因為宋美齡擔心美國務院發表對華政策白皮書後，赫斯特報業集團會拒派記者赴臺。六月十九日，宋美齡

80. 羅斯・凱恩，《美國政治中的「院外援華集團」》，頁六四。
81. 即赫斯特報業集團（新華社現譯名），曾有多種譯名，如赫斯特報團、赫斯特報系、赫司脫系報等，創始人為威廉・藍道夫・赫斯特（William Randolph Hearst，一八六三年四月二十九日—一九五一年八月十四日）。赫斯特報業集團現在的名稱是赫斯特國際集團（Hearst Corporation），總部位於紐約。以下同注。
82. 「宋美齡電蔣中正」（一九四九年六月十五日），《蔣中正致宋美齡函》（六），《蔣中正總統文物》，國史館藏。
83. 「宋美齡電蔣中正」（一九四九年六月十五日），《對美關係》（五），《蔣中正總統文物》，國史館藏。

致電蔣中正，強調「赫斯特系報肯助華態度收效必巨，請早日接見該報記者魯斯」。[84]此後又於二十一日致電聲稱：「美國務院將發表對華政策書，其內容將失敗責任歸咎於兄。惟恐發表後，赫司脫系報拒派記者赴臺，故盼即日接見，以抵銷惡意攻擊。」[85]宋美齡並沒有僅僅滿足於安排美國記者赴臺灣訪問，以及督促蔣中正接見美國記者，事實上她連蔣中正如何回答記者問題亦已包辦。二十二日宋美齡致電蔣中正時要求：「請於接見該記者時，照所擬英文字句和語氣回答；惟如欲對中文詞意有所修改，則請先交董顯光修譯英文字句。」[86]蔣中正回覆：「將該問答稿交黃仁霖轉來。」[87]二十八日，宋美齡又致電蔣中正，將「赫系報記者問答稿修改部分，並加入關於國民黨與其他黨派合作問題」。[88]最終，蔣中正按照宋美齡的導演，接見了赫斯特報業集團與赫華達報記者。

宋美齡在美期間的宣傳外交，是卓有成效的，《紐約時報》（*The New York Times*）態度變化的例子，足以證明宋美齡對美國新聞界的影響程度。一九四四年六月十日，《紐約時報》的社論勸告美國人民不要對「所謂共產黨中國」持偏見，並告誡他們，不能把「重慶代言人」的話當作真理來接受。十月三十日刊載的文章，還把蔣中正政權看作是「一個愚昧而又冷酷的獨裁政權」。[89]

84.「宋美齡電蔣中正」（一九四九年六月十九日），〈革命文獻—蔣總統引退與後方布置〉（二），《蔣中正總統文物》，國史館藏。
85.「宋美齡電蔣中正」（一九四九年六月二十二日），〈事略稿本〉（一九四九年六月），《蔣中正總統文物》，國史館藏。
86.「宋美齡電蔣中正」（一九四九年六月二十二日），〈事略稿本〉（一九四九年六月），《蔣中正總統文物》，國史館藏。
87.「宋美齡電蔣中正」（一九四九年六月二十五日），〈對美關係〉（五），《蔣中正總統文物》，國史館藏。
88.「宋美齡電蔣中正」（一九四九年六月二十八日），〈對美關係〉（五），《蔣中正總統文物》，國史館藏。
89. 羅斯・凱恩，《美國政治中的「院外援華集團」》，頁一一五。

然而到了一九五〇年二月六日，艾瑪寫信告訴宋美齡：「《紐約時報》駐臺灣記者伯頓·克雷恩（Burton Crane）向美國國內發回的材料，是我們目前見過的第一份真正的好材料。確實說出了真話，揭示了真相。」[90]一九五二年，《紐約時報》對一九四九年美國政府對華《白皮書》的評價已經是：「如果新政府否認外交上的這種錯誤，它就能提高自己的聲望。我們再也不相信這份《白皮書》的基本論點了。」[91]另外，艾瑪也告訴宋美齡：「我瞭解到，成千上萬的信，正紛紛寄往參議院的專門委員會，這表明美國公眾真的被鼓動起來了。」[92]

一九五〇年一月五日，美國杜魯門總統發表了「關於臺灣的聲明」，宋美齡在華盛頓的政治外交努力宣告失敗。此時，宋美齡意識到必須採取非常措施，必須以宣傳外交為著力點，在美國展開輿論攻勢，以促使美國政府態度改變，如此方能挽救時局。一月七日，宋美齡離開美國前會見顧維鈞時表示，美國輿論一直朝著贊成給中國更多援助的方面發展。[93]鼓勵顧維鈞加強美國輿論工作。一月十二日，中華民國駐美中國大使館發給蔣中正的一份機密電報，清楚地闡述了大使館方面在發動美國輿論方面的想法。此份電文的核心內容如下：

> 以職（顧維鈞）淺見，目前時局已屆攤牌之時。中美外交關係若仍循之以常規則，已無法繼續。吾人必須採取非常措施。職因此擬請賜准立即在華盛頓發表關於目前會談的全部檔

90. 「艾瑪致宋美齡信件」（一九五〇年二月六日），《艾瑪·德隆·米爾斯檔案》，美國衛斯理學院檔案館館藏。
91. 羅斯·凱恩，《美國政治中的「院外援華集團」》，頁一二六。
92. 「艾瑪致宋美齡信件」（一九五〇年四月十一日），《艾瑪·德隆·米爾斯檔案》，美國衛斯理學院檔案館館藏。
93. 《顧維鈞回憶錄縮編》（下冊），頁八八七。

> 案，俾美國公眾其深悉我之合理要求及絕無使美國陷入戰爭之意。此舉亦將揭示美當局於談判中手段卑鄙，背信棄義而令世人得察全域。夫美國輿論之製造，均以檔為基礎，殊非說之以理也。以上所陳諸端，業經再三思考認真討論。職等深以為挽救時局，唯此一法。[94]

一月十三日，宋美齡抵達臺灣。顯然，回到臺灣後的宋美齡，成功地讓蔣中正接受了宣傳外交的想法。隨即，蔣中正開始頻繁地接見美國記者。二月二十四日，蔣中正接見國際通訊社記者庫克上將，就蘇聯和中華人民共和國簽署盟約發表談話。[95] 四月十五日，又接見合眾社記者高爾（Gaul）談話，討論中國在聯合國地位等問題。[96] 五月八日，接待美國訪華記者團，[97] 這次會見是宋美齡所組織的一次成功的宣傳外交。

一九五〇年四月，國民政府外交部以《中央社》社長蕭同茲的名義，發電報給陳之邁和《中央社》駐華盛頓辦事處主任任玲遜，指示他們邀請美國記者、出版商及電臺評論員，以《中央社》客人的身分去臺灣觀光，報導當地的情況。顧維鈞從陳之邁那裡獲悉，請美國新聞界等方面的人士訪臺的全盤主意，出之於宋美齡。儘管顧維鈞不贊成此事，擔心會給美國政界的反對派以口實，但他得知，紐約的孔令杰早已直接通過董顯光與羅伊・霍華德（Roy Howard）及其他記者進行聯繫，對這次訪臺計畫做好了周密的安排。[98] 五月八日，蔣中正接見了剛到臺灣的美國報界、廣播界和

94. 羅伊・凱思，《美國政治中的「院外援華集團」》，頁六一。
95. 秦孝儀主編，《先總統蔣公思想言論總集》（臺北：中央文物供應社出版，一九八四年），卷三十八・談話，頁二五一。
96. 《先總統蔣公思想言論總集》，卷三十八・談話，頁二五四。
97. 同上。
98. 《顧維鈞回憶錄》，第七分冊，頁七三二。

專欄作家訪問團。會上，蔣中正向他們發表一項聲明，呼籲美國像蘇聯幫助中共那樣幫助他保衛臺灣，蔣中正說道：「今日如果迅速而充分援華，則一錢將作兩錢用，將來赤禍再有橫決，美援即來，十錢也不當一錢用了，生命的犧牲，更不可以數計。因此，我以為祇有美國及早充分援華，始能防止第三次世界大戰，而且美國的援助，其物質上的效用，尚在其次，對於民心士氣在精神上的鼓勵，是無價的。」[99] 隨後，陳之邁將蔣中正招待記者之答問紀錄翻譯後，寄給了一些美國國會議員及新聞界人士，以擴大此次宣傳外交的影響。[100]

臺灣方面在美國報界、廣播界和專欄作家訪問團上的收穫是十分豐盛的。按照陳之邁的總結，訪問團成員「對於此行咸表滿意」，「對我方之進步與各層領袖反抗共黨侵略之決心，無不具有深刻之印象」，「咸信中共乃蘇聯之傀儡」。諸如《國際新聞社》（UPI）、《基督教科學箴言報》（*The Christian Science Monitor*）等眾多報刊發表了大量有利於蔣中正的報導。[101]

這些成果的取得，來自於宋美齡對此次訪問的重視。她讓陳之邁先於美國訪問團一週返回臺灣，準備接待事宜，並參加陪同記者、作家們觀光採訪，還讓陳之邁與美國記者同機返回美國，借此瞭解記者對臺灣方面的觀感。陳之邁還與訪問團各記者進行了個別談話，並從談話中獲悉：「若干記者認為吾人過去之宣傳尚不夠積極，彼等以為吾人應採取較積極之態度，以公布過去中美間之不正常關係，彼等又認為吾人應不顧官場之顧慮，而公布可予公布之檔案，以證明若干人

99.《先總統蔣公思想言論總集》，卷三十八．談話，頁二六三。
100.「陳之邁函宋美齡」（一九五〇年六月四日），〈美國輿情〉（三），國史館藏。
101. 同上。

士曾設法危害甚至毀滅吾人，中國政府對於美國國務院白皮書未作答覆，在彼等視之，誠屬不幸，蓋彼等一直強調美國人天性好強，『東方之禮儀』往往被目為怯弱之表示，彼等認為吾人過去宣傳之失敗乃疏忽所致。」[102]

這些成果的取得，也來自於韓戰爆發後，美國新聞界對共產黨態度的轉變。由於中（共）美在朝鮮戰場上的直接對抗，美國新聞界更願意報導美國敵人的威脅，且願意迎合國民政府的宣傳。

宋美齡對此次宣傳外交的開展也十分謹慎，她刻意對公眾回避她在發起組織美國記者團中的作用，特別叮囑陳之邁注意記者報導中對訪問團發起人的報導。六月四日，陳之邁專門就美國記者團訪問臺灣成果一事，寫報告呈交宋美齡。可能是因為擔心保密事宜，陳之邁此份書面報告是利用董顯光回臺灣的時機，託董顯光面呈宋美齡的。[103]報告開篇即說：

> 至於訪問團由何人發起一節，除艾倫（Alan）著文加以申論外，並未引起其他方面之探討。[104]

此次美國報界、廣播界和專欄作家訪問團的訪問成功，堅定了宋美齡繼續開展宣傳外交、開闢外交新戰線的決心。自此之後，宋美齡廣泛邀請美國新聞界人士赴臺灣觀光訪問，力圖影響美國新聞界和美國民眾。一九五一年二月二日，宋美齡接受《美聯社》（AP）記者採訪，稱「大陸上絕大多數的民眾，均渴望國民政府重返大陸」，但當記者問及反攻大陸時間時，她拒絕表示任

102.「陳之邁函宋美齡」（一九五〇年六月四日），〈美國輿情〉（三），國史館藏。
103. 同上。
104. 同上。

何意見。[105]五月十九日，她接見美聯社董事、香港分社主任及日本、義大利記者，並陪同參觀婦聯會各部門工作。[106]十月三日，和蔣中正在草山官邸接見《合眾社》（UPI）副總經理兼太平洋區主任巴索羅繆（Batholemew），「警告自由世界人民，勿信中共和平論調，聯軍在朝鮮致勝之道，在於徹底擊敗敵人。」[107]十月十三日，接見《紐約時報》主筆史密斯及特派員李博文夫婦，並引導參觀婦聯會各工作部門。[108]與此同時，宋美齡還不斷地安排蔣中正會見外國記者、接受採訪，就國際形勢發表意見。一九五〇年十二月五日，蔣中正就「美國杜魯門總統與英國艾德禮首相華府會議或將有第二『慕尼黑』之出現一節」，接受駐臺灣中外記者訪談。[109]十二月六日《紐約先驅論壇報》（*New York Herald-Tribune*）即刊載了蔣中正的聲明，蔣中正在聲明中提出，如果「慕尼黑事件」重演，戰爭就隨時可能爆發。[110]十二月八日，又應美國廣播公司新聞評論員蒙特哥麥利的要求，就臺灣與朝鮮戰爭的關係發表意見。[111]十二月十一日，蔣中正回答《美國新聞及世界報導》雜誌書面提出的問題十條。[112]如此種種，宋美齡成功地將臺灣方面的政治意圖傳遞給美國民眾。

105. 〈大陸人民徹底反共，渴望國軍早日反共〉，《中央日報》，臺北，一九五一年二月四日，版一。
106. 〈四外國記者謁蔣夫人參觀婦聯〉，《中央日報》，臺北，一九五一年五月十二日，版一。
107. 《聯合報》，臺北，一九五一年十月四日，版一。
108. 〈兩記者訪婦聯，蔣夫人親接待〉，《中央日報》，臺北，一九五一年十一月十四日，版三。
109. 《先總統蔣公思想言論總集》，卷三十八，談話，頁二六七。
110. 《顧維鈞回憶錄》，第八分冊，頁二三八。
111. 《先總統蔣公思想言論總集》，卷三十八，談話，頁二六九。
112. 《先總統蔣公思想言論總集》，卷三十八，談話，頁二七〇。

三、邀請美國政要赴臺度假

在蔣中正時代，宋美齡經常邀請美國政要赴臺度假，在與美國政要接觸時，不是在美國正式公開場合，而是邀請對方來臺灣訪問，一來可以使其脫離本土環境，放鬆戒備，二來拉近距離，做隱性賄賂。這是宋美齡外交上的技術，最早是因應杜魯門對蔣中正夫婦及其在美家族人士的冷淡，同時也是突破杜魯門對臺美外交活動的限制。

一九五〇年六月三日，國府駐美大使顧維鈞訪晤美國國防部部長助理保羅・格里菲斯（Paul Griffith），得知美國國防部長詹森（Louis A. Johnson）和布萊德雷將軍（General Bradey）將訪問菲律賓，顧詢問格里菲斯：詹森和布萊德雷將軍可否順道訪問臺灣。格里菲斯的回答是：「國防部長始終贊同中國的事業，但他對此不得不謹慎從事」，因為「總統已指示詹森部長要置身於中國問題之外，因為事關外交政策，應歸國務院處理」，而且「這類訪問需經總統和國務卿批准」，因此「詹森先生未便訪問臺灣，雖然他個人倒想這麼做」。此外，「布萊德雷將軍及三軍參謀長今年一月出訪遠東時，本想訪問臺灣，中華民國政府也切盼他們赴臺訪問。但當他們電請華盛頓批准時，國防部長根據總統的命令拒絕了他們的請求。」格里菲斯建議：「假若麥克阿瑟將軍向國防部長提出這樣的建議，可能得到較為有利的考慮。」[113] 六月十二日，顧維鈞訪問即將赴韓國和日本視察的美國務院顧問杜勒斯（John Foster Dulles），探詢順道訪臺的可能性。杜表示他個人

113.《顧維鈞回憶錄》，第七分冊，頁七五八—七六〇。

很願意再去臺灣看看，但因國務院的態度，對事情反而不利。[114]

於是，宋美齡獨闢蹊徑，邀請大批的美國文武官員前往臺灣度假訪問，以圖從側面影響美國政府。據臺北《聯合報》一項報導：「從社交觀點看，蔣中正是遠東最活躍的元首。這年（一九五一年）中、高級人物（通常指美國人）常來臺灣，蔣中正夫婦接待他們。通常形式是由蔣中正接見外賓舉行正式會談，然後由他和宋美齡聯合宴來客，隨意面談。」[115]一九五一年十二月，宋美齡在給艾瑪的信中也說道：「上個月，美國訪客往來不絕——參議員、眾議員，還有其他人物紛紛來訪。從事情的發展趨勢來看，接下來的兩個月裡，美國訪客們數量會繼續增加。我很高興見到他們，我也歡迎他們的到來。我想多與美國客人接觸，可以讓美國公眾更好地瞭解臺灣的現狀，讓美國公眾更加清醒地認識到，美國有必要採取明確的行動，以增加臺灣抵禦共產黨的軍事入侵和意識形態的滲透。」[116]

一九五二年之後，更多的美國人在臺灣方面的邀請下來訪。六月十日宋美齡在給艾瑪的信中描述說：「兩星期前，克拉克將軍（General Clark）[117]曾來臺灣，他花了幾天的功夫訪問全島各地，他也訪問了婦聯會總部，還在士林做了主日禮拜。越來越多的客人來訪問我們，這也意味著未來的日子會越來越忙。但是我們很高興他們能來這裡親眼目睹種種情況，克拉克海軍上將來此

114.《顧維鈞回憶錄》，第七分冊，頁七六六九。
115.《聯合報》，臺北，一九五二年七月三十一日，版一。
116.「宋美齡致艾瑪信件」（一九五一年十二月五日），《艾瑪・德隆・米爾斯檔案》，美國衛斯理學院檔案館館藏。
117. 當指美國的馬克・克拉克將軍（Mark Clark），時在朝鮮任聯合國軍總司令。

逗留了五天，從他艦上下來的二千名忙於遊覽的水兵在臺灣各地亂逛。」[118]顧維鈞也回憶到：「時至一九五二年下半年，有關臺灣形勢的報導，表明情況大為好轉。美臺合作的進展令人滿意。一九五三年上半年，有許多美國文武官員前往臺灣。下半年，美國官方人士繼續赴臺訪問；同時國民政府的官員也到美國旅行。」[119]

一九五三年十一月八日美國尼克森副總統夫婦抵臺訪問，為宋美齡的此一外交形式掀起了一個高潮。九日，宋美齡與蔣中正會見並接受尼克森夫人轉交的美國退伍軍人贈與貧苦兒童的捐款。[120]十一月十日，上午陪同蔣中正與尼克森夫婦出席臺北區國軍機關、部隊之閱兵典禮，中午在圓山飯店宴請尼克森夫婦，繼而同赴聯勤總部醫院慰問傷患，並至婦聯會參觀。[121]十一日下午，在總統府介壽堂舉辦歡迎酒會，並在士林官邸設晚宴為尼克森夫婦餞行。[122]

宋美齡對赴臺訪問的美國人安排得很是周到，讓他們在很短的時間內看到臺灣的各個層面。例如，一九五一年眾議員阿姆斯壯曾這樣向顧維鈞敘述他的訪臺經歷：「抵達時，見機場上無人迎接，於是他打電話給美國大使館。到達使館後，由藍欽（Karl Rankin）給黃仁霖將軍（**聯合勤務部副總司令**）通了電話，黃立刻前來道歉。他說他沒有想到阿姆斯壯會乘貨運飛機旅行。接著提

118. 「宋美齡致艾瑪信件」（一九五二年六月十日），《艾瑪．德隆．米爾斯檔案》，美國衛斯理學院檔案館館藏。
119. 《顧維鈞回憶錄》，第九分冊，頁五四九。
120. 〈美國退伍軍人贈款救我國貧苦兒童昨由尼克森夫人轉交蔣夫人運用〉，《中央日報》，臺北，一九五三年十一月十日，版一。
121. 〈總統昨邀美副總統校閱國軍參觀演習〉、〈蔣夫人陪同尼夫人參觀婦聯慰問傷患〉，《中央日報》，臺北，一九五三年十一月十一日，版一。
122. 〈尼克森今赴臺中，昨應總統餞宴〉，《中央日報》，臺北，一九五三年十一月十一日，版一。

出了一個詳細日程，每五分鐘一個專案，以照顧阿姆斯壯訪臺期內的時間。」[123]蒲立德（William C. Ballitt）在一九五二年初也向顧維鈞描述了他上一年十二月二十四日的臺灣之行，他說他沒有從任何地方得到過比這更愉快的休息。真希望能多待幾天。他很想在下一個冬天去多住些日子。蒲立德還得意地拿出宋美齡畫的一幅中國山水畫給顧維鈞看，上面有蔣中正的題詞和宋美齡的親筆簽名。[124]雷德福訪臺亦是如此。[125]一九五二年十一月八日，蔣中正致電在美治病的宋美齡時說：「日前美國海軍總司令雷德福君來臺，有一隨從著作家葛羅斯同行，彼甚想為其妻縫製一件中國女外套，余已面允，囑其到紐約訪問吾愛時，可為其代製此衣，且彼亦與魏德邁（Albert Coady Wedemeyer）為好友，前曾在重慶時為舊識，葛羅斯住址問魏德邁即可獲悉，據魏最近來電稱，不久將與其夫人前來訪晤吾愛也，葛妻之衣請代為製，以免失信。」[126]

宋美齡對這些重要人士用心備至，從官邸侍從樓文淵的回憶中得知：官邸贈送客人、外賓的禮品，一般都是兩罐全祥茶莊的茶葉，夫人喜歡喝全祥的茶，官邸的茶葉都是向他們買的。另外，比較特別的客人再送一對象牙圖章。有些外賓住在官邸的招待所時，夫人會請裁縫師幫外賓夫人量身做一套旗袍，送給她們。夫人有時也會把自己的畫作送給比較特別的客人。[127]

123. 《顧維鈞回憶錄》，第八分冊，頁四〇三。
124. 《顧維鈞回憶錄》，第九分冊，頁五〇二。
125. 《顧維鈞回憶錄》，第九分冊，頁五五一。
126. 「蔣中正電宋美齡」（一九五二年十一月八日），〈蔣中正致宋美齡函〉（七），《蔣中正總統文物》，國史館藏。
127. 〈樓文淵先生訪問紀錄〉，黃克武等訪問、周維朋等記錄，《蔣中正總統侍從人員訪問紀錄》（上）（臺北：中央研究院近代史研究所，二〇一二年），頁一五七。

第二節　踐行「夫人外交」

自從一九五〇年一月十三日宋美齡退居臺灣之後，一直在幕後運作對美外交。直到一九五二年，韓戰已經進入邊打邊談的僵持階段時，宋美齡方再度出手，正式踏上臺前。此時，麥卡錫主義橫行全美，麥卡錫等人利用美國在韓戰中的失利，不斷攻擊杜魯門政府，促使美國國內反共氣氛進一步濃厚。麥卡錫聲稱杜魯門政府派遣第七艦隊進駐臺灣海峽，是為了「阻止蔣中正反攻大陸同大陸共產主義作鬥爭」。[128]指責羅斯福政府和杜魯門政府執政的二十年是「叛賣的二十年」。當時的氣氛，正如著名的蘇聯通查理斯・波倫（Charles E. Bohlen）所說的「我們在朝鮮戰爭中這一場戰爭的軍事挫敗，引來了『黃禍』的幽靈，是我們同一個共產黨國家的第一次武裝衝突和蠻不講理的威斯康辛州參議員約瑟夫・R・麥卡錫的惡意顛倒黑白相結合，產生了一種真正的驚恐狀態……從來沒有打過敗仗的美國，發現自己陷入了一場無法取勝的戰爭之中，這是一個使得麥卡錫主義者把原因歸之於政府有共產黨間諜的論據」，「要是沒有朝鮮戰爭以及它製造的氣氛，麥卡錫也許會落得空歡喜一場，從此罷手。」[129]宋美齡抓住了美國這種政治環境的變化，適時登上前臺，以多種名義赴美訪問，或醫療，或度假。每次短則半年，長則一年多。直至二十世紀六〇年代後期，蔣經國接班，態勢已然明確，宋美齡方才淡出對美外交一線。

128. 張紅路，《麥卡錫主義》（武漢：武漢大學出版社，一九八七年），頁五九。
129. 查理斯・波倫著、劉裘等譯，《歷史的見證：一九二九—一九六九》（北京：商務印書館，一九七五年），頁三八五—三八六。

一、藉治病赴美遊說

（一）以治療皮膚病的名義，赴美就醫

一九五二年八月九日，宋美齡因神經性皮膚病復發，赴美就醫。[130]於八月十日飛抵檀香山，入住美國陸軍特列普拉醫院。[131]因病情嚴重，八月十七日，轉入舊金山佛蘭克林醫院治療。據《中央社》報導，宋美齡當日請記者不要趨近攝影，因為她因患皮膚炎而顯得腫脹。[132]到了九月二十二日，治療已近五週後，病況略見進步，但康復進展緩慢。[133]

宋美齡此次赴美，治療皮膚病不僅是一個重要緣由，也是一個很好的藉口，就近開展院外遊說活動，才是最重要的目的。也因此採取了新的對美外交方式，以治病的名義赴美遊說，治病兼顧外交工作，並在隨後的歲月中經常使用。當然，對她個人而言，治療皮膚病也是一項真實的、重要的任務。或者更確切地說，宋美齡讓蔣中正相信她赴美動機是治療皮膚病，讓外界相信治療皮膚病是她赴美的唯一動因，宋美齡本人也希望通過此次赴美就醫，能夠根治其皮膚頑疾。這一判斷可從以下兩方面得以證實。

其一，從宋美齡與衛斯理學院的同學艾瑪・米爾斯的往來信函中可知，自從一九五〇年宋美

130.〈蔣夫人赴檀島就醫〉，《中央日報》，臺北，一九五二年八月十日，版一。
131.〈蔣夫人抵檀〉，《中央日報》，臺北，一九五二年八月十一日，版一。
132.〈蔣夫人已進入佛蘭克林醫院〉，《中央日報》，臺北，一九五二年八月十九日，版一。
133.〈蔣夫人病況略見進步〉，《中央日報》，臺北，一九五二年九月二十三日，版一。

齡到臺灣後，長期居住在江浙一帶的她，並不能適應臺北炎熱和潮濕的氣候，患上了嚴重的皮膚病。一九五〇年七月二十五日，宋美齡自臺北致函艾瑪，信件開始即說：「這兩個星期我一直在病中，即使到了現在，我仍然覺得頭暈目眩的。」隨後宋美齡又抱怨到「臺灣的天氣糟透了，熱得要命，潮濕得要命。我發起了高燒，而且還得了濕疹」。[134]九月二十六日，宋美齡給艾瑪的信中又說：「炎熱和潮濕的天氣給我帶來了災難。兩週前，我又生病了，周身不適。希望天氣涼快一些，我就能好起來。我現在注射鈣溶液和青黴素，因為濕疹擴散的面積很大。」[135]顯然，宋美齡受困於臺北的氣候，皮膚病似乎更嚴重了。一九五一年十月二十一日，宋美齡致信艾瑪說到「上週我生病了」。[136]十二月五日，宋美齡又在信中詳細地給艾瑪描述了她的病況，信中說到：「過去六個月裡，我被神經衰弱困擾……我的皮痛症再次發作，就像五年前的一樣厲害。」而且「臺灣空氣太濕潤了，加重了我的病情」。於是，宋美齡試用了剛剛出現的新藥——促腎上腺皮質激素，這個藥效果明顯，「兩天之內，我的皮痛症完全好了，我感覺棒極了，充滿了活力。」但是，這個藥的副作用對她也是顯而易見的，「在夜間只能休息兩到三個小時，因為促腎上腺皮質激素讓我覺得非常興奮。」而且這個藥不能長期使用，「只能治標，不能治本。」宋美齡覺得，「要想治本，我就得從繁重的工作中解脫出來，享受放鬆和自由的生活，並且搬到氣候適宜的地方去居住。」這封信的結尾極有意思，宋美齡說道：「我真希望上帝發發慈悲，讓我享受一個星期，

134.「宋美齡致艾瑪信件」（一九五〇年七月二十五日），《艾瑪・德隆・米爾斯檔案》，美國衛斯理學院檔案館館藏。
135.「宋美齡致艾瑪信件」（一九五〇年九月二十六日），《艾瑪・德隆・米爾斯檔案》，美國衛斯理學院檔案館館藏。
136.「宋美齡致艾瑪信件」（一九五一年十月二十一日），《艾瑪・德隆・米爾斯檔案》，美國衛斯理學院檔案館館藏。

哪怕一天也好，不受持續性的皮膚痛癢的困擾。我現在實在是受夠了。我和醫生們真希望有奇蹟發生。」[137]看來，皮膚病對宋美齡的折磨，真真切切地讓她崩潰。到了一九五二年六月，宋美齡赴美求醫的兩個月前，在給艾瑪的信中還繼續提到：「近來我的神經性皮炎發作得非常厲害，……我必須持續注射促腎上腺皮質激素和皮質酮，這些藥可以減輕我的皮炎的症狀，但是副作用很大，我整個人看起來都是浮腫的。……幾天前我住進醫療中心，當時也是因為皮炎發作。」[138]

其二，這個判斷還可從蔣中正在這一時期給宋美齡的電文中得以證實。一九五二年八月十一日，宋美齡飛抵檀香山的次日，蔣中正致電宋美齡：「安抵檀島，甚慰，未知貴恙近有進步否，檀島氣候究竟乾燥否。」[139]宋美齡致電蔣經國轉呈蔣中正說檀香山的氣候不適宜，「此間專醫以氣候關係，力主赴金山就醫較易見效，擬於十六日前往進醫院。」[140]蔣中正即於十五日致電宋美齡說：「真電接悉，檀島氣候既不適宜，只有速赴舊金山休養，以期早日痊癒。」[141]十九日，宋美齡入住舊金山醫院兩天後又收到蔣中正的問詢電報，「入院診斷結果如何，甚念。」[142]二十九日，蔣中正由角板山回臺北後，立刻致電詢問「貴恙近狀有否進步，盼詳復」。[143]九月二日，蔣

137.「宋美齡致艾瑪信件」（一九五一年十二月五日），《艾瑪・德隆・米爾斯檔案》，美國衛斯理學院檔案館館藏。
138.「宋美齡致艾瑪信件」（一九五二年六月十日），《艾瑪・德隆・米爾斯檔案》，美國衛斯理學院檔案館館藏。
139.「蔣中正電宋美齡」（一九五二年八月十一日），〈蔣中正致宋美齡函〉（七），《蔣中正總統文物》，國史館藏。
140.「宋美齡致蔣經國文電資料」，〈特交檔案〉，《蔣中正總統文物》，國史館藏。
141.「蔣中正電宋美齡」（一九五二年八月十五日），〈蔣中正致宋美齡函〉（七），《蔣中正總統文物》，國史館藏。
142.「蔣中正電宋美齡」（一九五二年八月十九日），〈蔣中正致宋美齡函〉（七），《蔣中正總統文物》，國史館藏。
143.「蔣中正電宋美齡」（一九五二年八月二十九日），〈蔣中正致宋美齡函〉（七），《蔣中正總統文物》，國史館藏。

中正致電宋美齡要她「務期忍耐、安靜，服從醫生命令，勿躁勿急，多用禱告」。[144]以後每隔數日，蔣皆致電宋美齡，問候病況。

蔣中正最初亦是把宋美齡赴美定義為一次單純的醫療之旅，不希望宋美齡涉入在美的外交活動。此中緣由，一方面在於蔣中正本人此時事務繁多、身體欠安，希望宋美齡能早日返回臺灣陪同。另一方面，當時的美臺關係並不穩定，美國的國內政治氣氛和輿論氣氛變幻莫測，蔣中正覺得此時尚不適合在美開展外交。當時對蔣中正有利的環境是：朝鮮戰爭已經進入邊打邊談的僵持階段；為從戰略上威脅中國大陸，杜魯門一再表達了援助臺灣的決心，美臺關係較之《白皮書》發布時已充分緩和；臺灣和日本簽訂了和約，舊金山和約亦已同時生效。而不利的因素則是：美國僅僅是因為朝鮮戰爭而援助臺灣，並未改變使臺灣中立的政策基調；[145]毛邦初事件餘波未了；「院外援華集團」事件又開始被《報導者》雜誌、《紐約時報》和《華盛頓郵報》熱炒。此外，一九五二年又是美國的大選年，蔣中正擔心宋美齡赴美被指責為遊說。

因此，從這一時期蔣中正給宋美齡的電文看，蔣中正待宋美齡病情好轉後，即多次強調自己身體有恙，詢問宋美齡歸期。

---

144. 「蔣中正電宋美齡」（一九五二年九月二日），〈蔣中正致宋美齡函〉（七），《蔣中正總統文物》，國史館藏。

145. 《顧維鈞回憶錄》中提及，一九五二年八月八日顧維鈞致電臺灣外交部門，指美國國務院的一位代表對參議院軍事委員會和外交委員會聯繫秘密會議說，改變對臺灣當局政策是出於韓戰的關係。目前美國尚無意改變杜魯門一九五〇年六月使臺灣中立的命令。《顧維鈞回憶錄》，第九分冊，頁四五九。

（二）開展外交遊說

然而，對宋美齡而言，此次赴美當然不是治病這麼簡單。一九五二年的宋美齡似乎再也無法忍受臺北炎熱而潮濕的氣候以及反復發作的皮炎，亦似乎不甘蝸居於臺灣扮演「第一夫人」。她似乎認為已經到了自己重返美國開展遊說外交活動的時機，到了出現在美國公眾視線的時機。一個值得注意的細節是，一九五二年七月六日艾森豪（Dwight David Eisenhower）成為了美國共和黨提名的總統候選人，並且選擇尼克森作為副總統候選人。艾森豪強烈反對美國民主黨人的對外政策，曾經拒絕了杜魯門邀請其為民主黨出選總統。艾森豪重視亞洲和臺灣的戰略地位，主張盡可能地利用臺灣島，以達到美國的太平洋政策的總目標，並認為蔣中正政權是美國堅定的朋友。而尼克森是孔宋家族長期扶持的美國新興政治人物，是美國「院外援華集團」的核心成員，宋美齡一九四八年至一九五〇年訪美期間就曾在紐約的孔祥熙家接見過尼克森。一九五〇年尼克森競選加利福尼亞州參議員時，孔祥熙和孔令杰還曾捐助大筆競選經費，並鼓動加州華人支持尼克森。

因此，宋美齡費盡心機地前往美國，儘管兩個月前她剛剛寫信給艾瑪說：「Lillienthal Galleries 打電報來，詢問我是否同意在九月舉行一次我的畫展。我怕我到時候不可能脫身出國。……由於我無法到紐約去，我的丈夫正試圖請 Dr. Kesten 到臺灣來，希望她能對我有所幫助。Dr. Kesten 對我的病情非常熟悉。」[146] 事後，葉公超向顧維鈞詳細描述了宋美齡此次赴美的曲折經過：「蔣夫人是何等的急於來美國，而同時總統（蔣中正）又是何等的切望第一夫人不要離開臺

146.「宋美齡致艾瑪信件」（一九五二年六月十日），《艾瑪・德隆・米爾斯檔案》，美國衛斯理學院檔案館館藏。

灣。不過經她示意，葉（公超）已和委員長談妥，並為她辦好了來美的護照和在檀香山入境的簽證。這一消息一經走漏出去，美國大使館代辦鐘斯（Jones）先生立即走訪了外交部，他提出，國務卿將去檀香山參加美、澳新理事會會議，蔣夫人的行期正好和國務卿的到達日期巧合。這就可能引起外界對她此行目的產生猜疑。因此他提出蔣夫人是否可以推遲一週起程。葉（公超）說，他沒有把鐘斯的話告訴委員長，而是把推遲行期作為自己的意見提出來的。這是非常嚴謹的做法。他說他的建議很順利地被接受了。」[147]

宋美齡甫抵檀香山，即通過游建文宣布，此次就醫如無成效，就可能赴美國大陸尋醫，從而為後期運作埋下伏筆。[148]然而，值得琢磨的細節，是宋美齡遣回了她的中文秘書，卻把她非常得力的助手（英文秘書）留在了身邊。[149]

到了一九五二年十月中旬，宋美齡的皮膚病應已痊癒。十月十五日離開舊金山赴紐約。在宋美齡此次訪美中，「院外援華集團」是最為積極的群體。宋子文曾經告訴顧維鈞，宋美齡此次到美國，最初是斯克里普斯—霍華德（Scripps Howard Foundation）報系的執行委員會主席霍華德（Howard）發起的，而且也是霍華德夫婦將宋美齡從舊金山迎接到紐約的。[150]不僅如此，「院外援華集團」還組織紐約唐人街的華人赴機場夾道歡迎宋美齡。顧維鈞在紐約機場迎接宋美齡時，

147. 《顧維鈞回憶錄》，第九分冊，頁六〇五。
148. 《顧維鈞回憶錄》，第九分冊，頁五七八。
149. 《顧維鈞回憶錄》，第九分冊，頁五九三。
150. 《顧維鈞回憶錄》，第九分冊，頁六一三。

也觀察到宋美齡僅僅是「膚色略受影響，但看起來健好無恙」。[151]

宋美齡奔赴紐約，是為了和「院外援華集團」會合，在紐約這個「院外援華集團」的司令部，指揮對美遊說活動。顯然，宋美齡認為，美國共和黨和艾森豪將在此次大選後入主白宮，美國的政治環境將朝著有利於臺灣的方面發展，她需要為這種改變做出自己的努力以獲取未來的回報。當時的美國新聞界即有傳聞，指宋美齡在為艾森豪的競選私下奔走。[152]宋美齡在以後出版的〈暢談年來所思所感〉一文中提及了這種回報，她說：「我必須對艾森豪總統的風度、寬大和友善致謝。他曾派霍華德把令人鼓舞的資訊送給蔣總統和我，並向我們殷殷致意。霍華德先生是斯克里普斯—霍華德報系的執行委員會主席，也是我們多年來的忠實好友。這資訊是強調堅守臺灣和澎湖群島對自由世界之重要性。」[153]為了滯留在紐約等待美國大選揭曉，宋美齡又使出了一九四九年的伎倆。一方面她避居遠離紐約的鄉間，對外宣稱：「一不接電話，二不見來客。」[154]給外界以安心養病的印象；另一方面，電告蔣中正病情反復。

一九五二年十一月四日，艾森豪憑藉反對杜魯門運動與標語「韓國！共產主義！貪汙！」（Korea! Communism! Corruption!）贏得人心，擊敗民主黨總統候選人史蒂文生（Stevenson），當選美國總統。艾森豪當選讓宋美齡更加堅定地滯留在紐約，與各方要人密切聯絡，試圖通過「密室

151.《顧維鈞回憶錄》，第九分冊，頁六一二。
152.《顧維鈞回憶錄》，第九分冊，頁六一九。
153.《婦聯三十五年》（臺北：中華婦女反共聯合會，一九八五年），頁七。
154.《顧維鈞回憶錄》，第九分冊，頁六一九。

外交」，謀求改變美國政府對臺政策，促使美國政策從幫助「臺灣的合法防衛」，轉向支持反攻大陸。對此，蔣中正無可奈何，只得在不斷詢問宋美齡歸期的同時，亦反復叮囑宋美齡謹言慎行。十一月九日，蔣中正致電宋美齡說：「美國新總統選出後，凡於我國有關之事，除極重要問題與政策之外，不可多託其領袖為我政府說情，使人為難，且免新任疑慮此種微妙關係，影響於將來得失甚大也，務望慎之。至其新總統巡韓訪臺事，兄擬直接電邀，以示歡迎之意。」[155]二十六日又致電宋美齡說：「美國駐臺之外交與軍事人員，至今絕未提及我軍援韓之事，故我方亦無回答其不能援韓之事知可，其國務院之報告仍如過去之捏造，專在挑撥兩國感情也。請對方注意為要。至於對一般記者或通常問及我軍援韓意見，則我方皆說從前我軍援韓之諾言，至今仍為有效，但我政府決不再自動請求援韓而已。對此事兄已面授葉（公超）處長，以大體方針始終如一，請問葉處長即可了然也。」[156]

到了十二月，蔣中正的耐心似乎已經殆盡。十二月九日、十三日蔣中正連續電催宋美齡返臺，[157]宋美齡以病情反復搪塞。蔣中正只得於二十一日致電說：「保君建寄來手書已悉，貴恙復發，甚念，望適心靜養可也。」[158]沒過幾天（二十六日），蔣中正又致電宋美齡詢問：「貴恙狀況有否進步，此間耶誕節，親友宴會皆以貴恙為念，並祝早日康復，盼能在臺同慶舊曆除夕也。」

155.「蔣中正電宋美齡」（一九五二年十一月九日），《蔣中正致宋美齡函》（七），《蔣中正總統文物》，國史館藏。
156.「蔣中正電宋美齡」（一九五二年八月二十六日），《蔣中正致宋美齡函》（七），《蔣中正總統文物》，國史館藏。
157.「蔣中正電宋美齡」（一九五二年十二月十三日），《蔣中正致宋美齡函》（七），《蔣中正總統文物》，國史館藏。
158.「蔣中正電宋美齡」（一九五二年十二月二十一日），《蔣中正致宋美齡函》（七），《蔣中正總統文物》，國史館藏。

馬（歇爾）之三十一日生日，請代為聯名函賀。」[159]到了一九五二年的最後一天（三十一日），蔣中正在致電宋美齡還是說道：「明日又是元旦了，夫妻未能歡聚一堂，時用想念貴恙究竟如何，不勝繫慮，惟祈上帝保佑，從速痊癒，俾我家庭早日團聚而已。」[160]

進入一九五三年，蔣中正對宋美齡的滯美不歸，已無可奈何。一月十九日，蔣中正致電宋美齡只是簡單地問道：「貴恙如何，何日可回來。」[161]二月十二日蔣中正更電告宋美齡：「現已來高雄過年，甚覺寂寞，望即回臺。」[162]反觀之，二月三日，宋美齡電告蔣中正：「上次與新國務卿（杜勒斯）討論第七艦隊等事，因怕事前洩露不便告知，此次美方舉動，請兄勿再發表任何意見。」並稱：「今英國等極力反對此舉，我方唯有暗中工作，且美方作用明顯，以注意亞洲，來強迫歐洲各國互相團結。」強調「前途變化仍多，不能因此舉而自滿」，「我仍須時刻注意。」[163]二月十二日，宋美齡又電告蔣中正，美游擊隊主管根據臺灣《大道新聞社》的報導，得知臺灣在大陸有組織的游擊隊共有六十萬人。美方希望臺灣不再發表此種消息，「以免為美國人民誤解，我方既有此鉅數之游擊隊在大陸而無驚人成績，反而有所感，而使我方友人工作困難。」[164]如此種種，顯示宋美齡此時開始積極地向蔣中正建言具體的對美外交事務。

159.「蔣中正電宋美齡」（一九五二年十二月二十六日），《蔣中正致宋美齡函》（七），《蔣中正總統文物》，國史館藏。
160.「蔣中正電宋美齡」（一九五二年十二月三十一日），《蔣中正致宋美齡函》（七），《蔣中正總統文物》，國史館藏。
161.「蔣中正電宋美齡」（一九五三年一月十九日），〈一般資料〉（一九五三），《蔣中正總統文物》，國史館藏。
162.「蔣中正電宋美齡」（一九五三年二月十二日），〈蔣中正致宋美齡函〉（七），《蔣中正總統文物》，國史館藏。
163.「蔣中正電宋美齡」（一九五三年二月四日），〈對美關係〉（六），《蔣中正總統文物》，國史館藏。
164.「宋美齡電蔣中正」（一九五三年二月十三日），〈對美關係〉（六），《蔣中正總統文物》，國史館藏。

宋美齡滯美不歸的另一個目的是，尋找時機以公開登上美國外交舞臺。宋美齡先是試圖出席艾森豪總統的就職典禮（一九五三年一月二十日）。為了幫助宋美齡獲得參加就職典禮的請帖，紐約州州長杜威（Thomas E. Dewey）盡了最大努力。[165]眾議院議長小約瑟夫・馬丁（Joseph Martin）和參議員泰爾斯・布里奇斯也贊成此舉，因為這「可使國民黨中國覺得好些」。[166]但由於美國國務院反對，幾經波折，宋美齡方才在就職典禮前幾天，獲得參加的請帖。可能是宋美齡從此事的一波三折中嗅出了什麼不好的味道，也可能是蔣中正的反對，宋美齡最終以健康原因，沒有出席總統就職典禮。

但是，宋美齡並沒有放棄，她需要一次公開亮相。於是，宋美齡開始運作訪問華盛頓並會晤艾森豪總統事宜，這些運作和前期各項事務一樣，都是繞開駐美大使館通過「院外援華集團」進行的。宋美齡甚至親自函請艾森豪總統，約定會晤時間。[167]二月二十八日，宋美齡電告蔣中正：「三月九日將與艾森豪會晤，兄有何意見盼轉達者，請即電告。」[168]對此，蔣中正十分謹慎，沒有通過電報的形式將意見告訴宋美齡，而是選擇讓曾寶蓀帶信。因為二月十二日蔣中正復電宋美齡曾提及「密碼不可再用」。[169]

三月八日到十二日，宋美齡訪問華盛頓。在停留的幾天時間中，宋美齡的行程極其緊湊，「除

165. 《顧維鈞回憶錄》，第十分冊，頁七。
166. 同上。
167. 《顧維鈞回憶錄》，第十分冊，頁四九。
168. 「宋美齡電蔣中正」（一九五三年三月一日），〈對美關係〉（六），《蔣中正總統文物》，國史館藏。
169. 「蔣中正電宋美齡」（一九五三年二月十二日），〈蔣中正致宋美齡函〉（七），《蔣中正總統文物》，國史館藏。

赴白宮茶會及議院午餐外，我大使館亦分邀軍政各界參加午晚餐會，計前後接見二百餘人。」宋美齡「乘便分別談話，間有談未盡衷者，並經另約續談」。[170]

三月九日，宋美齡出席了艾森豪總統在白宮為她舉辦的茶會。[171]儘管這只是一次非正式性活動，但宋美齡仍作了充足的準備，三月八日到達駐美大使館所在的雙橡園[172]後，便與顧維鈞商議如何「使總統透露一些話，從而瞭解他在對自由中國的政策方面的態度和意圖，以及他希望她（宋美齡）在有關朝鮮衝突和遠東的總形勢方面做些甚麼。」[173]然而，艾森豪卻無意談公事，他和夫人很周到地接待了宋美齡，使得此次茶會僅僅以禮貌性的應酬而告終。

當天晚上，大使館為宋美齡舉行了宴會，出席的美方知名人士有眾議院議長馬丁、新任國防部長威爾遜（Charles E. Wilson）夫婦、新任司法部長赫伯特・布勞內爾（Herbert Brownell, Jr.）夫婦、新任郵政管理局局長亞瑟・薩默菲爾德（Arthur E. Summerfield）夫婦、參議員麥卡倫・弗格森（McCarran Ferguson）夫婦、參議員史密斯・詹森（Smith Jenson）夫婦、眾議員蕭特・富爾頓（Schott Fulton）夫婦、女眾議員凱薩琳・聖喬治（Catherine St. George）等。[174]席間，宋美齡大部分時間都在同新任國防部長威爾遜談話，威爾遜告訴宋美齡，「蔣中正提出的建立中美聯合參謀部，以事先

---

170. 「顧維鈞電蔣中正」，〈對美關係〉（六），《蔣中正總統文物》，國史館藏。
171. 〈蔣夫人訪白宮艾森豪夫婦特茶會接待〉，《中央日報》，臺北，一九五三年三月十一日，版一。
172. 雙橡園：即 Twin Oaks Estate，位於美國華盛頓哥倫比亞區。一九三七—一九四九年為中華民國駐美國大使館；一九四九—一九七八年為臺灣地區駐美國「大使館」；一九七八年十二月中（共）美建交後，為臺灣駐美代表處。
173. 《顧維鈞回憶錄》，第十分冊，頁七〇。
174. 《顧維鈞回憶錄》，第十分冊，頁七三。

制定出應付突然事變的計畫的意見是正確的，而且應該予以實現」，並且徵求任命雷德福上將為參謀長聯席會議主席的意見。[175]在這場宴會上，宋美齡表現得極為出色，顧維鈞在《回憶錄》中讚揚宋美齡「感覺靈敏而聰明」，並認為「如果她是一位男子，她很可能是一位第一流的外交家」。[176]

三月十日，大使館又為宋美齡安排了一場晚宴，出席的有內政部長道格拉斯・麥凱（Douglas McKay）夫婦、參議員馬隆（Malone）、麥卡錫、布里奇斯、喬治和馬格納森（Magnuson）以及他們的夫人、副國務卿史密斯（Smith）夫婦、助理國務卿麥卡德爾（McArdle）夫婦、眾議員泰伯（Taber）、美國前駐華大使赫爾利的夫人、及大使館的一些人員。[177]在這場晚宴上，宋美齡與史密斯將軍就「從緬甸遣返（李彌）部隊問題」進行了長談。通過此次會談，宋美齡認識到「應當在原則上接受美國的建議，然後再商談實施細節」。[178]

三月十一日，美國眾議院議長馬丁及參議院臨時議長布里奇斯（Styles Bridges）為她舉行午宴，與美國副總統尼克森、參院共和黨政策委員會主席參議員諾蘭、一直支持蔣中正的眾議員周以德，以及其他共和黨、民主黨領袖見面。[179]主人還把曾在衛斯理學院教過宋美齡英語的丘奇夫人（Mrs. Church）也請到了。[180]宋美齡在午宴答謝致詞時，誇讚美國國會最偉大的職責，「乃在於諸君藉神的指引，而成為自由世界共同良知的領導者。」並借機表白：「中國的前途充滿希望，愛好自由

175. 同上。
176. 同上。
177. 《顧維鈞回憶錄》，第十分冊，頁七五。
178. 同上。
179. 〈我與共匪搏鬥具有必勝信心〉，《中央日報》，臺北，一九五三年三月十三日，版一。
180. 《顧維鈞回憶錄》，第十分冊，頁七六頁。

的中國人民，不論他們在哪裡，都將永不失去他們對於公理終必戰勝所持具的信心。」[181] 顯然，宋美齡試圖勸說美國政治要人們以「保護全人類的正義與公理」的名義，幫助臺灣反攻大陸，同時聲明臺灣已做好準備。

三月十一日，大使館為宋美齡安排了第三場晚宴，參加的人包括副總統尼克森、共同安全署署長史塔生（Harold Stassen）、共和黨參議員諾蘭、蒙特、希肯盧珀、蘭格，民主黨參議員詹姆斯・理查茲（James P. Richards）和詹斯（Jens）。[182] 宋美齡作了即席發言，她在發言中「向美國人民表示讚賞、感謝和敬意」。[183] 由於宋美齡餘興未盡，三月十二日顧維鈞又為她提供了一次機會——冷餐午宴，為的是使宋美齡能夠見到她希望見到，而又未能見到的那些朋友。這些人包括美國國會、國務院和軍隊的成員，以及新聞廣播界的代表和社會人士，例如印第安那州參議員威廉・詹納（William E. Jenner）、華盛頓州參議員哈里・凱恩、麻塞諸塞州參議員約翰・甘迺迪（John F. Kennedy）等等。[184]

通過在華盛頓的這些活動，宋美齡廣泛會晤美方的重要人物，傳達了蔣中正和臺灣方面的希望與要求，也從中瞭解了美國政府的對臺政策，並廣泛交結朋友，是一次令她十分滿意的訪問，達到了她費盡心機滯留美國的目的。在離開華盛頓不久，宋美齡就於三月二十五日返回了臺灣。也正是由此開始，臺美關係進入了蜜月期。

181.〈我與共匪搏鬥具有必勝信心〉，《中央日報》，臺北，一九五三年三月十三日，版一。
182.《顧維鈞回憶錄》，第十分冊，頁七六頁。
183.《顧維鈞回憶錄縮編》（下冊），頁一一一七。
184.《顧維鈞回憶錄》，第十分冊，頁七八。

（三）赴美遊說的收穫

宋美齡此次訪美，最大的收穫是與美國新一屆政府建立起了良好的關係，並推動美國對臺政策，進行了重大調整。杜魯門在任總統期間，他對蔣中正及其親屬始終沒有好感，美國作家默爾・米勒（Merle Miller）有一次採訪杜魯門總統，杜魯門就氣得大罵說：「他們（國民黨）都是賊，各個都他媽的是賊……他們從我們給蔣送去的三十八億美元中偷去七・五億美元。他們偷了這筆錢，而且將這筆錢投資在巴西的聖保羅，以及就在這裡，紐約的房地產。」[185]朝鮮戰爭爆發後，原本打算放棄蔣中正政權的杜魯門，出於戰略考慮，拋出臺灣「中立化」政策。儘管這一政策讓蔣中正政權得以喘息，但嚴重地束縛了蔣中正反攻大陸政策的實施，而且還讓蔣中正面臨隨時被美國人拋棄的風險。反觀艾森豪，一九五三年二月二日就任總統後的第一份致國會諮文中就宣示，解除臺灣「中立化」，不再限制國民政府軍隊對大陸的攻擊，同時第七艦隊繼續協防臺灣。[186]二月五日，艾森豪又命令第七艦隊停止在臺灣海峽進行「中立巡邏」。[187]

二月十一日，時任美國參謀長聯席會議主席的布蘭得利上將（General of the Army Omar Bradley）宣稱，援助臺灣的物資正在增加中。[188]這一系列政策的變化，標誌著艾森豪拋棄了杜魯門時期的臺灣「中立化」政策，開始實施「放蔣出籠」政策。這一政策的實施，使得蔣中正收穫

---

185. "Madame Chiang Kai-shek, a Power in Husband's China and Abroad, Dies at 105", New York Times[New York], October 25, 2003。
186. 南京大學臺灣研究所編，《海峽兩岸關係日誌（一九四九—一九九八）》，頁三二。
187. 同上。
188. 南京大學臺灣研究所編，《海峽兩岸關係日誌（一九四九—一九九八）》，頁三二。

了滾滾而來的美援，由此蔣中正所處的政治、軍事和外交環境，得到了極大的改善。

表**1-1**對宋美齡於一九五二年八月至一九五三年三月活動日程作一簡單的概略，可以直觀地瞭解到其歷時七個月在美情況。

表1-1　宋美齡訪美活動日程（一九五二年八月九日至一九五三年三月二十五日）

日期	活動地點	活動內容		
		出席、會晤	演講	其他活動
一九五二年八月九日	抵馬尼拉後轉至檀香山			
八月十日	檀香山			入住美國陸軍特列普拉醫院
八月十四日				致電蔣經國，告十六日入舊金山某醫院治療
八月十七日	入住舊金山佛蘭克林醫院			
九月二十二日				治療近五週，康復進展緩慢。
十月十五日	離開舊金山赴紐約			紐約華人赴機場歡迎。
一九五三年二月三日				致電蔣中正，告知與美國國務卿杜勒斯討論第七艦隊及其他事宜

二月八日	紐約	會見赴美參觀的臺灣海軍總司令馬紀壯		
三月四日	紐約孔令儀公寓	會見顧維鈞，討論訪問計畫		
三月八日	華盛頓，入住雙橡園			
三月九日下午		出席艾森豪夫婦		
同日晚上		出席大使館舉辦的宴會，並與美國新任國防部長威爾遜詳談，內容涉及建立中美聯合參謀部事先制定應付事變計畫及任命雷德福上將為參謀長聯席會議主席的計畫		出席的美方人士有眾議院議長馬丁、新任國防部長威爾遜夫婦、新任司法部長赫伯特．布勞內爾夫婦、新任郵政管理局局長亞瑟．薩默菲爾德夫婦、參議員麥卡倫．弗格森夫婦、參議員史密斯．詹森夫婦、眾議院蕭特．富爾頓夫婦，女眾議員凱薩琳．聖喬治等
三月十日		出席大使館舉辦的第二次晚宴，同史密斯將軍長談，討論關於從緬甸遣返部隊的問題		出席人有內政部長道格拉斯．麥凱夫婦、參議員馬隆、麥卡錫、布里奇斯、喬治和馬格納森以及他們的夫人、副國

				務卿史密斯夫婦、助理國務卿麥卡德爾夫婦、眾議員泰伯、美國前駐華大使赫爾利的夫人及大使館人員
三月十一日		出席美國眾議院議長馬丁及參議院臨時議長布里奇斯舉行的午宴，會見美國政界名流	答謝致詞	出席的有美國副總統尼克森、參院共和黨政策委員會主席參議員諾蘭、眾議員周以德，以及其他共和黨、民主黨領袖，還有丘奇夫人
同日晚上		出席大使館舉辦的第三次晚宴	即席發言	出席者有尼克森、共同安全署署長史塔生、共和黨參議員諾蘭、蒙特、希肯盧珀、蘭格，民主黨參議員詹姆斯·理查茲和詹斯
三月十二日		出席大使館舉辦的冷餐午宴，會見美國國會、國務院和武裝部隊的成員、新聞廣播界的代表和社會人士		印第安那州參議員威廉·詹納、華盛頓州參議員哈里·凱恩、麻塞諸塞州參議員約翰·甘迺迪等
同日晚上	返回紐約			

三月二十日	麻塞諸塞州		衛斯理學院發表演說	
三月二十二日	離開紐約，抵舊金山			
三月二十三日	下午抵檀香山	與夏威夷總督夫人共進午餐	向夏威夷議會聯席會議發表簡短演講	
三月二十五日	經菲律賓馬尼拉抵臺北			

宋美齡此次訪美，鞏固和擴大了「院外援華集團」的影響範圍。首先，宋美齡利用「院外援華集團」的核心成員斯克里普斯—霍華德報系的執行委員會主席霍華德，建立起了與艾森豪總統直接溝通的管道。其次，蔣宋家族通過把尼克森推上副總統的寶座，在共和黨和美國政府內部扶持出了一個美蔣利益共同體，從而在傳統的國會同盟軍之外，又獲得新的助力，進而為美國政府政策偏向蔣中正政權打下了良好的基礎。第三，通過將兩岸對峙放入東西方冷戰格局之中，「院外援華集團」進一步加深了美國與中國大陸的對立，進一步彰顯了臺灣在美國西太平洋的反共戰略中的地位。

（四）再度赴美治病兼外交工作

一九五四年，宋美齡又一次生病了，這一次也是真的。年初，宋美齡因患上傳染性肝炎，臥床七個星期，且由於肝病正在損傷雙眼，因而不能閱讀或作畫，這令生活變得非常呆板無趣，特別是醫生要她把自己的「思想機器」也關掉。[189]緊接著，宋美齡因史塔生先生（Mr. Stacsen）[190]來訪，第一次起床參加晚宴，不幸又得了感冒，只好重新回到病榻。[191]到了四月份，因舊疾復發，無法照常工作。[192]無法參加婦聯會成立四週年紀念大會，僅致函紀念大會表示祝賀。四月二十二日，孔令杰告知顧維鈞，宋美齡神經性皮炎復發，苦不堪言，決定赴美就醫。[193]

四月二十九日晚，宋美齡抵達舊金山佛蘭克林醫院等待檢查，[194]次日電告蔣中正稱：「昨晚抵院，人甚疲倦，醫云須靜養數日，始能試驗病源。」[195]蔣中正回電囑宋美齡「專心養病早日康復」。[196]為了此次治療，宋美齡放棄參加五月二十日蔣中正的總統就職典禮，只是派孔令儀回臺灣幫助蔣中正「完成就職與招待之準備工作」。[197]對此，五月二十日蔣中正致電宋美齡說：「今日就職典禮，一切完備、周到，儀甥同在家族之列，歡欣異常，惟賢妻未能參加，皆為遺憾，刻

---

189. 「宋美齡致艾瑪信件」（一九五四年二月二十日），《艾瑪・德隆・米爾斯檔案》，美國衛斯理學院檔案館館藏。
190. 當指一九四八年參加共和黨總統候選人提名競選的美國明尼蘇達州州長。
191. 「宋美齡致艾瑪信件」（一九五四年二月二十日），《艾瑪・德隆・米爾斯檔案》，美國衛斯理學院檔案館館藏。
192. 佟靜，《宋美齡大傳》（下）（北京：團結出版社，二〇〇六年），頁四二三。
193. 《顧維鈞回憶錄縮編》（下冊），頁一二三三。
194. 「宋美齡致蔣介石密電」（一九五四年四月三十日），〈一般資料〉（一九五四），《蔣中正總統文物》，國史館藏；〈蔣夫人抵美〉，《中央日報》，臺北，一九五四年五月一日，版一。
195. 「宋美齡電蔣中正」（一九五四年五月二日），〈一般資料〉（一九五四），《蔣中正總統文物》，國史館藏。
196. 同上。
197. 「宋美齡電蔣中正」（一九五四年五月十九日），〈一般資料〉（一九五四），《蔣中正總統文物》，國史館藏。

已完成典禮，特此奉告。」[198]

七月六日，宋美齡前往紐約。[199] 這是宋美齡上一次訪美留下的良好印象，她需要在公開露面之前，會見一些「院外援華集團」的老友，瞭解美國的政治動向，進行一些幕後的運作。此時正值第一次臺海危機如火如荼，尤其是金門地區的砲戰進入白熱化狀態。臺灣方面強烈要求美國協防金馬地區，並把此列入《美臺共同防禦條約》的談判之中。然而，七月一日，顧維鈞會見杜勒斯時，要求美國聲明協防沿海島嶼，杜勒斯當場拒絕。[200] 七日，艾森豪宣布，美國堅決反對中華人民共和國加入聯合國。[201] 這個聲明給了臺灣方面少許安慰。由於史料匱缺，我們不知道宋美齡進行了哪些幕後活動。但從蔣中正致宋美齡的函電可知，宋美齡見了霍華德、史密斯。[202] 從可獲得的史料猜測，宋美齡活動的目的有增加美援、會見艾森豪，以及影響杜勒斯。

美援方面。七月十一日下午，宋美齡在美國長島蝗蟲谷孔祥熙宅邸會見顧維鈞，表示美國的援助，關係臺灣的生死存亡。[203] 這表明她十分關注美援問題。我們無法知曉宋美齡隨後的運作細節，但是到了九月二十一日，蔣中正致電說及「軍協」計畫，「軍協一億元計畫，已於今晨直接提交藍欽（Karl Rankin）與蔡斯矣，據蔡斯昨晚接雷德福將軍電稱，對華軍援數目仍如去年相同，

198.「蔣介石致宋美齡密電」（一九五四年五月二十日），〈一般資料〉，《蔣中正總統文物》，國史館藏
199.《顧維鈞回憶錄縮編》（下冊），頁一二三八。
200. 南京大學臺灣研究所編，《海峽兩岸關係日誌（一九四九—一九九八）》，頁四三。
201. 同上。
202.「蔣中正電宋美齡」（一九五四年七月），〈一般資料〉（一九五四），《蔣中正總統文物》，國史館藏。
203.《顧維鈞回憶錄縮編》（下冊），頁一二四〇。

並無改變新的政策，……余（蔣）答美政府對我金門、大陳如此緊急熱戰之情形，毫不注意，且對我軍援助之要求，延滯至今，仍置之不理，誠是輕侮中國，不以余為友邦之態度，殊出意外，囑轉問其政府對華政策，究竟如何，並告其今日提出之軍協計畫，可否照辦，望從速作答也，至於葉（公超）所帶軍協原案與現提新案，略有修正，故早已電其緩提，惟新案既已直交藍、蔡，仍須另郵寄葉，俾可與美就近交涉無妨也。」[204]二十二日再致電說及「軍協」，「關於軍協計畫案，查外交部尚未向藍、蔡正式提出，現決定不提，免遭再受輕侮也。」[205]九月二十六日，又致電催促：「美國對韓國軍援數目案已經發表，我亦應催其從速發表，或正式對我通告，以便著手準備為要。」[206]

八月底，宋美齡正式登上公眾舞臺，不巧的是「美國國會方休會，兩院議員大都回籍預備競選或去國外旅行。艾總統、尼副總統、各部首長亦多離京避暑」[207]，宋美齡需要找到一個合適的場合與艾森豪總統會面，讓世界感受到艾森豪對臺灣的支持。二十六日，蔣中正致電華盛頓顧維鈞，說及宋美齡二十九日「來華府，莅美軍人大會晚宴演說，鈞陪同到會。」二十九日晚十時，宋美齡抵達華盛頓，入住雙橡園。[208]次日，宋美齡出席美國退伍軍人大會。中午十二點，艾森豪總統到

204.「蔣中正電宋美齡」（一九五四年九月二十一日），〈一般資料〉（一九五四），《蔣中正總統文物》，國史館藏。
205.「蔣中正電宋美齡」（一九五四年九月二十二日），〈一般資料〉（一九五四），《蔣中正總統文物》，國史館藏。
206.「蔣中正電宋美齡」（一九五四年一月二十六日），〈蔣中正致宋美齡函〉（七），《蔣中正總統檔案》，國史館藏。
207.「顧維鈞電蔣中正」（一九五四年九月二日），〈對美關係〉（六），《蔣中正總統文物》，國史館藏。
208.「顧維鈞電蔣中正」（一九五四年八月三十一日），〈對美關係〉（六），《蔣中正總統文物》，國史館藏。

達會場發表演說，宋美齡被迎到講臺前與艾森豪總統寒暄合影。[209]隨後，宋美齡發表演說〈中國將重獲自由〉，演說首先對美國退伍軍人協會給予的支持表示感謝；繼而控訴蘇聯從中國內部著手，逐步侵占了大陸；最後詳述臺灣的自由，並稱大陸人民對於臺灣都抱著極大的希望，把他們的自由願望寄託於臺灣，臺灣是自由的庇護地。[210]事實上，宋美齡說些什麼並不重要，重要的是她讓世界看到了艾森豪在聽她說，看到了艾森豪在支持蔣中正。九月一日，宋美齡接見了反共義士訪問團、僑團代表及駐華盛頓各機關人員，並於當日下午返回紐約。[211]在華盛頓期間，顧維鈞為宋美齡安排了大量的活動：三十、三十一兩日，顧維鈞在館備午宴二次，晚宴一次，邀請在華府美政府當局及兩院重要議員與夫人會見。來賓中到達的有國防部代理部長安德生（Anderson）、及馬克尼爾（Mark Neil）次長、雷德福總長、卡尼（Carney）海軍參謀總長、國務院代理副國務卿墨裴（Murphy）、援外總署署長史達生夫婦、財政部國庫署長潘義司夫人、羅柏森次長、魯斯夫人與馬加倫馬丁等參議員、兩院原子能聯合委員會會長、眾議員高爾（Gower）等多人，均係臺方好友。[212]

蔣中正所期望的收穫不僅於此，他想把美國更深地捲入臺海戰爭之中，杜勒斯是他需要影響的核心人物。九月三日，蔣中正致電紐約的宋美齡說：「杜卿如臨時決定改變（來臺）計畫，再電轉告，必來不及，不論其是否變更計畫，儀甥應即來臺準備為要。」[213]六日，致電說：「杜

209.「顧維鈞電蔣中正」（一九五四年九月一日），〈對美關係〉（六），《蔣中正總統文物》，國史館藏。
210.〈蔣夫人在美退伍軍人協會演講〉，《中央日報》，臺北，一九五四年九月一日，版一。
211.「顧維鈞電蔣中正」（一九五四年九月二日），〈對美關係〉（六），《蔣中正總統文物》，國史館藏。
212.同上。
213.「蔣中正電宋美齡」（一九五四年九月三日），〈一般資料〉（一九五四），《蔣中正總統文物》，國史館藏。

勒斯君刻覆電定九日正午來臺，當日傍晚即離臺返美，不便久留，故儀甥來臺時間已趕不及，看彼身體亦甚健，飛機跋涉更形勞頓為慮，如其能與吾愛同來，更所至盼。」九月十日，杜勒斯訪問臺灣，蔣中正與他僅交談三小時，「故談話集中於中美互助雙邊合約之一點上，其他如開案計畫，在談話中亦略提及，囑其注意杜之態度，對余始終以友義（誼）與尊重出之，彼云在其夏季白宮會議時，當鄭重與其總統切商也。史密斯參議員態度比上次為懇切。」[214]杜勒斯的反應讓蔣中正心生警惕。二十日，蔣中正致電宋美齡：「回國前，對魏德邁、魯斯及《紐約時報》與《論壇報》各主人夫婦能約談一次為要。」[215]這是希望借助「院外援華集團」的力量，繼續為臺工作。

十月十二日，宋美齡在舊金山佛蘭克林醫院接受返回臺灣前最後一次體檢。[216]二十二日上午，宋美齡自檀香山起飛，經停威克島、關島後，於中午抵達臺北松山機場，結束了六個月的訪美行程。

有表**1-2**加以反映宋美齡在美概況。

表1-2　宋美齡訪美日程（一九五四年四月二十二日至一九五四年十月二十二日）

214.「蔣中正電宋美齡」（一九五四年九月十日），〈一般資料〉（一九五四），《蔣中正總統文物》，國史館藏。
215. 同上。
216.〈蔣夫人將由美返國〉，《中央日報》，臺北，一九五四年十月十三日，版一。

日期	活動地點	活動內容		
		出席、會晤	演講	其他活動
一九五四年四月二十九日晚上	抵舊金山			至舊金山佛蘭克林醫院等待檢查
七月六日	前往紐約			
七月十一日下午	美國長島蝗蟲谷孔祥熙宅邸			
八月二十九日晚上	抵達華盛頓，入住雙橡園			
八月三十日下午			在美國退伍軍人大會發表演說〈中國將重獲自由〉，艾森豪到場	
九月一日		接見反共義士訪問團、僑團代表及駐華盛頓各機關職員		
同日下午	返回紐約			
十月十二日	舊金山			在佛蘭克林醫院接受返臺前最後一次體檢
十月二十二日	自檀香山經返抵臺北			

二、赴美宣傳外交

（一）會晤華府政要

一九五七年十月十日，國民黨第八次代表大會召開，蔣中正作了題為〈革命形勢與大會使命〉的演講，要求「研訂反攻復國計畫」，並提出「建設臺灣，策進反攻」。此時，美國對臺灣的支持和防衛體系已經基本形成，但美國始終不支援蔣氏使用武力反攻大陸，美國的態度成為束縛臺灣方面的「緊箍咒」。為尋求促使美國打破防禦框架的途徑，宋美齡積極籌備美國之行。

行前，宋美齡徵詢了孫中山的舊友索科爾斯基（George E. Sokolsky）[217]的意見。一九五八年二月十五日，索科爾斯基致信宋美齡，告之羅斯福夫人一直在美國攻擊她，他通過《星期六晚間郵報》著文對羅斯福夫人的攻擊進行了反駁。[218]三月十八日，宋美齡致信索科爾斯基，感謝他反駁羅斯福夫人，並諮詢訪美建議。[219]一九五八年五月十二日索科爾斯基回信寫道：

> 我必須坦誠地告訴您，美國人民固然痛恨紅色中國，但他們幾乎忘記了臺灣。要想做讓美國人民記住臺灣的事情，必須悄悄進行。美國駐聯合國代表團那裡也只是偶然傳出一些有價值的事情。[220]

217. 一譯索克思，美國著名俄裔記者，哥倫比亞新聞學校畢業，曾任《字林西報》社論編輯，在華期間與孫中山及宋家關係甚密。回國後主要為《紐約先驅論壇報》、《紐約太陽報》、赫斯特系報紙撰寫專欄。
218. 《喬治．E．索科爾斯基檔案》，史丹佛大學胡佛研究所藏，典藏號：Box NO. 0035。
219. 同上。
220. 同上。

五月二十一日上午，宋美齡起程赴美，[221]當晚抵達檀香山。[222]五月二十二日，飛抵舊金山。[223]五月二十五日，出席舊金山華僑在中華總商會為其舉辦的歡迎會。致詞感謝華僑對祖國的貢獻，強調共產黨的統治是「暫時的現象」，呼籲華僑繼續支持臺灣反共抗俄。[224]五月二十七日，飛抵紐約。[225]當天即在紐約寓所接受美國記者訪問，為此次宣傳之旅定下了基調。[226]

在此之前（五月十二日），索科爾斯基建議她：「如果您在美國期間打算發表演說的話，我希望您牢記一點：您在美國人民心目中的地位很高，令許多人羨慕不已。只要您的演講代表你自己，簡短親切，打動人心，您為您的國家做出的貢獻就比任何人都大。」宋美齡深以為然。七月二日，致信索科爾斯基，隨信附去將在華盛頓新聞俱樂部發表的演講稿，請其參閱。[227]七月五日，索科爾斯基回信，建議她刪去演講詞中抨擊美國以往政策的部分，不要「直言不諱」，不要「過分批評美國的官方政策」，不要「把美國捲入立即開戰的可能性」，更不要挑起戰爭情緒，因為「我們的人民還沒有也不可能為第三次世界大戰做好準備」。[228]隨後，宋美齡在各次演講中都這麼做到了。

221.〈赴美檢查身體，蔣夫人昨首途〉，《中央日報》，臺北，一九五八年五月二十二日，版一。
222.〈蔣夫人抵檀島，昨繼飛舊金山〉，《中央日報》，臺北，一九五八年五月二十三日，版一。
223.〈蔣夫人經檀飛抵舊金山〉，《中央日報》，臺北，一九五八年五月二十四日，版一。
224.〈舊金山華僑盛會熱烈歡迎蔣夫人〉，《中央日報》，臺北，一九五八年五月二十七日，版一。
225.〈蔣夫人抵紐約〉，《中央日報》，臺北，一九五八年五月二十八日，版一。
226.〈蔣夫人告美國人民，我國必將光復大陸〉，《中央日報》，臺北，一九五八年五月二十九日，版一。
227.《喬治·E·索科爾斯基檔案》，史丹佛大學胡佛研究所藏，典藏號：Box NO. 0035。
228.同上。

宋美齡第一場演講在密西根大學，這是一次試探性的演說。七月九日，宋美齡抵達密西根安娜堡，入住密西根大學。下午接受密西根大學電視臺採訪，聲稱：「如果不是自由中國的存在，大陸上的中國人將失掉重獲自由的希望，如果臺灣失去時，整個東南亞——即使不是整個亞洲——將入於共產黨統治之下。」強調「自由中國的重要性，至少與西德對自由世界的重要性相同」，並否認大陸在臺人員與臺灣人之間有摩擦，「因為他們都是中國人。」[229]七月十日晚，密西根大學授予宋美齡榮譽法學博士學位，在授予典禮上宋美齡發表題為〈生活在苦難中〉的演說。[230]七月十四日，宋美齡抵達華盛頓，[231]得到了美國官方的熱烈回應。艾森豪總統、尼克森副總統、國務卿杜勒斯、主管遠東事務的助理國務卿勞勃森（Walter S. Robertson）、參議院外交委員會主席葛林（Theodore F. Green）、前參謀首長聯席會議主席雷德福、助理國防部長麥克尼爾夫人、眾議院外交委員會女委員邱池、海軍軍令部長勃克（Thomas S. Gates, Jr.）、陸軍部長布魯克（Wilber M. Brucker）、陸軍參謀長泰勃（Maxwell D. Taylor）、海軍陸戰隊司令派特（Randolph Pate）等，以及美國全國記者俱樂部都紛紛宴請宋美齡。[232]

229.〈蔣夫人應密大電視訪問〉，《中央日報》，臺北，一九五八年七月十一日，版一。
230.〈密西根大學舉行盛會贈蔣夫人博士學位〉、〈蔣夫人接受榮譽學位時演說〉，《中央日報》，臺北，一九五八年七月十二日，版一、二。
231.〈蔣夫人抵達華府〉，《中央日報》，臺北，一九五八年七月十六日，版一。
232.〈蔣夫人抵達華府白宮設宴款待在十天非正式訪問中美官員將紛設宴招待〉，《中央日報》，臺北，一九五八年七月十六日，版一；〈蔣夫人讚揚艾森豪對中東作明智決定謂如不採積極行動俄將得寸進尺〉，《中央日報》，臺北，一九五八年七月十七日，版一。

十五日，宋美齡在白宮與艾森豪總統午餐，並與《合眾國際社》記者談話。談話讚揚艾森豪干預中東危機的決定，聲稱「如不採取行動，將是意味著對共黨投降」，並指斥伊拉克政變、黎巴嫩叛亂以及中東一般的反西方情緒，認為：「克里姆林宮一定是這一切的幕後操縱者⋯⋯共黨在中東的行動以及其搗亂聯合國的企圖，足以證明莫斯科的目標是要征服世界。蘇俄確是希望和平，但是他們的和平是要由他們來統治整個世界，而使我們成為他們的奴隸。」[233]

七月十六日，宋美齡出席美國參議院外交委員會葛林為其舉辦的午宴，發表題為〈美國的重要件〉的演講，將黎巴嫩、伊拉克及約旦之「獨立」歸為「共產黨所蓄意製造的，使自由世界利益產生分歧的事件」，認為此類事件的發生，源於「共產黨首先製造人們對價值的混亂」。[234]

七月十七日，宋美齡出席在華盛頓新聞俱樂部舉辦的美國全國記者聯誼會午餐會，發表題為〈對共產主義危險性的認識〉的演講，並回答記者提問。她精心準備的演講稿，全面接受了索科爾斯基的意見，沒有糾纏於戰爭，沒有直接批評美國的政策。取而代之的，是大談特談她對共產主義危險性的認識，堅稱「阿拉伯民族主義分子的攫取伊拉克，已使整個中東有陷於成為一個蘇俄附庸的悲慘危險」。呼籲「對於如何應付共黨挑釁這個全球性問題，應該有更佳的對策」。在回答記者提問時，強調光復大陸的緊要性，稱「等待愈久，大陸同胞所受的痛苦亦越深。」當記者問及共產黨獲取政權的重要因素是什麼時，她認為「最重要的一項因素，正和今天的情形相同，

233.〈蔣夫人讚揚艾森豪對中東作明智決定〉，《中央日報》，臺北，一九五八年七月十七日，版一。
234.〈蔣夫人發表演說保證中國人民繼續與美合作〉，《中央日報》，臺北，一九五八年七月十八日，版一、二。

就是蘇俄當時的宣傳，說中共不是共產黨，而是土地革命者」。[235]

七月二十一日，宋美齡出席美國眾議院外交委員會遠東暨太平洋小組委員會午餐會，發表題為〈解決問題的方法〉的演講，以如何避免第三次世界大戰而解決問題為始，宣稱共產黨「第三次世界大戰的軍事思想」，為「憑藉裝備戰術性原子武器的地面部隊橫掃歐亞」。並據此呼籲「自由世界協助和鼓勵亞洲人民，特別是中國大陸的億萬人民，在精神上、政治上、經濟上和軍事上起而反共」。[236]

七月二十三日，宋美齡又接見赫斯特要聞供應社記者蒙哥馬利（Montgomery），指斥蘇俄要求舉行最高階層會議討論中東問題，是一種「轉移世人注意力」的方法，認為蘇聯「企圖藉此轉移自由世界對於共黨在中東滲透行動的注意」。警告自由世界應注意蘇聯在中東所使用的策略，認為這一策略，「正是當年用以顛覆中國政府的如法炮製。」並讚揚英美的迅速出兵黎巴嫩與約旦。[237]

七月二十七日，宋美齡返回紐約。這次華盛頓之旅，至為風光，雖無實質性的收穫，但美方之親善友好的表現，也是重要的成就。

235.〈蔣夫人對全美記者聯誼會演說，呼籲對共黨挑釁採取更佳對策〉、〈蔣夫人答覆美記者問〉，《中央日報》，臺北，一九五八年七月十九日，版一。
236.《蔣夫人思想言論集》，卷四．演講二，頁一〇七－一〇九。
237.〈蔣夫人警告自由世界赫魔鬼要求開高層會係俄對中東一詭謀〉，《中央日報》，臺北，一九五八年七月二十六日，版一。

（二）應對第二次臺海危機

宋美齡結束了在華盛頓的訪問後不久，第二次臺海危機爆發。一九五八年八月二十三日，中共發動金門砲戰，這天下午六時，共軍砲擊金門，兩小時內落彈達四萬餘發。正在晚餐的金門防衛司令部副司令趙家驤、章傑和吉星文被擊斃，司令官胡璉、參謀長劉明奎和在金門視察的國防部部長俞大維均負傷。

在此之前，蔣經國於八月六日致電宋美齡，告之「共匪空軍進駐金門對岸機場，海峽局勢甚為緊張」。[238]十七日又電：「黃武官已返臺，手諭拜悉。……兒承奉父命視察金馬，海峽情勢仍緊，但前線士氣甚高。」[239]此電文中的「手諭」顯示很有可能是向蔣中正傳達有關美國方面對臺海緊張局勢的判斷。對照二十九日蔣經國函電：「大人（宋美齡）冒炎暑為國家忙碌奔走，至為感動。」[240]顯然宋美齡在外表沉默的同時，正在積極從事幕後外交活動。八月二十五日，蔣經國致電宋美齡：「匪砲連日砲擊金門，海空軍亦已參戰，其目前之行動，可能在試探我方與美國之態度。惟匪方已完成作戰之準備，戰爭有一觸即發之可能。」[241]同日，美國總統艾森豪同意派遣美國海軍為臺灣軍隊後勤運輸。[242]

238. 周美華、蕭李居編，《蔣經國書信集——與宋美齡往來函電》（上），頁一九三。
239. 周美華、蕭李居編，《蔣經國書信集——與宋美齡往來函電》（上），頁一九四。
240. 周美華、蕭李居編，《蔣經國書信集——與宋美齡往來函電》（上），頁一九八。
241. 周美華、蕭李居編，《蔣經國書信集——與宋美齡往來函電》（上），頁一九六。
242. 南京大學臺灣研究所編，《海峽兩岸關係日誌（一九四九—一九九八）》，頁八四。

八月二十六日晚，宋美齡飛抵洛杉磯。[243]此項活動是早先預定的安排，此時的宋美齡應該尚不知蔣中正對臺海危機的基本態度，因此二十八日宋美齡出席美國律師公會第八十一屆年會餐會，發表題為〈不加分辨的樂觀〉演講時，僅僅是呼籲西方國家「應立即斷絕自由世界為了經濟利益與共產集團貿易」，對金門砲戰未置一詞。[244]二十九日下午，宋美齡出席洛杉磯中華會館及華僑反共會為其舉辦的歡迎宴會，發表演講，勉勵華僑「保持信心，並信任中華民國的領導」，[245]宋美齡也沒有論及金門砲戰。顯然，在沒有接到蔣中正的進一步指示之前，她在公開場合出言極為謹慎。

進入九月之後，宋美齡應已接獲蔣中正指示，她開始積極地在公開場合發表有關臺海危機的言論，演講的基調，也和華盛頓之旅時截然不同。九月三日下午，宋美齡在芝加哥舉行記者招待會，聲稱：「如果金門竟失陷於共匪之手，則其意義很可能為喪失太平洋整個一條連鎖島嶼，例如臺灣、菲律賓、琉球、日本，而且甚至夏威夷。」表示：「共匪目前砲轟金門及其附近各小島的行動，是共黨準備進一步侵略的跡象，自由世界應當制止這一行動。如果美國採取強硬立場，就能阻止共黨的擴張。」強調目前不需要美國士兵和資金保衛臺灣。[246]隨後，出席在莫里遜酒店舉行的芝加哥美國退伍軍人協會婦女分會第三十八屆年會，發表題為〈注意共黨的偽善與詐欺〉的演講，聲稱：「如果容許中共在蘇俄支持下，繼續對金門馬祖等島嶼轟擊，全世界之非共地區

243.〈蔣夫人對記者表示共匪企圖進攻臺灣〉，《中央日報》，臺北，一九五八年八月二十八日，版一。
244.〈美國律師公會年會上，蔣夫人發表演說〉，《中央日報》，臺北，一九五八年八月三十日，版一、二。
245.〈洛杉磯僑胞歡迎蔣夫人〉，《中央日報》，臺北，一九五八年八月三十一日，版一。
246.〈蔣夫人在芝加哥告記者美國採取強硬立場即能阻止共黨擴張〉，《中央日報》，臺北，一九五八年九月五日，版一。

將遭受危害，美國的政策聲明亦將成為世人眼中的笑柄。」四日上午，宋美齡又出席美國退伍軍人協會第四十屆年會，發表題為〈當前國際局勢的認識〉的演講，指出：「共產黨對金、馬的轟擊，將在自由世界引發連鎖反應，並將決定人類今後的命運。」[247]當日中午，出席芝加哥華埠華商協會舉行的歡迎會，稱將不惜任何代價，決心保衛金門和馬祖，並盡最大努力光復大陸。[248]

同一天，中共發表聲明，宣布在中國十二海里的領海範圍內，一切外國飛機和軍用船舶，未經中國政府的許可，不得進入中國的領海和領海上空。[249]六日，中共國務總理周恩來發表〈關於臺灣海峽地區局勢的聲明〉，同日艾森豪聲明同意與中國進行大使級會談。[250]八日，蔣經國致電宋美齡，告之金門戰況，並提到美軍雖成功補給金門，但美方仍願與中共談判，表示憂慮。[251]

九月十二日，國府外交部長黃少谷發表談話，聲稱美國與大陸的談判是不明智的，臺灣已經注意到美國不損害臺灣利益。[252]同日，駐美大使葉公超聲稱：「拒絕將金門及馬祖外島予以非軍事化、中立化，或是撤出這些島嶼的意見。」[253]

宋美齡也在美國展開了輿論攻勢。二十一日，她在紐約接受美國國家廣播公司「會見新聞界」

247.《蔣夫人思想言論集》，卷四．演講二，頁一二九—一三三。
248.〈蔣夫人告芝城僑領政府決心收復大陸〉，《中央日報》，臺北，一九五八年九月六日，版一。
249. 南京大學臺灣研究所編，《海峽兩岸關係日誌（一九四九—一九九八）》，頁八五。
250. 同上。
251. 周美華、蕭李居編，《蔣經國書信集——與宋美齡往來函電》（上），頁一九三。
252. 南京大學臺灣研究所編，《海峽兩岸關係日誌（一九四九—一九九八）》，頁八六。
253. 同上。

電視節目採訪，表示中華民國對美國與中共之間任何臺灣地區協定，有拒絕的權利，認為金馬問題是原則問題，是中華民國的主權，只有中華民國能作決定，沒有接受外島解除軍事化的任何可能性。[254]二十二日，蔣經國致電，告之金門補給雖比以前順利，但困難仍多。[255]

九月三十日，美國國務卿杜勒斯在記者招待會上說，如果在臺灣海峽地區獲得「相當可靠的停火」，則國民政府軍隊繼續駐紮在金門、馬祖等島嶼是「不明智的」，美國將贊成國民政府軍隊從這裡撤退。[256]十月五日，中共國防部長彭德懷發布〈告臺灣同胞書〉，宣布：「基於人道立場，對金門停止砲擊七天。」事實上，金門守軍已獲得美方巨砲的供應，對共軍的砲擊作有效的反擊。自此，大陸對臺進入以政治為主，軍事為輔的階段，共軍砲轟金門也打打停停、半打半停。十月六日，蔣經國致電報告：自杜勒斯發表對臺不利言論後，蔣中正大為煩惱；共產黨提出金門停火一週及談判的要求，迫於國際政治環境，亦似不可拒絕，只能堅忍苦鬥。[257]　十月二十三日，美國與臺灣達成妥協，通過了《美臺聯合公報》。至此宋美齡事涉第二次臺海危機的活動告一段落。

（三）再啟民間宣傳攻勢

在第二次臺海危機緩和之際，宋美齡重新啟動了她的宣傳攻勢。為了準備好這場攻勢，宋美

254.〈蔣夫人答美記者問，如對共黨讓步即是鼓勵戰爭〉，《中央日報》，臺北，一九五八年九月二十三日，版一。
255. 周美華、蕭李居編，《蔣經國書信集——與宋美齡往來函電》（上），頁一九三。
256. 南京大學臺灣研究所編，《海峽兩岸關係日誌（一九四九—一九九八）》，頁八八。
257. 周美華、蕭李居編，《蔣經國書信集——與宋美齡往來函電》（上），頁一九三。

齡和索科爾斯基又進行了商議。九月二十五日，宋美齡致信索科爾斯基，對索氏在美國《紐約日報》上發表的關於毛澤東的文章表示同意。認為毛澤東要比赫魯雪夫技高一籌，而且對馬克思理論的闡述更為正確。赫魯雪夫為保證自己的權威，不會與毛澤東公開論戰。[258]十月七日，索科爾斯基回信，就毛澤東與赫魯雪夫關係的預判進行分析，認為兩者最終會產生分歧。[259]與此同時，宋美齡積極籌備，對於月餘來會客及預備演講稿甚為繁忙。[260]為了宣傳攻勢，她不顧忽患腳痛需動手術，也要到工作完畢後再就醫。[261]在這場宣傳攻勢中，不再直接鼓吹反攻大陸的問題，而是猛烈攻擊大陸當時正在進行的人民公社化運動，預言大陸必然發生「人民革命」。以美國民間輿論作為影響的重點。

宣傳攻勢於十一月間拉開帷幕。五日下午，宋美齡自紐約飛抵邁阿密，在機場對哥倫比亞廣播公司記者發表講話，對中華民國的未來，表示堅定的信念。七日上午，宋美齡分別接受邁阿密當地報紙代表、美國國家廣播公司廣播記者與電視記者、《邁阿密前鋒報》（*The Miami Herald*）記者的採訪。下午分別與邁阿密市市長奧卡・郝艾（Robert King High）會談，並參加衛斯理學院聯誼會。在其入住的封騰布羅旅館舉行的記者招待會上表示：「除非阻止共黨的侵略，否則全世界將陷入另一次大戰。」[262]

258.「索科爾斯基與宋美齡往來信函」，《喬治・E・索科爾斯基檔案》，史丹佛大學胡佛研究所藏。
259. 同上。
260. 周美華、蕭李居編，《蔣經國書信集——與宋美齡往來函電》（上），頁二〇七。
261. 同上。
262.〈蔣夫人在邁阿密談話大陸人民普遍革命事實上有其必然性〉，《中央日報》，臺北，一九五八年十一月十日，版一。

十一月十四日，宋美齡出席在印第安那州印第安那波里斯舉辦的全美反共大會，接受全美反共大會頒發的獎狀，並發表題為〈魔鬼雖毒，人性絕不會滅絕〉的演說，稱共產黨擅於使用宣傳手段，運用「文字戰的力量，給予若干字眼以虛妄的政治性、哲理性及教條性的含義」，以此左右一般人的思想。表示對中華民國反共鬥爭必獲勝利。[263]

十一月十九日，宋美齡在羅德島新港海軍大學發表題為〈維繫和平的最確實方法〉的演講。指出自由世界人民在政治方面的缺少團結精神和持久的深思，已使世界共產主義成為一個巨大的威脅。呼籲美國海軍「作為這個國家及自由世界的保衛者的責任」。[264]

十一月二十四日，宋美齡在紐約接受墨西哥廣播公司記者威拉訪問，表示：「中華民國政府的使命，是使中國人民從共黨的壓迫下獲得自由。」[265]十二月九日，應邀赴波士頓出席美國農業協會聯合會第四十屆年會，並於當日下午在波士頓音樂廳發表演講，斥責大陸推行的人民公社。[266]十一日，在波士頓出席新英格蘭中華公所舉辦的餐會，致詞略述臺灣近況及大陸實行人民公社的狀況，聲稱「絕不放棄光復大陸、恢復大陸同胞的神聖使命」。如此頻繁地奔波呼號，以至於在十二月二十六日美國蓋洛普民意調查中，被選為一九五八年世界「最受欽敬」的女性

263. 〈蔣夫人在全美反共大會上演講，共黨自播滅亡的種子反共鬥爭必獲勝利〉，《中央日報》，臺北，一九五八年十一月十六日，版一；〈全美反共大會集會，贈蔣夫人殊功獎狀〉，《中央日報》，臺北，一九五八年十一月十七日，版一；〈全美反共大會上蔣夫人演說全文〉，《中央日報》，臺北，一九五八年十一月二十七日、十一月二十八日，版二。
264. 《蔣夫人思想言論集》，卷四．演講二，頁一四三—一五一。
265. 〈蔣夫人答墨西哥廣播記者問〉，《中央日報》，臺北，一九五八年十一月二十六日，版一。
266. 〈蔣夫人在美演說痛斥「公社化」比俄國更殘酷〉，《中央日報》，臺北，一九五八年十二月十日，版一。

之一。[267]

進入一九五九年，宋美齡休息了數個月以後，開始最後的努力。四月六日，在德瑞克大學（Drake University）發表題為〈腐敗的精神和支離政策的結果〉的演講。演講以「一般中國人的生活」、「天災人禍毀盡繁榮」、「自私軍閥猖獗橫行」、「革命領袖任勞任怨」、「國民政府三面戰鬥」、「東北被侵匪亂擴大」、「知識分子惑於學說」與「蘇俄特務來華以後」等章節回顧中國近代史，指責共產黨「以偷襲、吞併的方式擴大勢力，利用蘇俄接受大量裝備獲得勝利」，而美國「卻拒絕給予國民政府援助和支持，致使軍心突變，戰局受到影響」，認為這些是大陸淪陷的根本原因。[268] 四月八日，宋美齡在美國底特律行政學院午餐會上發表演講，闡述其所理解的人民公社制度，聲稱大陸對人民公社制度反抗行動，甚為普遍，認為「任何受共黨專制統治的人民，只要有及時的觸發，並能衝破牢籠成為自由人」。[269]

宋美齡從一九五八年五月二十一日來到美國，到一九五九年六月留美時間已長達十三個月了。其在美國的活動，可謂辛勞備至。此時準備回國了。六月十日，與宋靄齡同機自紐約飛抵舊金山，在抵達舊金山後仍接受記者訪問。十三日，抵達檀香山。十四日，接受夏威夷大學（University of Hawaii）授予的榮譽法學博士學位，並在該校畢業典禮上發表題為〈思想的摹擬之害〉的演講，

267.〈蔣夫人在美聲譽益隆〉，《中央日報》，臺北，一九五八年十二月二十八日，版一。

268.〈蔣夫人痛斥毛匪〉，《中央日報》，臺北，一九五九年四月八日，版一；〈腐敗的精神和支離政策的結果〉，一九五九年四月十日、四月十一日、四月十二日，版一。

269.〈底特律行政學院午餐會上蔣夫人發表演說〉，《中央日報》，臺北，一九五九年四月十日、四月十一日、四月十二日，版一。

聲稱「技術雖決定生活的外表，精神價值卻深入我們的內在根源。不過，如忽略真理的追求，則持久的自我檢討與自我批評，也仍屬膚淺而無益」。[270]

宋美齡在夏威夷小住幾天中，參觀了珍珠港，憑弔珍珠港事變時沉沒的美艦亞利桑那號。[271]六月十八日，回到臺北。[272]結束了長達十三個月的美國宣傳之旅。

以下就宋美齡在美十三個月的活動日程，列表如下：

表1-3　宋美齡訪美日程（一九五八年五月二十一日至一九五九年六月十八日）

日期	活動地點	活動內容		
		出席、會晤	演講	其他活動
一九五八年五月二十一日	起程赴美，晚上抵達檀香山			
五月二十五日	舊金山	出席華僑歡迎會	致詞	
六月九日	紐約			入醫院體檢
六月二十七日	紐約寓所			接受美國記者訪問
七月九日	赴密西根安阿娜堡，入住密西根大學			接受密西根大學電視臺採訪

270.〈思想的摹擬之害〉，《中央日報》，臺北，一九五九年六月二十日，版三。
271.〈蔣夫人遊珍珠港〉，《中央日報》，臺北，一九五九年六月十七日，版一。
272.〈蔣夫人昨載譽返國〉，《中央日報》，臺北，一九五九年六月十九日，版一。

七月十日		出席密西根大學校長海契爾舉行的招待會	授予典禮上，發表〈生活在苦難中〉演講	晚上，接受密西根大學授予的榮譽法學博士學位
七月十一日	奧爾良	探望患肺癌入院治療的陳納德		
七月十三日	紐約			
七月十四日	華盛頓			
七月十五日	白宮	與艾森豪總統共進午餐		
七月十六日		出席美國參議院外交委員會的午宴	發表題為〈美國的重要性〉的演講	
七月十七日		出席美國全國記者聯誼會午餐會	發表題為〈對共產主義危險性的認識〉的演講	
同日晚上		與杜勒斯餐敘		
七月十八日		與尼克森夫婦午餐		
同日晚上		與雷德福海軍上將晚餐		
七月二十一日		出席美國眾議院外交委員會遠東暨太平洋小組委員會午餐會	發表題為〈解決問題的方法〉的演講	

七月二十二日		出席美國海軍軍令部長勃克上將夫婦舉行的晚宴		
七月二十三日		接見赫斯特要聞供應社記者蒙哥馬利		
七月二十七日		參加華盛頓華僑的歡迎酒會		發表哀悼陳納德聲明
七月三十日	自紐約趕赴華盛頓阿靈頓公墓			參加陳納德的葬禮
八月八日		與《紐約時報》發行人塞資伯格夫婦共進午餐		
八月二十八日	洛杉磯	出席美國律師公會第八十一屆年會餐會	發表題為〈不加分辨的樂觀〉的演講	
八月二十九日		出席洛杉磯華僑的歡迎宴會	發表演講	
九月三日	芝加哥	出席芝加哥美國退伍軍人協會婦女分會第三十八屆年會	發表題為〈注意共黨的偽善與詐欺〉的演講	
九月四日		出席美國退伍軍人協會第四十屆年會	發表題為〈當前國際局勢的認識〉的演講	

		出席芝加哥華商協會的歡迎會		
九月二十一日	紐約	接受美國國家廣播公司「會見新聞界」電視節目採訪		
十一月五日	邁阿密機場		對哥倫比亞廣播公司記者發表講話	
十一月七日上午	邁阿密	接受邁阿密當地報紙代表、美國國家廣播公司廣播記者與電視記者、《邁阿密前鋒報》記者的採訪	在封騰布羅旅館舉行記者招待會	
下午		與邁阿密市市長奧卡・郝艾會談，並參加威爾斯利學院聯誼會		
晚上		出席全美「反共大會」的宴會	發表題為〈魔鬼雖毒，人性絕不會滅絕〉的演說	
十一月十九日	羅德島新港海軍大學		發表題為〈維繫和平的最確實方法〉的演講	

十一月二十四日	紐約	接受墨西哥廣播公司記者威拉訪問		
十二月九日	波士頓	出席美國農業聯合會第四十屆年會	致詞	
十二月十日		贈送親筆所作的國畫五幅與衛斯理大學		
十二月十一日		出席新英格蘭中華公所的餐會	致詞	
一九五九年三月五日	華盛頓勒斯萊・麥克奈堡		在美國國防大學，就亞洲情勢發表演講	
四月六日			在德瑞克大學發表題為〈腐敗的精神和支離政策的結果〉的演講	
四月八日	底特律		在底特律行政學院午餐會上發表演講	
五月五日	紐約	接見國民黨空軍雷虎小組		
五月二十七日	華盛頓			參加在華盛頓國家大教堂舉行的美國國務卿杜勒斯葬禮

六月十日	舊金山			接受記者訪問
六月十三日	檀香山			參加記者招待會
六月十四日				接受夏威夷大學授予的榮譽法學博士學位
六月十五日				參觀珍珠港，憑弔珍珠港事變時沉沒的亞利桑那號

第三節　五訪華府與聯合國保衛戰

一、五訪華府

一九六五年是美國對華政策的戰略思路調整的重要年份。一九五〇年代，艾森豪政府執行的是全球擴張戰略，對中國大陸是「遏制並孤立」。一九六〇年底，甘迺迪以微弱優勢戰勝尼克森當選美國總統，民主黨入主白宮。儘管民主黨人素不喜歡蔣中正政府，但甘迺迪政府對臺灣還比較友好，一九六一年曾力保臺灣國際地位，反對中華人民共和國進入聯合國。一九六三年十一月二十二日甘迺迪在德克薩斯州的達拉斯市遇刺身亡，詹森（Lyndon Baines Johnson）繼任總統。儘管詹森繼任總統後致電蔣中正，保證美臺關係不變，[273]但美國國內要求打破對中國大陸的「孤立」政策的輿論呼聲，也逐漸壯大，美國對華政策隱現調整跡象。國務卿魯斯克（Dean Rusk）說：「美國與中國在華沙已經舉行了一百二十九次會談，也許超過蘇俄以外任何與北平有外交關係的政府。」[274]一九六四年十一月，詹森以相當大的差距擊敗共和黨候選人高華德（Barry Goldwater）當選總統。高華德也是蔣中正、宋美齡的老朋友，他的敗選讓蔣中正極為不安，打算親自到華盛頓出席詹森總統就職儀式，但遭到美國方面拒絕。

一九六四年大陸試爆原子彈成功，這對臺灣方面極為不利。數年前，適逢中共「大躍進」失敗，蔣中正部署實施「國光計畫」，於一九六二年十一月擬定「反攻復國總體戰」，宣稱反攻在即。次年，對大陸的武裝進襲達到高潮，結果均遭到失敗。一九六四年一月二十七日，中法宣布建交，法國承認中共政權。十月十六日，中共第一顆原子彈試爆成功。中國大陸情勢發生了重大變化，越來越多的國家要求中華人民共和國進入聯合國，使蔣中正倍感壓力。

在這種背景下，一九六五年八月二十二日，宋美齡啟程訪美。此時的蔣中正正為病痛所折磨，在宋美齡訪美期間，蔣經國曾就蔣中正手術情況多次電告宋美齡。從九月三日到十二月二十二日，蔣經國不斷致電宋美齡，告之蔣中正的手術情況。[275]然而，她深知肩負重任，不得不留美訪問。八月二十四日，宋美齡抵達舊金山，二十九日，抵達紐約，展開了「遊說之旅」。

273. 南京大學臺灣研究所編，《海峽兩岸關係日誌（一九四九—一九九八）》，頁一二〇。
274. 〈人們對美國的看法〉（一九六六年四月十八日），在底特律經濟聯誼會的演講詞。
275. 周美華、蕭李居編，《蔣經國書信集——與宋美齡往來函電》（上），頁一九三。

紐約是「院外援華集團」的大本營，她前幾次訪美時，都會先在紐約停留一段時間，與「院外援華集團」溝通美國的政治狀況，再開展外交遊說活動。這次也不例外，但停留的時間極其短暫，到九月七日就飛赴華盛頓了。行前，宋美齡在入住的紐約卡萊爾酒店舉辦記者招待會，聲稱中國共產黨對北越的援助，直到現在也只是「叫嚷叫囂」而已。當記者問及其對中華人民共和國獲准參加聯合國，中華民國將怎麼辦的問題時，她回答：「我從來就沒想過這個問題。你曉得，我想像不到中共進入聯合國，就如我不能想像我在空中飛而不坐飛機一樣。」[276]

宋美齡此次訪美五赴華府，九月七日是其中的第一次。與一九五八年不同的是，那時美國官方對宋美齡的華盛頓之行極為低調，這次卻大受重視。九月九日，她出席美國眾議院議長及眾議員為其舉辦的歡迎午宴，表示相信美國所採取的堅定政策，使亞洲人民受到鼓勵，將有利於自由世界。[277] 十日，接見美參議院共和黨領袖迪克遜（Everett Dirksen）、眾議院外交委員會的民主黨參議員斯巴克曼（Spartak Blackman）及共和黨眾議員威爾森夫婦等人。[278] 十一日，中午與美國前眾議長馬丁（Joseph William Martin, Jr.）敘餐。下午分別會見美國前駐遠東第十三航空隊司令狄恩中將夫婦、原臺北美軍顧問團團長史邁斯少將夫婦、前參謀首長聯席會議主席雷德福上將夫婦。[279]

276.〈蔣夫人在紐約告記者，匪支援巴基斯坦實懷有吞併陰謀〉，《中央日報》，臺北，一九六五年九月八日，版一。
277.〈美議員宴請蔣夫人討論遠東一般局勢〉，《中央日報》，臺北，一九六五年九月十一日，版一。第二次印巴戰爭爆發後，美國的反應與政策是以不介入及停止援助迫使印巴接受停火，而這在很大程度上是對巴基斯坦發展同中國關係的懲罰。詳細論述見戴超武，〈一九六五年印巴戰爭與美國的反應與政策〉，《世界歷史》，二〇〇八年第二期（二〇〇八年四月）。
278.〈蔣夫人續接見貞克遜等會談〉，《中央日報》，臺北，一九六五年九月十二日，版一。
279.〈馬丁與雷德福等拜訪蔣夫人〉，《中央日報》，臺北，一九六五年九月十三日，版一。

十四日是宋美齡訪問華盛頓的重頭戲，下午出席白宮茶會，與美國詹森總統夫婦會談。[280]在會面之前，臺灣時間十四日中午十一時蔣中正急發密電給宋美齡，指導宋美齡應對方略。電文中說：「與美總統談話的要點，關於亞洲共產黨禍亂問題，我們就近觀察所及，自當隨時提供意見，但我國政策與戰略必與美國一致。」[281]

十五日，中午與魏德邁將軍夫婦敘餐。下午分別會見參議員蘭東史達（Lindon Starr）夫婦、聯邦調查局局長胡佛（Edgar Hoover）、眾議院外交委員會議員伯爾遜和眾議員惠特勒。晚上與太平洋美軍前總司令史敦普（Felix Stump）海軍上將夫婦敘餐。[282]十八日，上午會見美國駐華大使賴特（Jerauld Wright）夫婦。中午與美國海軍軍令前部長勃克夫婦敘餐。晚上，應邀出席美國巡迴大使哈理曼（Harriman）舉辦的宴會，在談論中國相關事宜時，她聲稱中共正在趕製核武，對自由世界威脅巨大，而美方則表示無此憂慮。[283]十九日，下午與艾森豪夫婦會談。之後，分別會見美國空軍參謀長馬康爾（John P. McConnell）的夫人、美國海軍陸戰隊司令葛林將軍夫婦、陸戰隊上

280. 「周書楷致蔣介石密電」（一九六五年九月十四日），〈對美關係〉（七），《蔣中正總統文物》，國史館藏。〈美總統伉儷在白宮設茶會歡迎蔣夫人〉，《中央日報》，臺北，一九六五年九月十六日，版一。
281. 「蔣中正電宋美齡」（一九六五年九月十四日），〈對美關係〉（七），《蔣中正總統文物》，國史館藏。
282. 〈蔣夫人繼續會見美國重要議員〉，《中央日報》，臺北，一九六五年九月十七日，版一。
283. 「周書楷電蔣中正哈理曼大使晚宴宋美齡等詢亞洲大陸問題夫人答覆匪發展核武之目的及對鄰國不利影響」，〈對美關係〉（七），《蔣中正總統文物》，國史館藏；〈哈理曼暨彭岱與蔣夫人晤談〉，《中央日報》，臺北，一九六五年九月二十日，版一。

校卡尼夫婦、美國參謀首長聯席會議前主席泰勒將軍夫婦。晚上與馬歇爾夫人敘餐。[284]二十日，下午分別會見眾議員阿希布魯克和參議員藍道夫。晚至國務院，出席國務卿魯斯舉辦的招待宴會。[285]二十二日，參加華盛頓美國參議院外交委員會午餐會，發表題為〈自由不會廉價得來〉的演講，以法國革命、美國革命及中國革命為例，強調自由需要奮鬥而來。[286]二十四日，上午與美國前駐華大使莊萊德（Everett Drumright）夫婦共進早餐，之後即至阿靈頓國家公墓，憑弔甘迺迪總統之墓。當晚返抵紐約。[287]

就在宋美齡訪問華盛頓之際，蔣經國也來了。這次訪美行程如下：

二十二日上午會晤美國國防部長與參謀首長，下午會晤美國務卿與威廉・彭德（William Pender）。

二十三日上午會晤美總統與喬治・彭德（George Pender），中午彭德招待午餐，下午會晤哈理曼。

二十四日參觀國防部情報中心後訪中情局，晚間美國防部長宴會。

二十五日上午赴紐約參加《生活時代雜誌社》午餐後，轉赴羅倫海軍基地。

二十六日參觀海軍大學後飛返華府。

284.〈艾森豪伉儷至華府會晤蔣夫人作長談〉，《中央日報》，臺北，一九六五年九月二十一日，版一。
285.〈魯卿款宴將夫人〉，《中央日報》，臺北，一九六五年九月二十二日，版一。
286.〈蔣夫人對美參議員演說〉，《中央日報》，臺北，一九六五年九月二十四日，版一。
287.〈蔣夫人赴紐約〉，《中央日報》，臺北，一九六五年九月二十六日，版一。

二十七日會晤三軍參謀長，並拜訪艾森豪總統。

二十八日離華府往中南西部參觀軍事基地後，回抵舊金山。

十月一日起飛回國。[288]

蔣經國在華盛頓的收穫十分可觀。九月二十二日，蔣經國致電蔣中正報告道：

兒與美國國防部長長談以戰略與某一計畫為重點，會談尚未結束，約期再談，與威廉彭德曾詳談有關人民戰爭之理論與實際問題，與國務卿談及印度、印尼聯合國以及中美政策配合諸問題。[289]

二十三日，又報告與詹森總統會晤的情況，電文如下：

臺北總統府，密，總統鈞鑒：

1. 詹森總統與喬治・彭德說明基本政策並作若干建議，會談氣氛良好。
2. 哈理曼曾詳述訪蘇經過並彼此交換有關對此一問題之意見。
3. 美國防部長與彭德皆已約定時間再談。
4. 今午與彭德兄弟與克萊因等共餐。
5. 陶德參議員明晨約兒早餐。

288. 「蔣經國電蔣中正」（一九六五年九月二十二日），〈對美關係〉（二），《蔣中正總統文物》，國史館藏。
289. 「蔣經國電蔣中正」（一九六五年九月二十四日），〈對美關係〉（一），《蔣中正總統文物》，國史館藏。

6. 已將各項談話資料面報母親。
7. 明下午母親乘車赴紐約。
8. 請即交人將新《剿匪手冊》譯成英文。
敬請福安，兒經國謹稟，九月二十三日。290

二十四日，又報告：

臺北總統府。密，總統鈞鑒：
1. 今上午聽取美國防部戰略情報。
2. 下午與中情局高級人員會談，並曾擬有二年前所提之某要案。
3. 晚宴後在美國防部長寓所長談二小時。
4. 昨晤泰勒大使託兒向大人致敬。
5. 兒於明晨飛紐約拜望母親，並參加《生活雜誌》午餐，下午飛羅倫海軍基地，二十六日返華府。
敬請福安，兒經國謹稟，九月二十四日。291

蔣經國的美國之行，也與宋美齡密切聯繫。九月十六日，蔣經國電陳宋美齡：「兒定十九日

290. 「蔣經國電蔣中正」（一九六五年九月二十五日），〈對美關係〉（二），《蔣中正總統文物》，國史館藏。
291. 「蔣經國電蔣中正」（一九六五年九月二十六日），〈對美關係〉（二），《蔣中正總統文物》，國史館藏。

離臺將在檀香山舊金山各宿一夜，定二十一日晚抵華府。」[292]二十一日，蔣經國抵達華盛頓後「即前往拜見母親，並面呈手書」。[293]而當天宋美齡沒有活動安排。二十二日，蔣經國分別會晤美國國防部長、參謀首長及國務卿等人之後，「將一日經過面報母親。」[294]二十三日，蔣經國會晤美國總統，當天宋美齡也沒有安排活動。二十四日，宋美齡返回紐約，[295]次日蔣經國也去了紐約，並「分別拜見母親與姨母」。中午參加的還是宋美齡的老朋友《生活時代》雜誌社魯斯先生午宴，被邀發表演說。[296]蔣中正則在二十二日電告蔣經國：「時常與汝母晤面及請教為要。」[297]

等到蔣經國離開美國之後，宋美齡又繼續她未完成的華盛頓之旅。十月五日，宋美齡抵華盛頓，準備參加駐美大使館於七日為其舉行的酒會。[298]八日，下午返抵紐約。[299]十天後，又由紐約抵達華盛頓。[300]十九日，晚上出席眾議院外交委員會在雷朋大廈舉辦的歡迎酒會。[301]次日中午，離開

---

292. 「蔣經國電宋美齡」（一九六五年九月十六日），〈對美關係〉（一），《蔣中正總統文物》，國史館藏。
293. 「蔣經國電蔣中正」（一九六五年九月二十二日），〈對美關係〉（一），《蔣中正總統文物》，國史館藏。
294. 「蔣經國電蔣中正」（一九六五年九月二十四日），〈對美關係〉（一），《蔣中正總統文物》，國史館藏。
295. 〈蔣夫人赴紐約〉，《中央日報》，臺北，一九六五年九月二十六日，版一。
296. 「蔣經國電蔣中正」（一九六五年九月二十七日），〈對美關係〉（一），《蔣中正總統文物》，國史館藏。
297. 「蔣中正電蔣經國」（一九六五年九月二十二日），〈對美關係〉（一），《蔣中正總統文物》，國史館藏。
298. 「周書楷致蔣介石密電」（一九六五年十月五日），〈對美關係〉（七），《蔣中正總統文物》，國史館藏。
299. 〈蔣夫人抵紐約〉，《中央日報》，臺北，一九六五年十月十日，版二。
300. 「周書楷致蔣介石密電」（一九六五年十月十八日），〈對美關係〉（七），《蔣中正總統文物》，國史館藏。
301. 「周書楷致蔣介石密電」（一九六五年十月十八日），〈對美關係〉（七），《蔣中正總統文物》，國史館藏。〈美眾院外交委會盛會歡迎蔣夫人〉，《中央日報》，臺北，一九六五年十月二十一日，版一。

華盛頓飛抵喬治亞州。[302]三十日，宋美齡再度抵達華盛頓，應美國國家廣播公司邀請參加三十一日的全國性電視新聞訪問節目。[303]十一月二日，下午返回紐約。如此斷斷續續的行程安排，顯然與蔣經國訪問華府之事有關。

宋美齡在華盛頓的活動，對美國的新聞界、軍校、華僑界和支持臺灣的其他美國社會團體，展開了宣傳攻勢。此次宣傳攻勢延續半年之多。在此次宣傳攻勢中，首先選擇了她的母校。十月二十日，出席衛斯理安學院（Wesleyan College）畢業典禮，並發表演講，強調心智教化的重要和精神領域成就的意義。[304]十二月七日，宋美齡又到了她的另一所母校衛斯理學院（Wellesly College）發表演講，演講中稱「中華民國政府獻身於維護自由與宏揚世界和平，而為一切民族所共用」。強調只有「中華民國獲得自由統一，亞洲和平始有保障」。並表示共產黨政權將發動核戰，警告自由世界正面臨嚴重危機。[305]八日，在衛斯理學院舉行記者招待會。在回答記者關於中國共產黨與蘇聯關係的問題時，她認為兩者之間的公開分裂，可追溯至蘇聯答應協助中共發展核武，兩者

302. 「周書楷致蔣介石密電」（一九六五年十月十八日），〈對美關係〉（七），《蔣中正總統文物》，國史館藏。〈訪問衛斯理安學院，蔣夫人在母校演說〉，《中央日報》，臺北，一九六五年十月二十二日，版一。〈蔣夫人在衛斯理安學院演說〉，《中央日報》，臺北，一九六五年十月二十二日，版二。

303. 「周書楷致蔣介石密電」（一九六五年十月十八日），〈對美關係〉（七），《蔣中正總統文物》，國史館藏。

304. 「周書楷致蔣介石密電」（一九六五年十月十八日），〈對美關係〉（七），《蔣中正總統文物》，國史館藏。〈訪問衛斯理安學院，蔣夫人在母校演說〉，《中央日報》，臺北，一九六五年十月二十二日，版一。〈蔣夫人在衛斯理安學院演說〉，《中央日報》，臺北，一九六五年十月二十二日，版二。

305. 〈蔣夫人在美衛斯理演說〉，《中央日報》，臺北，一九六五年十二月九日，版一；〈在美國衛斯理學院蔣夫人演說全文〉，《中央日報》，臺北，一九六五年十二月九日，版二。

目標相同。但是他們的手段具有很大的距離。進而表示相信一旦自由世界與中國共產黨衝突，蘇俄不會與中國共產黨聯盟。[306]

在此次訪問中，她極力塑造中華民國的正統地位，宣揚臺灣的經濟成就。十二月十五日，接受紐約《美國人報》（*American*）記者皮亞斯楚採訪，表示對報紙稱中共為中國問題而感到煩惱，強調中國是中華民國，中國人民是在臺灣的人民和大陸上的同胞。提醒美國「如果自由世界的領袖不採取反對共黨侵略的立場，你們將在你們自己的土地上面臨共黨的戰爭」[307]。十一月四日，至紐約無線電城音樂廳，觀看放映臺灣經濟發展的紀錄片《一個復興中的國家》。[308]

一九六六年四月十九日，宋美齡出席由底特律政治研究所主辦的二十五週年演講會，並發表題為〈臺灣——以事實及統計數字作素描說明〉的演講。概述臺灣「人口年輕富於活力、生活水準不斷提高、經濟穩定、工業發達、教育普及沒有文盲、農業示範享譽亞洲」，並列舉統計數字為證。[309]

五月十四日，接受芝加哥WBKB電視臺KUPS節目採訪，介紹臺灣在土地改革、經濟發展、

306.〈蔣夫人分析匪俄關係〉，《中央日報》，臺北，一九六五年十二月十日，版一。
307.〈蔣夫人警告美國人民如不採取反侵略立場，美本土將面臨戰爭〉，《中央日報》，臺北，一九六五年十二月十八日，版一。
308.〈蔣夫人在紐約觀賞我經濟進步紀錄片〉，《中央日報》，臺北，一九六五年十一月六日，版一。
309.〈蔣夫人參觀兩工業中心〉，《中央日報》，臺北，一九六六年一月二日，版二；〈蔣夫人在美提警告，匪正急切準備核戰〉，《中央日報》，臺北，一九六六年四月二十一日，版一；〈蔣夫人返紐約，在底特律演說極為成功，聽眾座無虛席反應熱烈〉，《中央日報》，臺北，一九六六年四月二十二日，版一；〈臺灣——事實與數字〉，《中央日報》，臺北，一九六六年四月二十六、二十七日，版二。

軍事準備、提高識字率和開展選舉等方面的情況。[310]

五月二十日，宋美齡第五次訪華府，在美國國會議員眷屬聯誼會對兩院議員夫人發表題為〈歷史必將有公正判斷〉的演講。演講回憶了第二次世界大戰後期中華民國不與日本妥協、堅持作戰，牽制了大量日本軍力，盟國秘密出賣中國東北，致使蘇聯攫取了大量工業設備的歷史。指斥美國在國民政府與共產黨作戰過程中，不但停止對國民政府的援助，還迫使國民政府與共產黨聯合，致使國民政府只得以通貨膨脹來應對軍餉，導致大陸淪陷。讚揚蔣中正始終一貫的反共立場。[311]

由於宋美齡不辭辛勞地奔波於美國各地的宣傳攻勢，給美國政要們帶來較大的輿論壓力，九月二十一日，美國眾議院撥款委員會主席馬洪向她保證，「返國時將帶回美國人民的尊敬、善意和支持。」[312]

在宋美齡停留美國之際，大陸開始文化大革命。九月二十九日，宋美齡至衛斯理學院接受該校授予的榮譽文學博士學位，她在演講中表示：「無產階級文化大革命」，目前確定表明有兩種含義：「第一，對帝國主義、修正主義者及反動主義者——指的是美國、蘇俄和印度——進行戰爭的不動搖的目標；第二，為了共產世界革命，進行擴張戰爭。」她聲稱有兩種方法可以解決共產黨奴役世界的努力，「一是以雷霆萬鈞之力叩關猛擊，使一切腐朽一一自倒；其二是用適當的

310. 〈將夫人巡視芝加哥華埠〉，《中央日報》，臺北，一九六六年五月十七日，版一。
311. 「周書楷致蔣介石密電」（一九六五年十月十八日）〈對美關係〉（七），《蔣中正總統文物》，國史館藏。〈對美議員眷屬聯誼會蔣夫人發表演說〉，《中央日報》，臺北，一九六六年五月二十二日，版二；〈歷史必將有公正判斷（上）〉、〈歷史必將有公正判斷（下）〉，《中央日報》，臺北，一九六六年五月二十七、二十八日，版二。
312. 〈美眾議院領袖款宴蔣夫人〉，《中央日報》，臺北，一九六六年九月二十三日，版一。

鑰匙，巧妙的開啟其門。」[313]十月二十一日，她在舊金山聯邦聯誼會舉辦的宴會上發表演講，認為紅衛兵正在圖謀征服世界，警告美國當局應小心，不要陷入共產黨所設的陷阱中。[314]十月二十六日，宋美齡返抵臺灣，結束訪美行程，蔣中正與蔣經國同至機場迎接。[315]這一年二個月的訪美日程，著者製表1-4加以說明，可供比較研究之用。

表1-4　宋美齡在美活動日程（一九六五年八月二十二日至一九六六年十月二十六日）

日期	活動地點	活動內容		
		出席、會晤	演講	其他活動
一九六五年八月二十二日下午	抵達檀香山			
八月二十四日下午	抵達舊金山			
同日晚上		參加當地華僑的歡迎晚會		
八月二十七日上午		接受哥倫比亞公司電視記者昆特的採訪		

313.〈蔣夫人在美演講指出匪具侵略世界野心，美國應持堅強政策〉，《中央日報》，臺北，一九六六年九月三十日，版一。
314.〈蔣夫人在金山演說警告媚匪姑息者將隨時被犧牲〉，《中央日報》，臺北，一九六六年十月二十三日，版一。
315.〈訪美經年為國宣勞，蔣夫人載譽歸來〉，《中央日報》，臺北，一九六六年十月二十七日，版一。

同日中午	至舊金山聖瑪莉公園			向孫中山銅像獻花
八月二十九日	抵紐約			
九月五日	紐約華埠			接受華僑歡迎
九月七日	紐約卡萊爾酒店	舉行記者招待會		
同日	抵達華盛頓			
九月九日		出席美國眾議院議長及眾議員舉辦的歡迎午宴	致詞	
九月十日下午		接見美參議院共和黨領袖賓克遜、眾議院外交委員會的民主黨參議員斯巴克曼及共和黨眾議員威爾森夫婦等人		
九月十一日中午		與美國前眾議長馬丁敘餐		
同日下午		會見美國前駐遠東第十三航空隊司令狄恩中將夫婦、原臺北美軍顧問團團長史邁斯少將夫婦、前參謀首長聯席會議主席雷德福上將夫婦		

九月十四日下午		出席白宮茶會，與美國詹森總統夫婦會談		
九月十五日中午		與魏德邁將軍夫婦敘餐		
同日下午		會見參議員蘭東史達夫婦、聯邦調查局局長胡佛、眾議院外交委員會議員伯爾遜和眾議員惠特勒		
同日晚上		與太平洋美軍前總司令史敦普海軍上將夫婦敘餐		
九月十七日上午	雙橡園			授予美國醫生羅布大綬景星勳章
同日晚上		出席美國工商及職業婦女俱樂部全國協會的歡迎酒會		
九月十八日上午		會見美國駐華大使賴特夫婦		
同日中午		與前任美國海軍軍令部長勃克夫婦敘餐		

同日晚上		出席美國巡迴大使哈理曼舉辦的宴會，美國主管國家安全事務的總統特別顧問麥克喬治彭岱夫婦亦出席		
九月十九日卜午		與艾森豪夫婦會談；之後，會見美國空軍參謀長馬康爾的夫人、美國海軍陸戰隊司令葛林將軍夫婦、陸戰隊上校卡尼夫婦、美國參謀首長聯席會議前主席泰勒將軍夫婦		
同日晚上		與馬歇爾夫人敘餐		
九月二十日上午				至阿靈頓國家公墓向無名英雄墓獻花
同日下午		會見眾議員阿希布魯克和參議員藍道夫		
同日晚上		出席國務卿魯斯的招待宴會		
九月二十二日		參加華盛頓美國參議院外交委員會午餐會	發表題為〈自由不會廉價得來〉演講	

同日下午		會晤曾任香港「知識難民救濟會」副主席的尼爾夫婦及孫科		
九月二十四日上午		與美國前駐華大使莊萊德夫婦共進早餐		之後至阿靈頓國家公墓，憑弔甘迺迪總統
同日晚上	返抵紐約			
九月三十日下午		接見林語堂夫婦		
十月五日	華盛頓			準備參加駐美大使館七日舉行的酒會
十月八日下午	返抵紐約			
十月十日	紐約巴爾的摩大飯店	出席中美聯誼會舉辦的晚宴		宴會開始前，紐約市長魏格納曾贈送金質市鑰，並宣告同日為「自由中國日」
十月十八日下午	由紐約抵達華盛頓			
同日晚上	雷朋大廈	出席眾議院外交委員會的歡迎酒會		
十月二十日中午	自華盛頓抵喬治亞州			
同日下午		出席衛斯理安學院畢業典禮	發表演講	

同日晚上		出席該學院歡迎宴會		
十月二十一日上午		出席衛斯理安學院的記者招待會		
同日晚上	返抵華盛頓			
十月三十日	在華盛頓	應美國國家廣播公司邀請參加全國性電視新聞訪問節目		
十月三十一日下午		接受美國國家廣播公司《會晤報界》電視節目採訪		
十一月二日下午	返回紐約			
十一月四日下午	紐約無線電城音樂廳			觀看放映臺灣經濟發展的紀錄片《一個復興中的國家》
十一月十六日		接受墨西哥無線電及電視評論員的訪問		
十一月十七日中午		同《時代》和《生活》雜誌發行人魯斯敘餐		
十二月六日晚上	自紐約抵達波士頓			
十二月七日			衛斯理學院發表演講	

十二月八日		威爾斯利學院舉行記者招待會		
十二月九日晚上	返抵紐約			
十二月十三日晚上		出席華美協進社的歡迎宴會		
十二月十五日		接受紐約《美國人報》記者皮亞斯楚採訪		
同日晚上		出席美國民間反共團體——拉斐特協會舉辦的宴會，接受該會授予的自由獎章	發表演講	
十二月二十二日	紐約	在宋子文家中與韓國孤兒進行聖誕聚會		
一九六六年一月十九日下午	自紐約抵華盛頓			
一月二十日			在美國國防大學發表題為〈中國共產主義——一個世界性問題〉的演講	
一月二十二日中午		出席衛斯理學院校友會年度午餐會		

同日下午		出席國際婦女聯誼會的歡迎茶會		
一月二十三日	返回紐約			
三月十四日下午	抵達華盛頓			
三月十五日上午		參觀華盛頓區陸戰隊營地		
同日下午			在國防經濟研究所學院（即美國三軍工業學院）發表演說	
三月十八日		出席在華盛頓的美全國記者聯誼會午宴	發表演講	
四月十一日	紐約	出席美國共和黨婦女聯誼會的歡迎茶會		
四月十七日	自紐約飛抵底特律			
四月十八日上午		出席底特律華僑在退伍軍人大廈社教中心的歡迎茶會		
同日中午		出席美國底特律經濟聯誼會的歡迎午宴	發表題為〈人們對美國的看法〉演講	
四月十九日上午		訪問美國工具製造工程師會大會，並參觀福特汽車廠的組裝車間		

同日晚上	至格羅斯角（密西根州）戰爭紀念協會劇院	出席底特律政治研究所的二十五週年演講會	發表題為〈臺灣——以事實及統計數字作素描說明〉演講	
四月二十二日	返抵紐約			
四月二十六日			在賓夕法尼亞州卡莉索美國陸軍大學發表演講	
五月十二日	自紐約飛抵芝加哥			
五月十三日上午		在芝加哥薛曼之家飯店舉行記者招待會；會後，出席芝加哥各界領袖聯誼會		
五月十四日中午		參加芝加哥衛斯理學院校友會的年度午餐會。另接受芝加哥 **WBKB** 電視臺 KUPS 節目採訪		
五月十五日		參觀科學與工業博物館		
同日下午	返回紐約			
五月十八日	抵達華盛頓			

五月二十日			在美國國會議員眷屬聯誼會對兩院議員夫人發表題為〈歷史必將有公正的判斷〉演講	接蔣經國電，告知蔣中正上午宣誓就任第四任總統
五月二十一日		至魏德邁在馬里蘭州的農莊度週末		
五月二十二日	華盛頓	應美國ABC電視公司《問題與答案》節目邀請接受記者採訪		
五月二十三日			在「宇宙俱樂部」發表演講	
五月二十四日		舉行小型茶會招待衛斯理學院華盛頓校友會會員		
五月二十五日	寓所	與美國婦女聯合會領導成員茶敘		
八月二十八日	抵達華盛頓			
八月三十日		出席「雄象協會」午餐會	發表題為《揭斥今日世界的險惡動態》的演講	
九月二日晚上	華盛頓寓所	與遺族學校留美校友敘餐		

九月二十一日		出席美國眾議院撥款委員會的午宴		
九月二十四日	紐約寓所	與畫家高逸鴻、黃君璧茶敘		
九月二十八日	自紐約抵達梅肯市			
九月二十九日	梅肯市	接受衛斯理安學院授予的榮譽文學博士學位	發表演講	
十月七日	紐約	接見參加第二十一屆聯大的代表團成員		
十月十六日	紐約華埠	出席「全美華人福利總會第五屆代表大會」開幕典禮	發表即席演講	
十月十八日	自紐約抵洛杉磯			
十月十九日		出席洛杉磯世界問題研究會	發表演講	當日接受國家廣播公司電視網的訪問
十月二十日	抵舊金山			
十月二十一日			在舊金山聯邦聯誼會的宴會上發表演講	
十月二十二日下午		出席記者招待會及華僑招待茶會		

十月二十六日	返抵臺灣			蔣中正與蔣經國同至機場迎接

二、聯合國保衛戰

中華人民共和國成立之後，蘇聯代表團多次在聯合國大會上提出接納「中共政權」、驅逐臺灣代表的提案。宋美齡和「院外援華集團」不斷地通過各種途徑，向美國政府施加壓力，保留中華民國在聯合國的席位。

一九五〇年七月，美國眾議員周以德即在眾議院發言反對中共政權加入聯合國，認為中共進入聯合國，「只會給這個組織以及所有要共同努力遏制共黨進一步侵略的國家，帶來麻煩。」[316]當年，阿肯色州民主黨參議員麥克利蘭（John L. McClellan）提出了反對中共進入聯合國的第一項美國國會決議案，認為不該准許中共政權代表中國進入聯合國。一九五〇年七月二十三日，該決議案獲美國參議院一致通過。[317]

艾森豪政府期間，雖然敵視中共，但並未完全排除中共加入聯合國的可能性。國務卿杜勒斯曾經說過，如果「新中國」政府清除其侵略性行為，並且遵守聯合國憲章，不排除承認中國新生

316. 艾德華著、馬肯南登譯，《我為中國而生：周以德的一生及其時代》（臺北：中央日報出版部，一九九一年），頁一四六。
317. 艾德華著、馬肯南登譯，《我為中國而生：周以德的一生及其時代》，頁一四七。

政權，並且讓其加入聯合國的可能性。[318]然而，一九五三年六月三日和七月二十一日，在參議院多數黨領袖諾蘭的提議下，美國國會參眾兩院分別通過決議宣稱：「國會的意見是：共產黨中國政府不應被接納為聯合國成員作為中國的代表。」並且「一旦聯合國恢復中國（**中共**）的代表權，則美國將在下一會計年度中停付會費。」[319]為了通過提案，七月一日，參議院多數黨領袖諾蘭甚至表示，如果中國共產黨領導的政府加入聯合國，他將辭去參院多數黨領袖職務，從而將所有精力投入到要求美國退出聯合國的運動中。[320]迫於國會的壓力，七月二十八日，國務卿杜勒斯在對新聞記者的一項聲明中表示，美國無意接納「新中國」進入聯合國，如有必要，美國可以運用它的否決權，來防止它。[321]

一九五三年，以諾蘭和周以德為首的「院外援華集團」議員又組織了名為「反對共產黨中國加入聯合國的一百萬人委員會」（**簡稱「百萬人委員會」**）。十月二十二日，周以德代表「百萬人委員會」向艾森豪遞交了請願書，請願書的中心內容是：「堅定地反對中華人民共和國加入聯合國，以保衛自由世界的自由和莊嚴。」[322]請願書上有二百一十位美國社會名流簽名，包括重

---

318. Robert Accinelli, *Crisis and commitment: United States policy toward Taiwan, 1950-1955*, North Carolina University, 1996, p.130.
319. 趙學功：《巨大的轉變：戰後美國對東亞的政策》（天津：天津人民出版社，二〇〇二年），頁一〇八。
320. Gordon H. Chang, *Friends and Enemies: The United States, China, and the Soviet Union, 1948-1972*, Stanford,CA.:Stanford University Press, 1990, p. 102.
321. 南京大學臺灣研究所編，《海峽兩岸關係日誌（一九四九—一九九八）》，頁三六；《顧維鈞回憶錄》（編縮本），頁一一三四。
322. Stanley D.Bachrack, *The Committee of One Million 'China Lobby' Politics, 1953-1971*, New York: Columbia University Press, 1976, p.78.

要的參、眾議員，十二位州長，十一位退休將領，七位退休外交官，四位勞工領袖，十一位退休政界人士，十四位教會領袖，二十二位科學家和教育家，十八位出版商和新聞記者，三十三位工商界和金融界高級主管。[323]「百萬人委員會」（Committee for One Million）由此成立。隨即在美國勞工聯盟、美國退伍軍人協會等組織的支援下，「百萬人委員會」開始了徵集簽名的活動。到一九五四年七月六日，「百萬人委員會」宣布收集到第一百萬個簽名，Committee for One Million由此改名Committee of One Million。[324]

值得注意的是，在「百萬人委員會」籌備之際，周以德去了臺灣。在一九五三年十二月十九日宋美齡給艾瑪的信中這樣寫到：「過去的兩個月裡，我家裡真是門庭若市，有些來客等人還在我家暫住。其中我最喜歡的一位客人是瑪格麗特•丘奇（Margarite Church）。你知道，她是隨周以德（Judd）領導的委員會一起來臺的，就住在我們的別墅裡。」[325]信中所稱的「周以德領導的委員會」，相信就是「百萬人委員會」，因為信中還說：「我收到了你的來信，告訴我『一百萬人委員會』得到了很好的反響，這太好了。」從信中還可以知道，在周以德回美國之後，艾瑪也加入「百萬人委員會」，宋美齡覺得「簡直太好了」！並且認為：「我相信，你一定會成為委員會的人才。請轉告他們，我認為他們有你來幫忙，是他們的運氣。」

「百萬人委員會」的宗旨十分明確，即「動員民眾並表達美國民意，反對中共進入聯合國、

323. 艾德華著、馬肯南登譯，《我為中國而生：周以德的一生及其時代》，頁一五〇。
324. 艾德華著、馬肯南登譯，《我為中國而生：周以德的一生及其時代》，頁一五一。
325. 「宋美齡致艾瑪信件」（一九五三年十二月十九日），《艾瑪・德隆・米爾斯檔案》，美國衛斯理學院檔案館館藏。

反對美國承認中共以及任何有助於中共建立力量與威信的政策」。[326]由於「百萬人委員會」中很多重要成員是國會議員，他們利用職務的便利，積極遊說同事，支援反共事業。同時以議員的身分，也讓他們得以直接或間接地向行政機構施壓。一九五五年四月，「百萬人委員會」在《紐約時報》和《洛杉磯觀察報》刊登全版廣告，警告美國政府對中共的姑息政策，反對放棄金門、馬祖，強調「中國共產主義不應被允許殺進聯合國」。[327]隨後，「百萬人委員會」又將毒品問題和「新中國」聯繫在一起。一九五五年八月，「百萬人委員會」製作廣告《毒品——共產主義中國在國際毒品非法交易中的角色》，指控「中國大陸是供應世界範圍內非法毒品交易的、不受控制的聚集地」。[328]由此可見「百萬人委員會」在阻撓恢復中共政權在聯合國的席位方面，確實不遺餘力。

一九五五年一月三十一日，聯合國安理會舉行會議討論臺灣地區局勢問題，會議決定，首先討論紐西蘭政府提出的〈停止在中國大陸沿海某些島嶼地區敵對行動〉提案，並邀請中共代表參加討論。[329]二月四日，英國外交大臣艾登（Robert Anthony）就臺灣問題發表一項聲明，企圖抹煞中國的主權。[330]「兩個中國」的論調和「臺灣地位未定論」登上了公開場合。對此，蔣中正宣稱：「在這裡，我要正告全世界人士，中華民國人民和政府決不容許任何人割裂我中華民國的領土。」他憤

326. Stanley D.Bachrack, *The Committee of One Million 'China Lobby 'Politics, 1953-1971*, New York: Columbia University Press, 1976, p.78.
327. 艾德華著、馬肯南登譯，《我為中國而生：周以德的一生及其時代》，頁一五二。
328. Stanley D.Bachrack, *The Committee of One Million 'China Lobby 'Politics, 1953-1971*, New York: Columbia University Press, 1976, p.122.
329. 南京大學臺灣研究所編，《海峽兩岸關係日誌（一九四九—一九九八）》，頁五七。
330. 同上。

然表示：「今天發揚國際正義和法律的精神力量，其重要性不在發展原子武器和氫武器之下。」[331]宋美齡緊隨其後也評論道：「兩個中國政策，很像是信奉兩個上帝。」[332]由於這種論調，實際上是當時美國的主張，儘管蔣中正、宋美齡把矛頭指向聯合國，但在暗地裡也加緊了對美國的遊說。

一九五六年二月，「百萬人委員會」提出，在一九五六選舉年的目標是：「盡一切努力將反對共產主義中國加入聯合國的正式意見，納入兩黨的政綱，將組織指導委員會和個體成員，一致努力以達到這個目標。」[333]同年六月四日，索科爾斯基（George E. Sokolsky）致信宋美齡說：「我很擔心目前聯合國的形勢，看來到一九五七年，聯合國會承認『兩個中國』的合法地位。聯合國大會常會由九月推遲到了十一月，這不是個好預兆。現在壓力很大，必須儘快行動，這裡也只有中國的朋友如諾蘭[334]和賈德[335]等，還在做最後的反抗。在這樣的情況下，思考和理解至關重要。」七月三十一日又致信說道：「本來有預謀在十一月的聯合國大會常會上討論兩個中國的問題，可是後來赫魯雪夫（Никита Сергеевич Хрущёв）和納賽爾（جمال عبد الناصر）先後出來攪局，現在情況好像有了變化。不管怎樣，與兩三個月前相比，急於討好赤色分子的勢頭已有所減弱了。」

331. 〈總統講述當前國際局勢惟有伸張國際正義才能克服侵略危機〉，《中央日報》，臺北，一九五五年二月十一日，版一。
332. 〈蔣夫人向美女記者稱上帝只有一位中國豈能兩個〉，《中央日報》，臺北，一九五五年二月二十七日，版四。
333. Stanley D. Bachrack, *The Committee of One Million 'China Lobby' Politics, 1953-1971*, New York: Columbia University Press, 1976, p.127.
334. William F. Knowland（1908–1974），美國共和黨領袖，參議員，美國國會中支持臺灣當局的堅定分子，竭力反對中華人民共和國取代臺灣當局在聯合國的合法席位。
335. Walter Henry Judd（1898–1994），中文名：周以德。美國共和黨眾議員，美國國會中「中國幫」和院外援華集團的骨幹分子，長期反對和阻撓中華人民共和國重返聯合國。

在國內的政治壓力之下，特別是國會的壓力下，一九五七年三月八日，美國國務卿杜勒斯發表談話，闡述對華三原則：一、承認中華民國；二、不承認中華人民共和國；三、反對中華人民共和國進入聯合國。事實上，艾森豪政府從未公開提出中華人民共和國的加入聯合國問題，而是年復一年地在聯合國提出「延期審議」案，阻止中華人民共和國入會。在整個二十世紀五〇年代，宋美齡也正是依託「百萬人委員會」、「院外援華集團」的力量，彰顯她在聯合國席位保衛戰。

然而，從一九五〇年代末期開始，美國國內學術界和輿論界就開始出現越來越多的聲音，要求調整對華政策，「讓北京在亞洲和世界起更大的作用，美國也許能夠獲得更多的用來壓制蘇聯的槓桿力。」[336]一九六〇年十月八日，聯合國大會投票，以四十二票贊成、三十四票反對、二十二票棄權，通過了將中國席位問題延後一年的決議，這是十年來在這個問題上差距最小的一次投票。美國代表韋恩．莫爾斯（Wayne Morse）發表評論，認為恢復中華人民共和國在聯合國合法席位是「不可避免」的。

甘迺迪政府時期，國際形勢的發展，迫使甘迺迪希望通過談判，來謀取世界局勢的緩和。甘迺迪總統本人也積極主張調整對華政策。一九五七年，時任參議員的甘迺迪在《外交季刊》（*Foreign Affairs*）發表文章，指責美國的對華政策「太過僵硬」，聲稱雖然「不承認中國的令人信服的理由」仍然有效，但美國人民不應該「出於無知而約束我們的政策，以至未能在客觀情況發生了變化時，而未能及時察覺」，「在他們願意時，我們應該表明自己與其進行對話的意願，

336. 邁克爾．謝勒，《二十世紀的美國與中國》（三聯書店，一九八五年），頁二三五。

並設定在世界看來是負責任的條件。」[337]甘迺迪當選總統之後，一方面為了遏制中國的共產主義擴張，必須要注重臺灣的價值；但另一方面，為了與中共政府達成諒解，又必須要約束臺灣方面的挑釁行為。[338]美臺之間的政策，發生了尖銳的矛盾。

一九六一年一月十二日，宋美齡接受美國記者採訪，表示相信未來的甘迺迪政府將不會對中華民國所堅守的各外島政策，做出重大改變，並稱「光復大陸」定將實現。[339]然而就在此時，游建文向宋美齡報告：

> 臺北總統府，密，蔣夫人鈞鑒。史蒂文生二十七日在聯合國招待記者談話，最引人重視一點，為甘總統欣願與赫魔會晤，對中國問題答話，則未獲一般人太多注意，謹將各方探詢情報，電呈如下：
>
> 1. 中共問題，事前曾經審慎準備，但彼答覆時，僅為努力世界和平與安全，應包括幅員廣大群眾之中共，希望改善與中共關係，尋由其與職（游建文，下同）有深交之友人隨從史蒂文生參加招待會，在旁向彼提醒，始於會末將所預備美國對中共立場附加補充如下：中共仇視美國態度係正途邦交之障礙，美國將堅守對盟邦承諾，中共威脅臺灣，違反聯合國會員國放棄武力之義務。

337. John F. Kennedy, *A Democratic Look at Foreign Policy*, Foreign Affairs, Summer 1957, pp.365-383.
338. 李洪波，〈美臺矛盾研究（一九四九—二〇〇〇）〉（中國人民解放軍外國語學院博士論文，二〇〇六年），頁九八。
339. 〈蔣夫人昨對美記者談話〉，《中央日報》，臺北，一九六一年一月十三日，版一。

2.彼未照所準備答辯回答，是否一時忽略；抑係與彼原有親善共匪主張不符，而故意忽略，則難推測。

3.彼所提甘總統欣願與赫魔今春在聯合國會談一節，據彼親信密告，此種表示並非無根據隨便而言。

甲、因彼兩日前曾參加國務會議，該會議係在趁蘇大使與赫魔談話之後舉行，該談話歷兩小時之久，絕不僅涉及釋放飛行人員問題。該次國務會議在談話之後舉行，對美蘇問題定有詳細檢討。

乙、國務卿原擬於總統在國會初次報告後，方行招待記者，該日彼竟於史蒂文生招待記者談話後兩分鐘，立即親至國務院新聞記者室，對談判方式加以解說，認為國家利之所在，應不拘談判方式。彼恰於事前有所安排而非偶然。

4.白宮新聞秘書雖立即聲明史蒂文生所說係表示彼個人意見，但實有演唱雙簧之嫌。

以上所呈內幕，經過情形表面上不特重要，外間亦鮮注意，但職認為頗可看出美新政府外交政策之動向，謹電鈞鑒，職游建文叩。340

宋美齡對甘迺迪政府所醞釀的對華政策轉變十分警惕，一方面緊緊盯住美國政治風向，另一方面繼續動用「百萬人委員會」等「院外援華集團」的力量展開遊說。

340.「游建文電蔣中正等史蒂文生在聯合國記者會談甘迺迪願與赫魯雪夫會晤及中國問題暨美新政府外交政策」，國史館藏，典藏號：002090103000008203。

一九六一年二月，國府駐美大使葉公超向甘迺迪政府的國務卿臘斯克遞交一份備忘錄，要求甘迺迪政府明確表明其對華政策，並且要求美國政府就所謂「中國問題」發表一項公開的聲明，來澄清其立場。[341] 二月二十日，《華盛頓郵報》刊登了「百萬人委員會」的一則廣告。同一天，在《紐約時報》上刊登了一則《美聯社》的報告，其中援引「百萬人委員會」的話，有五十四位參議員和二百八十五位眾議員已經為聯合政綱的聲明背書，同時達到了兩院多數議員的支持。[342]「百萬人委員會」還向國會寄送反對中共政權進入聯合國的請願書和抗議信。國會則將這些數目龐大的信件轉到白宮。果然，七月二十八日參議院以七十六票對零票通過一項決議，強烈反對承認中共政權進入聯合國。[343] 九月一日，眾議院也以三百九十五票對零票通過了相同的議案。[344]

九月二十一日，聯合國大會指導委員會通過表決，同意將中國代表權問題列入聯大討論的議程。同日，「百萬人委員會」在美國紐約卡耐基紀念堂召開「反對准許中華人民共和國加入聯合國」的集會，會上宣讀了宋美齡的書面致詞，希望美國支持維護正義自由的鬥爭。[345] 十月上旬，「百萬人委員會」在《紐約時報》發布消息稱：委員會已經為一九六一年的請願活動徵集到第一百萬

341. *Memorandum of Conversation*, February 3, 1961, Doc. 3, FRUS 1961-63, Vol. XXII, China;Korea; Japan (Internet Version).
342. Stanley D.Bachrack, *The Committee of One Million 'China Lobby' Politics, 1953-1971*, New York: Columbia University Press, 1976, p.190.
343. 南京大學臺灣研究所編，《海峽兩岸關係日誌（一九四九—一九九八）》，頁一〇七。
344. 同上。
345. 〈紐約舉行群眾大會，蔣夫人作書面演說〉，《中央日報》，臺北，一九六一年九月二十三日，版一。「百萬人委員會」是二十世紀五〇至六〇年代美國院外援華集團的著名遊說組織，其目的是抵制中華人民共和國進入聯合國，竭力反對美國政府緩和與中華人民共和國的關係，維護「中華民國」的利益。

個簽名。[346]最終，在國內的壓力下，十月十九日，甘迺迪發表聲明，重申反對中共進入聯合國，支持中華民國政府在聯合國的代表權。[347]

詹森政府時期的一九六五年，是聯大圍繞「恢復中華人民共和國合法席位，驅逐臺灣當局代表」問題辯論的關鍵年份，宋美齡親自赴美展開遊說。一九六四年六月十九日，「百萬人委員會」提出了一份新的國會聲明，聲明保持了「百萬人委員會」的傳統立場：反對共產主義中國加入聯合國、反對承認共產主義中國、反對與其發展貿易關係，有一百五十三名民主黨國會議員、一百八十五名共和黨國會議員在反對中華人民共和國進入聯合國的公開聲明中簽字。[348]到了一九六五年，又有三百三十一名國會議員在同樣的聲明中簽字。[349]總而言之，在詹森政府時期，宋美齡仍然依託「百萬人委員會」等「院外援華集團」的力量，來保衛中華民國政府在聯合國的代表權。

一九六五年十一月十七日，第二十屆聯大就中華人民共和國入會案進行唱名表決。在美國和臺灣方面的運作下，贊成票與反對票相當而遭否決。[350]

一九六八年，共和黨候選人理查・尼克森成為美國第三十七屆總統。儘管尼克森是一個持

---

346. Stanley D.Bachrack, *The Committee of One Million 'China Lobby 'Politics, 1953-1971*, New York: Columbia University Press, 1976, p.188.
347. 南京大學臺灣研究所編，《海峽兩岸關係日誌（一九四九—一九九八）》，頁一〇八。
348. Stanley D.Bachrack, The Committee of One Million 'China Lobby 'Politics, 1953-1971, New York: Columbia University Press, 1976, p.213.
349. 同上。
350. 南京大學臺灣研究所編，《海峽兩岸關係日誌（一九四九—一九九八）》，頁一三三。

強硬反共立場的政客，但背負一大堆美國國際、國內政治的包袱，他不得不順應國際國內形勢，與中共實現關係正常化。一九六九年一月二十日，尼克森在其就職演說中表示：「我們尋求一個開放的世界」，在這個世界裡，「國家無論大小，它們的人民，都不是生活在憤怒的孤立狀態之中。」[351]這指的就是中華人民共和國。七月二十一日，美國政府宣布放寬中（共）美人員往來以及貿易方面的限制。十月十日，季辛吉（Henry Alfred Kissinger）通過巴基斯坦總統葉海亞・汗（Yahya Khan）轉告北京方面，美國將停止兩艘驅逐艦在臺灣海峽的例行巡邏活動，以此表達其緩和對華關係的姿態。[352]

與此同時，「百萬人委員會」反應謹慎，這可能是由於「百萬人委員會」力量衰弱所致。從六〇年代開始，「百萬人委員會」的積極分子逐漸失去了國會議員的席位。一九六二年，周以德在選舉中敗北，失去了眾議員的資格。隨後，一九六四年的國會選舉又使「百萬人委員會」的國會支持者少了七十五名。[353]到了一九六八年，「百萬人委員會」的聲勢大不如前，其指導委員會只能維持一名民主黨議員和四名共和黨議員的結構。[354]最終，一九七二年二月五日，周以德成立「支持自由中國委員會」（Committee for a Free China），「百萬人委員會」正式解散。

351. 亨利・基辛格著、陳瑤華等譯，《白宮歲月：基辛格回憶錄》（北京：世界知識出版社，一九八〇年），頁一四七七。
352. 亨利・基辛格著、陳瑤華等譯，《白宮歲月：基辛格回憶錄》，頁二四三。
353. Stanley D. Bachrack, The Committee of One Million 'China Lobby' Politics, 1953-1971, New York: Columbia University Press, 1976, p.213.
354. Stanley D. Bachrack, The Committee of One Million 'China Lobby' Politics, 1953-1971, New York: Columbia University Press, 1976, p.217.

蔣中正、宋美齡與尼克森之間關係惡化，也是宋美齡對美外交權力下降的原因之一。一九六七年，尼克森訪問臺灣尋求競選資助，蔣中正、宋美齡反應冷淡。蔣中正一九七一年九月二十八日日記記載：「尼醜昔年在慈湖晤談時，視為其可厭之政客，以輕薄待之，並未允其助選。」從這則日記中可以看出，蔣中正當時不僅沒有答應資助尼克森競選總統，而且對他持以輕視、鄙視態度。一九七一年十二月十四日蔣中正日記云：「尼醜未當選以前，來臺北相訪，彼滿懷我協助其選舉資本，應（因）其未先提，而我亦未提也。此等政客，成事不足，敗事有餘，此乃吾妻專聽令侃一面之詞所致。今國患至此，令侃之罪不小也。」[355]意思是說他之鄙視「尼醜」而未助其「選舉資本」，是上了孔令侃之當，頗有悔不當初之慼。

一九六九年九月十六日，宋美齡與蔣中正在陽明山遭遇車禍，蔣中正受傷嚴重，宋美齡也遭到較大的損傷。到一九七〇年八月，宋美齡「身體仍在康復中」，「醫生建議她再多休息幾個月，因為她右手的肌肉還沒有完全康復，同時她的左腿對冷熱的感覺也還有些麻木。」[356]從這個時期起，蔣經國正式接手處理與美國外交事宜。

一九七一年十月二十六日，聯合國大會通過了阿爾巴尼亞所提的「排我納匪案」，中華民國在聯合國的席位終為中共所取代。所以蔣中正在九月二十八日和十二月十四日的日記中，兩次稱尼克森為「尼醜」，即此故也。

355.《蔣介石日記》，一九七一年十二月十四日。
356.「陳珍珠致艾瑪信件」（一九七〇年八月二十三日），《艾瑪．德隆．米爾斯檔案》，美國衛斯理學院檔案館館藏。宋美齡的秘書陳珍珠受命寫信給米爾斯夫人，感謝問候。

第二章 領導婦運服務軍民

婦女運動是宋美齡介入中國政治生活的起點，也是其發揮政治影響力的重要依據。在大陸期間，宋美齡在中國婦女運動上做得風起雲湧，不僅是中國婦女運動名義上的領導者，也是實質上的推動者。在政治版圖上，婦女運動是她政治資本的重要來源，是她獲取國內政治支持的重要根據地，其重要性不亞於外交領域。在國民政府退守臺灣後，宋美齡也正藉此在臺灣的政治舞臺上屹立不搖。

第一節　發起婦運穩定大局

一九五〇年宋美齡自美返臺之初，面對的是「在大陸政治、軍事的雙重攻勢下，臺灣如洶湧波浪中的漏船，隨時有傾覆危險」[1]的局面。島內局勢混亂不堪，大量潰敗來臺的軍民生計難以保障，物資奇缺，通貨膨脹。同時，由於過去「二二八」事件，臺灣人民對國民政府充滿敵意，省籍矛盾嚴重。因此，維持遷徙與逃難至臺的近兩百萬大陸公教軍民及六百萬臺灣居民的穩定，是國民政府的當務之急，亦是宋美齡用以支持蔣中正的首要工作。

於是，宋美齡在一九五〇年上半年便著手進行婦女勞軍與組織婦女。也是宋美齡以「第一夫人」身分參與婦女反共事業。

1. 陳紅民、趙興勝、韓文寧，《蔣中正的後半生》（杭州：浙江大學出版社，二〇一〇年），頁八二。

一九四九年，陸續由大陸退至臺灣、澎湖、金門、馬祖及外緣諸島的國民政府軍隊約為六十萬人，嚴重缺少彈藥、糧食、衣物。對岸的中共軍隊集結福建沿海一帶，時刻準備渡海進攻臺灣。國軍士氣低落，軍心渙散，失敗情緒籠罩全島。

一九五〇年三月一日，蔣中正復行總統視事後，於十三日在革命實踐研究所發表了題為〈復職的目的與使命〉的演說，表示「一年整訓，兩年反攻，掃蕩共匪，三年成功」，達成「復興中華民國的目的」。[2]

因此，宋美齡自一九五〇年一月開始，便密集開展勞軍工作。二十一日，即與臺北婦女界至國防醫學院、海陸空軍總醫院慰問住院傷患並贈送慰勞品。[3]二月六日，飛赴金門勞軍。[4]八日，赴基隆陸軍醫院慰問傷患將士。[5]十二日，開始環島勞軍旅行。分別至臺中、嘉義、高雄、屏東等地醫院慰問傷患官兵。[6]短短一個月，跑遍了全島的主要醫院和軍事基地。

緊接著，為解決官兵缺乏衣褲的困難，宋美齡發動征衣縫製工作，宣導「各界婦女為國效力，努力縫製襯衣褲」，為此，一九五〇年四月二十五日，婦聯會於長沙街一段二十七號總會會址成

2.〈復職的目的與使命〉，秦孝儀主編，《先總統蔣公思想言論總集》（臺北：國民黨黨史會出版，一九八四年），卷二十三．演講，頁一三五—一三六。
3.〈蔣夫人昨莅各病院，慰問榮譽將士〉，《中央日報》，臺北，一九五〇年一月二十二日，版二。
4.〈蔣夫人昨偕菲僑領袖，飛臨金門前線勞軍〉，《中央日報》，臺北，一九五〇年二月七日，版一。
5.〈蔣夫人今赴市郊勞軍〉，《中央日報》，臺北，一九五〇年二月八日，版一。
6.〈環島勞軍告一段落，蔣夫人今晨返臺北〉，《中央日報》，臺北，一九五〇年二月十六日，版二。

立縫衣工廠，由國大代表沈慧蓮、常委陳紀彝和郭佩雲共同負責主持，[7]並商請「政府轉飭所屬機關學校男女公務員學生及國民普遍捐募每人一套」。[8]而該會委員除每人捐襯衣褲一套，捐工十套外，並制定名單，分四組輪流到會工廠縫製。[9]

一九五〇年三月八日，宋美齡主持慶祝婦女節紀念大會，發表講話，號召婦女「不畏艱難、不灰心、不絕望，團結一致，負起救國救民的工作」。[10]四月三日，呼籲婦女「要自救，要救人」，「共同奮鬥的目標，就是反共抗俄的工作」。[11]因為其時逃難至臺灣的大陸軍民，居無片瓦，身無分文，再加上臺灣物資短缺，生活條件極其惡劣，宋美齡因而呼籲婦女界犧牲小我，勤儉節約。[12]她認為：「以前婦女出來在社會工作，有一般的人以為是出風頭，現在卻不然，是盡義務、負責任，政府既沒有經濟的力量，可以幫助我們推進工作。我們要自己設法節約勞動，以最少的金錢，來做最大效能的工作。」[13]因此準備成立一個生產小組，經常督導軍公教眷屬從事手工業生產，以爭取外匯及維持生活，並將散在各地無力生活之軍眷，設法遷移東部之花蓮及臺東。並

---

7. 周禮千，〈三十五年來的征衣縫製運動〉，《婦聯三十五年》（臺北：中華婦女反共聯合會，一九八五年），頁一一七。其中沈慧蓮更是成為督導婦聯會縫衣工廠的二十餘年的主要人物。
8. 〈中華婦女反共抗俄聯合會三個月來工作概況〉，《中華婦女》，一九五〇年創刊號（一九五〇年七月），頁一八。
9. 同上。
10. 〈昨日盛會慶三八節，蔣夫人勉婦女團結〉，《中央日報》，臺北，一九五〇年三月九日，版四。
11. 〈今日中華婦女的重要使命〉，蔣夫人言論彙編編輯委員會編，《蔣夫人言論彙編》（臺北：正中書局，一九五六年），卷二．演講，頁五九。該文亦發表在《中央日報》，臺北，一九五〇年四月十七日，版二。
12. 皮以書，〈試論當前臺灣的婦女運動〉，《中華婦女》，一九五〇年創刊號（一九五〇年七月），頁九。
13. 〈中華婦女反共抗俄聯合會成立大會致詞〉（一九五〇年四月十七日），《蔣夫人言論彙編》，卷二．演講，頁六六。

籌募基金，舉辦生產事業，設立工廠，以解決軍眷及遺族生活；創設被服廠，儘量任用軍眷擔任工作，設立縫紉工廠。為擴充業務，函請各機關學校向工廠訂製服裝。[14] 同時，在婦聯會成立大會上，宋美齡提出軍眷子女免費入學及設立征屬及遺族學校。[15] 即由婦聯會及各分會設置軍人子女獎學金，並舉辦幼稚園、托兒所、子弟學校。[16]

為了配合蔣中正的「反共抗俄大業」，一九五〇年三月八日，宋美齡發表〈婦女節致詞〉，號召「每一個婦女都團結起來，發揮自己的力量」。[17] 隨即提出組織「中華婦女反共抗俄大會」，四月十七日，婦聯會成立，宋美齡在成立大會致詞時強調婦女工作的重要性稱：「以前我們可以說，國家的好壞，是政府的責任，可是民主國家，政府的好壞，完全看民眾的努力不努力。」[18] 如何動員婦女力量，參加反共抗俄的工作，她說：

> 我們要好好的組織各界婦女，動員她們來直接間接參加反共抗俄的工作。反共抗俄的工作是很多的，並且處處需要大家去做，譬如對前後方將士的慰問鼓勵，對傷病將士的救護慰勞，對後方生產工作的協助參加，對社會奢侈浪費風氣的轉奢糾正，婦女可以盡力的地

14.〈婦女反共抗俄會昨已圓滿閉幕〉，《中央日報》，臺北，一九五〇年四月二十日，版一。
15.〈婦女反共抗俄會昨已圓滿閉幕〉，《中央日報》，臺北，一九五〇年四月二十日，版一。
16.〈中華婦女反共抗俄聯合會成立二週年紀念大會致詞〉（一九五二年四月十七日），《蔣夫人言論彙編》，卷二．演講，頁九〇、九五–九六。
17.〈婦女節致詞〉（一九五〇年三月八日），《蔣夫人言論彙編》，卷二．演講，頁六二。
18.〈中華婦女反共抗俄聯合會成立大會致詞〉（一九五〇年四月十七日），《蔣夫人言論彙編》，卷二．演講，頁六六

方正多，我婦女界同胞如全體組織起來，一致向這個目標努力，這對反共抗俄的工作是有很多幫助的。[19]

隨後，宋美齡不斷在各種場合組織動員婦女加入反共抗俄活動。一九五〇年四月二十九日，她出席婦聯會裝甲兵分會成立大會，即席宣布「三個月內將號召全臺婦女為前方將士服務」。[20]五月五日，出席婦聯會聯勤分會成立大會，號召女同胞用工作實現婦女愛國的精神。次日，在婦聯會與在臺的女國大代表、立法委員、監察委員茶會，號召女同胞不分界限，參加實際救國工作。[21]十月五日，宋美齡在婦聯會接見國防部政幹班女青年訓練大隊學員，接受學員敬獻的「女青年導師」錦旗，並勉勵學員畢業後應堅強意志，固守崗位努力反共抗俄工作。[22]

宋美齡自稱，動員工作頗有成效，她在四月十七日婦聯會成立二週年紀念大會上總結說：

兩年以前，我們國家正處於危險困難的時候，不論婦女與民眾，都沒有具體組織，我不誇張的說，自從婦聯會成立以後，溝通了軍隊與民眾的感情，協助政府解決許多困難，尤其歡迎舟山撤退來臺的戰友，給予軍隊與民眾甚大的鼓勵，為軍民打成一片的開始，今日軍民能有融洽感情的表現，也就是我們工作的成效。其次，如襯衣褲、棉背心、針線包等

19.《今日中華婦女的重要使命》，《蔣夫人言論彙編》，卷二·演講，頁六〇。
20.《婦聯裝甲兵分會昨開成立大會》，《中央日報》，臺北，一九五〇年四月三十日，版二。
21.《在臺女國代立監委參加縫製征衣運動》，《中央日報》，臺北，一九五〇年五月七日，版四。
22.《女青年大會學員獻旗致敬蔣夫人》，《中央日報》，臺北，一九五〇年十月六日，版四。

各項捐募運動，都很快的完成，這都是全體婦女同志共同努力的結果，這是給予軍隊無限的鼓勵，也促使民眾明瞭自己的責任，更使海外同胞瞭解自己祖國的婦女，已經組織起來，從事反共抗俄工作。[23]

由此看出，宋美齡在一九五〇年一月十日離美抵臺後不到一個月，即往各地勞軍，號召和動員婦女界參加反共抗俄工作。到六月二十五日韓戰爆發、美國宣布協防臺灣之前，適時發揮穩定大局的力量。

第二節　婦運重心動員菁英

宋美齡認為：「大陸上的失敗，是青年和婦女運動，沒有做得好，因為婦女是國民的一半，青年是國家的新生，這一半國民和新生的力量，被忽略了，自然國家的力量隨之削弱，我們領悟過去失敗的教訓，今後我們要實實在在重視婦女和青年，以及一般民眾的組織訓練服務等工作。」[24]因此，她在臺期間始終把「動員」作為婦運工作的重心。據研究者統計她在臺灣時期，

23.〈勉勵全體：「服務從家庭開始」——婦聯成立二週年，訓練班結業慶典中蔣夫人致詞〉，《中央日報》，臺北，一九五二年四月十八日，版一。

24.〈中央婦女工作會第二次工作會議開幕式致詞〉（一九五六年四月二十六日），陳鵬仁編，《蔣夫人宋美齡女士言論選集》（臺北：近代中國出版社，一九九八年），頁二五九—二六〇。

報紙對其的報導主題，其中以「社會性動員」為最多，計七十三則，占百分之三十四・八；其次為「社團／社交」及「國防／外交／兩岸」，分別占百分之十八・七及百分之十二・九，可見「動員」在宋美齡主導的婦女工作中的比重。[25]

一、「動員」型婦運的組織

（一）組織機構

一九五〇年國民黨實施改造，八月五日，國民黨中央改造委員會正式成立，下設秘書處、七個組、四個委員會，其負責人張其昀、周宏濤分任正副秘書長，陳雪屏、谷正綱、鄭彥棻、曾虛白、袁守謙、唐縱、郭澄分任第一至第七組主任，李文範、陶希聖、蔣經國、俞鴻鈞分任紀律委員會、設計委員會、幹部訓練委員會、財務委員會主任委員。接管了國民黨第六屆中央執行委員會和中央監察委員會的工作，其中第二組接管青年部、農工部、婦委會和軍隊黨務改造指導委員會。

為了將臺灣的婦運工作納入國民黨黨務系統，特將婦女工作由第二組中劃出，設立了中央委員會婦女工作指導會議（簡稱婦指會議），宋美齡任指導長，作為婦女工作的決策機構。下設中央婦女工作會（簡稱婦工會），為執行機構。[26]根據國民黨第七屆中央委員會常務委員會第

25. 郭及天，〈我國第一夫人報紙形象研究〉（臺北：淡江大學大眾傳播研究所碩士論文，二〇〇二年），頁五六–五七。

26. 據張厲生在一九五七年十月十五日所做的〈中央委員會黨務工作報告〉中提到：「自七全大會決定『發展婦女組織後』，七屆二中全會即決定設立婦工機構，於一九五三年十月成立婦女工作指導會議，為婦女工作之決策機構，並設婦女工作會

六十二次會議的〈中央委員會婦女工作指導會議暫行規則修正通過〉第三條規定，其職責為：「本會議之任務，為加強婦運政策及工作之推進，並領導各級婦女機構或團體，展開本黨婦運工作。」[27]婦工會的任務則是「秉承指導長暨婦女工作指導會議之決議，掌理婦女運動工作及婦女團體之黨團活動」。[28]婦工會於一九五三年十月二十一日成立，其級別與中央委員會各處組會平行。在組織編制方面設有正、副主任各一人，秘書一人，專門委員四人，總幹事四人，編審五人，幹事助理幹事等九人。內部工作設有五室，分別掌管總務、組訓、服務、研究及宣傳等業務。[29]一九五四年九月，開始建立省、縣、市黨部的婦女工作組。[30]一九五五年九月，婦工會又建立義務幹事制度與婦工宣傳網，透過義務幹事和婦女宣傳員，在全省各地的鄉鎮村裡，推行下鄉工作，並深入家庭。[31]一九五六年一月，分別建立各種黨部，如公路、鐵路、產職業等各黨部的婦女工為婦女工作執行之單位。」〈中央委員會黨務工作報告〉，《中國國民黨歷次全國代表大會重要決議案彙編》（下），《革命文獻》輯七十七，頁一九三－一九四。

---

27. 「中央委員會婦女工作指導會議暫行規則修正通過」，〈中國國民黨第七屆中央委員會常務委員會第六十二次會議紀錄〉（一九五三年十月七日），《會議紀錄》，黨史館藏。
28. 同上。
29. 錢劍秋，《三十年來中國婦女運動》（臺北：中國國民黨中央委員會婦女工作會，一九七六年），頁一四；中國國民黨中央委員會婦女工作會編，《我們的工作》（臺北：中國國民黨中央委員會婦女工作會，一九七六年），頁一；《自由中國的婦女》（臺北：婦友社，一九五七年），頁一八；皮以書，《中國婦女運動》（臺北：婦聯畫刊社，一九七三年），頁一二六。
30. 皮以書，《中國婦女運動》，頁一二七。
31. 《自由中國的婦女》，頁一九；中國國民黨中央委員會婦女工作會編，《四年來本黨的婦女工作》（臺北：中國國民黨中央委員會婦女工作會，一九五七年），頁一六。

作組，及在各種黨部的支區組織中設置婦女幹事。各種各級黨部的婦女工作組是行動單位，秉承上級交付的婦女工作的任務，還須配合黨的組織、訓練、服務、宣傳等部門工作。因此各種各級黨部的婦女工作組的任務很多，責任很重。[32]

就這樣，宋美齡在民間和黨內分別構建了兩個婦女運動組織體系，同負推進婦女工作的使命，各有專責。

婦工會屬於中國國民黨中央委員會，負責領導臺灣婦女機構，組織婦女黨員，推進黨務，並在省黨部設有婦工組。

根據《中國國民黨婦女工作指導方案》，婦工會指導方針有三項：加強婦女訓練、健全婦女組織、培養婦女知能。[33]隨著婦工會組織的演進，婦女工作的要點增為五項：以政策領導婦女群眾、以組織結合婦女人才、以訓練培養婦女知能、以服務輔導婦女生活、以文教指導婦女人生。[34]

婦工會的工作重心放在農村、家庭和普通群眾中。在農村，由於當時臺灣一般農村中的婦女，智識水準不高，生活和地位相對與城市婦女比較低下，有待改善。於是，婦工會選派義務幹事宣傳員進駐農村，加強國民黨宣傳工作。同時，「為要實踐家為國本的道理，應要兼顧到家庭」。「在家庭是一良好主婦，在社會一定是一好公民」。婦工會的幹部要「深入群眾，教育群眾，和群眾

---

32. 皮以書，《中國婦女運動》，頁一二七。
33. 「中國國民黨婦女工作指導方案」，〈中國國民黨第七屆中央委員會常務委員會第一〇六次會議紀錄〉（一九五四年五月十七日），《會議紀錄》，黨史館藏。
34. 《我們的工作》，頁二一三。

生活打成一片。進而瞭解群眾，為群眾謀取福利」。[35]

婦聯會屬於人民團體，是宋美齡推動臺灣婦女運動最重要的組織，也是她的工作據點，她指出：「這個會不能馬馬虎虎，也不能有名無實，我自己有時工作上下午都來，或上午來，至少每天有一次，不管有事或無事，因為這是我的責任。」[36]她不僅將私人辦公室設在了婦聯會，而且大多數公務活動也放在婦聯會，包括接見外賓、華僑，甚至黨務系統的婦女幹部工作也在婦聯會辦公室完成。例如，一九五〇年八月十五日，在婦聯會接見菲律賓黑白籃球隊隊員，接受該隊敬獻的「婦女導師」錦旗，並陪同隊員參觀婦聯會各部門工作。[37]八月十六日，在婦聯會接見來臺參觀的菲律賓華僑考察團，並陪同參觀縫紉工廠。[38]十月五日，在婦聯會接見國防部政幹班女青年訓練隊大隊學員。[39]十一月五日，在婦聯會設午宴招待參加臺灣省婦女會第三屆會員代表大會的全體代表。[40]

此外，宋美齡還將臺灣省婦女會招至麾下。臺灣省婦女會的前身是抗戰勝利後成立的臺灣婦

35. 皮以書，《中國婦女運動》，頁一二八。
36. 〈招待立法院監察院女委員及國民大會婦女代表茶會致詞〉（一九五〇年五月六日），《蔣夫人言論彙編》，卷二．演講，頁七一—七二。
37. 〈菲律賓黑白籃球隊昨晉謁蔣夫人獻旗〉，《中央日報》，臺北，一九五〇年八月十六日，版四。
38. 〈考察團昨訪「婦聯會」〉，《中央日報》，臺北，一九五〇年八月十七日，版二。
39. 〈女青年大會學員獻旗致敬蔣夫人〉，《中央日報》，臺北，一九五〇年十月六日，版四。
40. 〈三屆大會昨閉幕〉，《中央日報》，臺北，一九五〇年十一月六日，版五。

女協會。一九四六年一月三日，李幫助[41]、楊金寶[42]等人在高雄發起籌組臺灣婦女協會。[43]一月七日，三民主義青年團中央直屬臺灣區團部於臺北市大世界電影館開第一次全省婦女聯誼大會，約有四百多位女性代表參加，[44]決定成立臺灣省婦女協會。[45]而之前在高雄所成立的臺灣婦女協會更名為高雄市臺灣婦女協會。隨後，臺灣省黨部於一月十九日發起組織臺北市婦女會。繼有嘉義婦女協會、臺中市婦女會、臺東縣婦女會、彰化市婦女會等的成立。[46]一九四六年五月十六日，臺灣省婦女會在臺北市中山堂舉行成立大會，一個由臺籍婦女組成的全省性組織正式成立。該會在成立大會宣言中強調：「我們要求解放，觀念的解放，傳統的解放，職業的解放，我們要團結，

---

41. 李幫助，一九〇九年生於臺北，自淡水聖書院畢業後進入馬偕醫院學習護士三年，畢業後在馬偕醫院服務，後赴中華神學院（上海中華女子神學院）就讀，畢業後先在廈門、新加坡、馬來西亞等地傳道，繼而回到臺灣，開創前金佈道所與道生聖經書院，一九五〇年被任命為牧師，為臺灣第一位女牧師。參見李仁豪，〈我的姑婆——李幫助牧師〉，收入鄭仰恩主編，《信仰的記憶與傳承——臺灣教會人物檔案（一）》（臺南：人光出版社，二〇〇一年），頁二七四－二八〇。

42. 楊金寶，一九〇七年生於高雄，臺南長老教女學校畢業後負笈東瀛，自日本婦人公證通信大學畢業，學成歸國後，即在醫院任助產士，並積極參與婦女運動，組織臺灣婦女協會、高雄市婦女會等團體，對於傳教工作亦甚為投入，曾擔任旗後基督教青年會會長、前金基督教會長老。一九四七年底，中國國民黨與民社黨、青年黨兩黨協調，遴選參議員進入參議會，楊金寶因民社黨黨員葉榮鐘未能如期報到，於一九五〇年獲得遴選遞補為參議會第一屆參議員。參見林秋敏，〈謝娥與臺灣省婦女會的成立及初期工作（一九四六－一九四九）〉，《臺灣文獻》（季刊）第六十三卷第一期暨《別冊》第四〇號（二〇一二年三月）。

43. 〈臺灣婦女協會發軔，高雄州有志組織〉，《民報》，臺北，一九四六年一月七日，版二。

44. 《民報》，臺北，一九四六年一月九日，版一。

45. 《民報》，臺北，一九四六年一月十二日，版二。

46. 〈彰城婦女會盛舉成立典禮〉，《民報》，臺北，一九四六年四月二十七日，版二。

我們要組織，我們要集體行動，我們要用自己的力量去爭取我們自己的理想。」並決議向蔣中正及夫人宋美齡通電致敬。[47]

臺灣省婦女會組織，依照人民團體組織辦法，其最高領導機構是該會理、監事會。理事會設理事一十五人，由理事互推七人為常務理事，再於常務理事中，公推一人為理事長。監事會設監事七人，互推一人為常務監事。理監事會下設秘書一人，組長四人，組員若干人，工作部門分組訓、文教、輔導、服務四組。而省以下各級婦女會於一九五二年全部組織完成，臺省二十二個縣市的各鄉鎮區均成立了婦女會。各級婦女會的編制，也是設置理事長一人和理監事等，分別執行理監事會的職權，並設秘書或總幹事一人，辦理日常事務。[48]

該會的工作帶有「啟蒙色彩」，是以謀取婦女福利，改進婦女生活，提高婦女地位，進而發動婦女為民服務為目的。在這一方針之下，該會工作包括以下幾個方面：

組訓：該會除在各縣市廣泛吸收會員外，還普遍成立烹飪、營養、縫紉、編織、造花、刺繡各種訓練班。免費教導婦女，一面培植婦女們謀生技能，一面提高婦女生活各種興趣。

文教：該會經常出版各種婦女讀物，舉辦各種晚會，巡迴放映電影，一切也都是免費為婦女服務，增進婦女的智識，改善婦女們生活上的康樂活動。

輔導：最主要者為職業介紹與婚姻介紹，其次是福利與救濟，福利工作如設立婦女書報

47.〈臺灣省婦女會成立〉，《臺灣新生報》，臺北，一九四六年五月十九日，版五。
48. 皮以書，《中國婦女運動》，頁一二九。

閱覽室，開設婦女縫紉工廠等，救濟工作如冬令救濟、貧民救濟、難胞救濟等，另一重要工作是調解，用以調解家庭糾紛，保護被虐待的婦女養女等。

服務：動員婦女會員組織縫補隊，為各地駐軍縫補衣服，組織歌舞隊，定期赴各軍駐地作精神慰勞，以及發動各種敬軍運動與臨時性勞軍運動等。[49]

一九五五年七月三日，宋美齡在陽明山莊主持婦工會第一次幹部會議時，曾這樣描述她所搭建的婦運工作組織體系：「在抗戰時期，總裁要我出來負責黨的婦女工作，那時我正辦理新生活運動婦女指導委員會，不願參加黨的婦女工作，我對政治沒有興趣，後來我看出黨的失敗的原因，便是在沒有組織婦女與青年，總裁又一再敦促我出來主持中央婦工會，為了整個黨的前途，我只得犧牲我個人的自由來擔任本會的指導長，現在我又是兼中華婦女反共抗俄聯合會的主任委員和臺灣省婦女會的名譽會長，這三個團體完全由我領導，希望你們三個團體的同志要精誠合作，協同努力。」[50]

各個婦女組織在宋美齡的領導下，以婦聯會為樞紐，組成一個堅強的陣線。各個婦女團體的會員，同時也可以成為婦聯會的會員，而且各個婦女團體的負責人，同時也是婦聯會中最積極最活躍的分子。[51]

49. 皮以書，《中國婦女運動》，頁一三〇。
50. 〈中央婦女工作會第一次幹部會議訓詞〉，《蔣夫人言論彙編》，卷二一．演講，頁一三四。
51. 皮以書，《中國婦女運動》，頁一三一。

（二）婦運幹部隊伍建設

除了組織機構的建設，婦運幹部隊伍建設也是宋美齡高度重視的問題。宋美齡對黨務系統的婦工會和民間組織的婦聯會，婦運幹部隊伍建設的方向也完全不同。婦聯會的領導幹部就以官員夫人為主，而婦工會則是黨務系統中的青年骨幹。

第一，為婦聯會組織「官員夫人」班底。

婦聯會籌辦伊始，宋美齡就四處張羅婦運幹部，早期的骨幹有行政院長陳誠的太太譚祥、省主席吳國楨的太太吳黃卓群、參謀總長周至柔的太太周王青蓮、海軍總司令桂永清的太太桂何相欽、臺灣省保安司令彭孟緝的太太彭鄭碧雲，以及蔣中正兒媳蔣方良、石靜宜等人。隨即，宋美齡廣聘人才。一九五〇年四月十日，接見新疆婦女領袖阿里同汗時，就立刻聘請阿氏為反共抗俄婦女聯合會委員。[52] 五月六日，在與立法院、監察院婦女委員及國民大會女代表茶會時，也要她們都來參加工作，都做會員。[53]

現據婦聯會的機關報《中華婦女》刊物登載的首屆常委的名單，並備相關個人資料列表2-1如下：

52.〈蔣夫人接見新省女領袖〉，《中央日報》，臺北，一九五〇年四月十一日，版一。
53.〈招待立法院監察院女委員及國民大會婦女代表茶會致詞〉（一九五〇年五月六日），《蔣夫人言論彙編》，卷二．演講，頁七二。

表2-1 婦聯會中的「官員夫人」

職務	姓名	身分
主任委員	蔣宋美齡	總統蔣中正夫人
副主任委員	陳譚祥	行政院長、副總統陳誠夫人
常務委員	馬沈慧蓮[54]	國大代表、立法委員馬超俊夫人
常務委員	錢用和	監察委員
常務委員	林　慎	立法委員、復興小學董事長
常務委員	徐陸寒波	財政部長、中央銀行總裁徐柏園夫人
常務委員	李　緞	監察委員
常務委員	陳紀彝[55]	國大代表、衛理女中首任校長
常務委員	蔣陶曾谷	農業復興委員會主任委員蔣夢麟夫人
常務委員	黃郭佩雲	臺灣省議會議長黃朝琴夫人
常務委員	王蕭德華	總統府秘書長、中研院院長王世杰夫人
常務委員	呂曉道[56]	婦運前輩

54. 在大陸時期，即擔任新生活運動促進總會指導委員會指導委員、南京新運促進會婦女工作委員會主任委員、中國婦女慰勞抗戰將士總會常務委員、戰時兒童保育會常務理事。

55. 一九三八年廬山婦女談話會時，即擔任漢口基督教女青年會總幹事、戰時兒童保育會常務理事。一九三八年新運婦指會改組，陳紀彝擔任該會副總幹事。抗戰後當選國大代表。來臺後創辦衛理中學。

56. 國民黨候補中執委。抗戰後當選制憲國大代表。

常務委員	錢劍秋	立法委員
常務委員	陳逸雲	立法委員
常務委員	周王青蓮	空軍總司令、參謀總長周至柔夫人
常務委員	林盛關頤	板橋林家夫人
常務委員	吳黃卓群	臺灣省主席吳國楨夫人
常務兼總幹事	谷皮以書	立法委員谷正鼎夫人

不難看出以上各位常委為來自婦女界的菁英分子，皆是高級文武官員的夫人、立委、國代、省級民意代表、學校校長等。由於她們本身的出生和地位，與各方面關係良好，組織動員能力也十分可觀，一旦運作，很容易達成目標。隨後委派婦聯會各分會主任委員時，也確定由地方行政首長夫人或當地富有學識經驗資望的婦女名流擔任。[57]於是，婦聯會組建委員皆由機關首長夫人擔任。據《中華婦女反共抗俄聯合會三個月來工作概況》[58]的統計如下：

表2-2 婦聯會成立之初分會主要資訊表

所屬分會	地點	類別	主任委員姓名	身分
海軍分會	高雄左營	軍事機關	桂何相欽	海軍總司令桂永清夫人

57. 錢用和，《錢用和回憶錄》（北京：東方出版社，二〇一一年），頁八七－八八。
58. 《中華婦女》，一九五〇年創刊號（一九五〇年七月），頁一六－一八。

空軍分會	臺北	同上	周王青蓮	參謀總長周至柔夫人
裝甲兵旅分會	臺北	同上	蔣石靜宜	蔣緯國夫人
聯勤分會	臺北	同上	黃甘幗英	黃仁霖夫人
陸軍分會	高雄鳳山	同上	孫張晶英	孫立人夫人，曾任貴州都勻慈幼院院長、中國佛教會常務理事
怒潮分會	新竹新埔	同上	柯侯菊蘭	
陸軍工兵第二十團分會	桃園八德	同上	朱莊心淑	
保安部司令部分會	臺北	同上	彭鄭碧雲	保安司令部臺灣省保安司令彭孟緝夫人
金門防衛司令部分會	臺北	同上	胡曾廣瑜	胡璉夫人
基隆要塞司令部分會	基隆	同上	譚陳慧欽	防衛部基隆要塞司令譚鵬夫人
憲兵司令部分會	臺北	同上	黃李志償	憲兵司令黃鎮球夫人
行政院分會	臺北	行政機構	陳譚祥	陳誠夫人
總政治部分會	臺北	同上	蔣方良	蔣經國夫人
保密局分會	士林	同上	毛向新	毛人鳳夫人
省政府各廳處聯合分會	臺北	同上	吳黃卓群	吳國楨夫人

福建分會	金門	同上	胡曾廣瑜	胡璉夫人
臺中市分會	臺中	各縣市局	陳魏珍	
新竹市分會	新竹	同上	陳黃淑卿	
臺南縣分會	臺南	同上	薛周淑瑷	
花蓮縣分會	花蓮	同上	曹趙葆真	
臺南市分會	臺南	同上	劉快治	日據時期臺南望族、基督教世家劉錫五與劉盧願次女
基隆市分會	基隆	同上	謝蕭雲英	
高雄市分會	高雄	同上	劉丁明秀	
臺東縣分會	臺東	同上	黃王淑黛	
陽明山分會	陽明山	同上	施吳雅清	
澎湖縣分會	澎湖	同上	李張彩雲	
嘉義市分會	嘉義	同上	顧陳荷	
屏東市分會	屏東	同上	李雅意	
臺北縣分會	板橋	同上	梅周淑慎	
彰化市分會	彰化	同上	陳市長太太	
新竹縣分會	桃園	同上	徐樊秀瑛	

臺中縣分會	員林	同上	吳謹	
師範學院分會	臺北	學校分會	石裕清	臺灣師範學院院長、立法委員劉真夫人
臺灣大學分會	臺北	同上	俞大彩	俞大維的妹妹、傅斯年的夫人，在臺大執教

各機關職員的眷屬一律加入成為各分支會的會員。婦聯會在中等以上學校也成立了工作隊，學校工作隊隊長則聘校長或校長夫人擔任，下設隊員若干人。[59]此外，在婦聯會一成立後，臺南縣婦女會的理事長林蔡素女，以及宜蘭縣婦女會理事長陳石滿，就都被要求加入婦聯會，同時也都兼任縣婦聯分會的總幹事。[60]這種動員策略和抗戰時期的新生活運動促進總會婦女指導委員會由上而下地動員各機關首長太太們，來組織各機關內所有的女性職員與眷屬，有很大的相似性。

宋美齡非常重視籠絡婦聯會的幹部，據侍從蔣茂發回憶，「每個禮拜三的晚餐，夫人一定會宴客，……到官邸用餐的全都是婦聯會的太太。她們大概七點鐘開始用餐，吃到九點多鐘，聊到十點鐘左右就會離開。她們吃過飯後，通常會喝茶聊天，不喝咖啡，有時候我也會多準備一些甜點。」[61]攝影官胡浩炳亦表示：「成立婦聯會，夫人聘請的委員都是官夫人，也有國大代表、立

59. 《自由中國的婦女》，頁五一。

60. 遊鑑明訪問，吳美慧、張茂霖、黃銘明、蔡説麗紀錄，《走過兩個時代的臺灣職業婦女訪問紀錄》（臺北：中央研究院近代史研究所，一九九八年），頁一四九、二三八。

61. 中央研究院近代史研究所，《蔣中正總統侍從人員訪問紀錄》（下）（臺北：中央研究院近代史研究所，二〇一二年），

法委員。……馬超俊的太太沈慧蓮是常務委員，負責婦女工作，她也是祈禱會的成員。記得五〇年她生日時，蔣夫人跟委員們在青島東路的婦女之家設宴，幫她祝壽。」[62]在《蔣介石宋美齡在臺灣的日子》中也有這樣的描繪：婦聯會成立之初，宋美齡常常拉著一些官太太，帶著文藝團體深入部隊營房發表演講，鼓動士氣，讓士兵看戲，聽音樂，鼓勵士兵自己唱戲，活躍軍隊的精神生活。這種文宣勞軍活動常常搞得軍隊人困馬乏，宋美齡和那些官太太們常乘機出來散心、遊玩，宋美齡本人出去時多是專門人員伺候，隨從們前呼後擁。但對於長期受專制蒙昧薰陶的國民黨士兵來說，能一睹「第一夫人」及各位長官太太們的風采，還能看一次戲，並乘機改善一下伙食，也是件幸福之事。[63]

婦聯會一直是臺灣婦女運動組織幹部的重要來源。當時任臺灣各個婦女機構主管的有：皮以書任中華婦女反共抗俄聯合會常務委員兼總幹事；錢劍秋任中央婦女工作會主任，兼婦聯會常務委員；呂錦花任臺灣省保護養女運動委員會主任委員，兼婦聯會副總幹事；林慎任臺灣省婦女會理事長，兼婦聯會常務委員。

第二，在婦工會舉辦婦女幹部訓練班。

宋美齡對黨務系統婦運幹部培訓與蔣中正如出一轍。蔣中正在改造國民黨時實施黨員教育訓

頁四五一。

62.《蔣中正總統侍從人員訪問紀錄》（下），頁四七二。

63. 何虎生，《蔣介石宋美齡在臺灣的日子》（北京：華文出版社，二〇〇七年），頁二三二。

練，國民黨高中級幹部由革命實踐研究院訓練，基層幹部則舉行巡迴訓練，黨員由小組教育訓練，使其能負荷擊潰共產黨與建設現代化的中國雙重使命。成立於一九四九年十月的革命實踐研究院是蔣中正希望能培養一批有新認識，新作風的幹部，風行草偃，率先力行，以求轉敗為勝，轉危為安的重要機構。宋美齡亦是如此。

一九五三年七月，革命實踐研究院於木柵成立革命實踐研究院分院，召集臺灣省各縣市及鄉鎮級實際工作幹部，並及於省縣民眾團體的負責同志，進行短期訓練，教育目的是以建設臺灣為重心，造就地方重要幹部，強化黨在地方工作中的基礎，研究如何根據三民主義的原則，來建設臺灣。宋美齡在革命實踐研究院分院開設了婦女幹部訓練班，主要是訓練婦女從事基層黨務工作，自一九五四年五月十日起至一九六〇年一月十四日，共舉辦了十六期，每期訓練三個月，共有一千八百一十四人次受訓。[64]

第一期婦女幹部訓練班開班時，宋美齡正在美國養病。一九五四年十二月二十日，宋美齡自美返臺不久就來到臺北中興山莊，對第二期研究員和部分第一期畢業同學進行講話。她在講話中，開篇就清楚地闡述了舉辦訓練班的目的：

> 我們辦這個訓練班的目的是什麼？我想就是要使一般青年同志們明瞭我們本黨的主義，本黨的目標，本黨的工作，來為本黨努力。我們本黨的主義是什麼呢？大家都知道就是三民主義。我們本黨的目標是什麼呢？就是為我們的民眾謀幸福。我們本黨的工作是什麼

64. 周敏，《周阿姨的故事》（臺北：商周文化事業股份有限公司，二〇一一年），頁一五一－一五二。

> 呢？就是要為我們全國的同胞服務。我們中國國民黨為什麼要同共匪鬥爭呢？就是因為我們的主義——三民主義是為民眾謀幸福的，本黨是為全國同胞服務的，而共匪是利用民眾壓迫民眾來謀他自身的利益。這是兩個完全相反的對照，所以是必然要鬥爭的。[65]

顯然，宋美齡開設了婦女幹部訓練班的目的是訓練一般青年同志，為國民黨的基層婦女工作培養人才。因為「以前我們只有上層，不能深入民間，以後我們要用深入民間的方法，來發展我們黨的工作」。[66]因此，需要「我們訓練一般青年同志，就是以後可以到鄉下去，到城市的每個角落去，真正為民眾做一點工作」。[67]

在宋美齡的籌畫中，這批婦女幹部去基層開展婦女工作，其工作對象不僅僅是婦女，而是對全社會國民都負有責任。[68]

在一九五四年十二月二十日對第二期研究員訓話後不久，宋美齡又於一九五五年一月六日參加婦女幹部訓練班第二期結業會餐。她在結業會餐中再次強調了婦女幹部不僅要服務社會，還要注重服務社會的方法。她說：「我希望你們這次到社會上去服務，一定要用你們的腦筋，不能呆板，要適應環境，想出辦法，然後去做，才能達到服務的目的。」[69]

65.《對婦女幹部訓練班第二期研究員訓話》（一九五四年十二月二十日），《蔣夫人言論彙編》，卷二·演講，頁一〇七—一〇八。
66.《對婦女幹部訓練班第二期研究員訓話》（一九五四年十二月二十日），《蔣夫人言論彙編》，卷二·演講，頁一〇八。
67. 同上。
68.《對婦女幹部訓練班第二期研究員訓話》（一九五四年十二月二十日），《蔣夫人言論彙編》，卷二·演講，頁一〇八—一〇九。
69.《對婦女幹部訓練班第二期結業會餐時訓話》（一九五五年一月六日），《蔣夫人思想言論集》，演講二，頁一。

第三，強化婦運幹部的奉獻和合作精神。

宋美齡認為，國民黨婦女運動失敗的重要原因是婦運幹部的奉獻和合作精神欠缺。她在對婦女幹部訓練班第二期研究員訓話中指出當前工作的缺失，一是沒有秋瑾女士無我無私的精神，二是沒有犧牲的精神，三是大家互信不夠。這是我們婦女運動失敗的三個大原因。[70]

二、「動員」型婦女運動工作

（一）組織動員社會婦女

「反共」是宋美齡組織動員全社會婦女的最高旗幟。在「反共」這面旗幟下，宋美齡因應國際國內形勢變化，不斷調整婦女政策重心，開展各項婦女運動，動員全社會婦女貫徹實施。在宋美齡領導臺灣婦女運動期間，為了反共大業，國寳於家、家庭為社會中心、治家為治國基礎等等說法，幾乎是千篇一律地出現在各種期刊報紙中，主宰著婦女言論。婦女工作的重心就是配合落實國民黨政策，塑造賢妻良母救國保種良好公民[71]的婦女角色。

宋美齡對「反共」旗幟的熱衷，在婦聯會的名稱及其變遷中表露無遺。婦聯會成立時全名為中華婦女反共抗俄聯合會，一九六四年更名為中華婦女反共聯合會。直到一九九六年，才將名稱

70.〈對婦女幹部訓練班第二期研究員訓話〉（一九五四年十二月二十日），《蔣夫人言論彙編》，卷二·演講，頁一〇九—一一〇。
71.〈要擴充家族愛為民族愛完成婦女復國建國使命——婦女節慶祝大會中書面祝詞〉（一九五四年三月八日），《中央日報》，臺北，一九五四年三月九日，版一。

中的「反共」去除，改為今名中華民國婦女聯合會。

在婦女工作的各種場合，宋美齡始終鼓勵婦女團結一致，彙集群力發揮潛能力行勤儉美德，實踐五常，以固國本，並消弭外來頹風，現實與拜金主義，崇洋自貶心理，盡力復蘇我向為異邦人士羨慕稱道之文化，當可為政府後盾，其最終目的是為了反共復國的大業。整理她到臺灣後涉及婦女工作的論著、演講、訓詞、函電，不難發現婦女工作是為反共大業服務。就宋美齡在各類婦女工作場合所作的演講、致詞、函電、談話等言論，可以歸納以下數點：

第一，不斷強調「共匪」的殘忍和大陸人民的苦難。

第二，不斷鼓吹臺灣的自由生活，並強調這種自由生活面臨中共的威脅。

第三，教育婦女參加建國復興大業，培養齊家治國的知能。

進入六〇年代，宋美齡在一九六二年的省婦女會代表會上的講詞也是延續該種指導思想：

> 臺灣省婦女會今年響應政府實施創造三民主義模範省之政策，致力於團結婦女力量，推進社會服務，解決婦女問題，健全家庭組織。
>
> 今後尚冀於艱危時期中，負起艱巨責任，……，從輔導婦女革新運動，做到革新工作，而以樹立優良家教，端正社會風氣，為前進的指標，從而發展家庭副業，協助開發社會經濟，藉以貢獻婦女整體力量，為齊家報國，奠立堅強基礎。[72]

72.〈革新生活，齊家報國——省婦女會今代表會蔣夫人特頒訓詞〉，《中央日報》，臺北，一九五二年九月二十六日，版三。

（二）動員婦女界為軍隊服務

基於「反共抗俄」號召，一九五〇年，宋美齡在婦聯會籌備會致詞裡，對婦聯會當下要做的工作，下了這樣的指示：「我們目前要做的工作便是對在前方或是後方的陸海空三軍予以熱烈的慰勞。」[73]因此，成立後的婦聯會的工作重點就是服務軍人。目的在鼓舞士氣、穩定軍心。隨後，宋美齡在各種場合、利用多種方式，不斷強調婦聯會為軍隊服務、為軍眷服務的使命。

第一，宋美齡在各項活動、講話中對婦聯會的角色定位。

一九五五年二月十一日，宋美齡在回答美國共同廣播公司記者卡特（Carter）關於婦聯會工作服務對象的問題時提到：「婦聯會的組織是完全為了替軍人服務，這種服務，不僅是為了我們自己的國家，同時也是為了人類的和平和世界的自由。」[74]

一九六三年一月二十八日宋美齡在接受國軍呈獻軍徽鏡典禮中說：「婦聯會工作之成就，乃是以民眾團體，服務國軍為目標。」[75]

一九八〇年代，宋美齡對婦聯分會主委總幹事講詞中，還是表達：「本會重要工作之一是勞軍敬軍，而三軍是國家最大的安定力量，如何鼓勵士氣，安撫軍心，是我們應盡的責任。」[76]

73.〈中華婦女反共抗俄聯合會籌備會致詞〉（一九五〇年四月三日），《蔣夫人言論彙編》，卷二·演講，頁六四。
74.〈說明婦聯工作全為軍人服務〉，《中央日報》，臺北，一九五五年二月十一日，版一。
75.〈接受國軍呈獻軍徽鏡典禮中訓詞〉（一九六三年一月二十八日），王亞權總編，《蔣夫人言論集》（下）（臺北：中華婦女反共抗俄聯合會，一九七七年），頁八九三。
76.〈主任委員蔣夫人對婦聯分會主委總幹事訓詞〉，《中華婦女》，一九八八年第三十八卷第九、十期（一九八八年六月）。

一九九　年四月十七日宋美齡在「前瞻八〇年代婦女研討會暨婦聯會八十年工作檢討會」中致詞指出：「本會成立主旨為聯合全國各界忠貞愛國婦女同胞，團結一致互助合作，服務國軍鼓舞士氣，照顧軍眷，使捍衛前方將士毋須牽掛。」[77]

第二，蔣介石也一再支持婦聯會的工作。

蔣中正在婦聯會成立每年紀念大會發表的致詞中，都曾表達該會對三軍服務的需要和肯定，例如在婦聯會成立一週年紀念會的致詞中表示：「希望婦女同胞能服務傷病官兵，周濟一般生活清苦的軍官眷屬，尤其是對於陣亡將士的遺族，格外要本老老幼幼的心，協助政府扶持救濟，乃能使為國犧牲的將士，安心瞑目於地下。」[78]

在婦聯會成立二週年時也談道：「貴會兩年來不辭艱苦努力奮鬥，激勵民心，鼓舞士氣，對國家貢獻甚大，良用嘉慰。仍冀同心協力，更將過去成績發揚光大，以爭取反共抗俄之勝利。」[79]其後在婦聯會成立三、四、五、六、七、八各週年紀念會中均有致詞。例如其在八週年紀念會的致詞中說道：

> **貴會八年以來，服務三軍，撫慰軍眷，輔導婦女就業，實施兒童保育，以及推進其他社**

85.〈前瞻八〇年代婦女研討會暨婦聯會八十年工作檢討會〉（一九九一年四月十七日），陳鵬仁編，《蔣夫人宋美齡女士言論選集》（臺北：近代中國出版社，一九九八年），頁三二一。

78.〈總統在本會成立週年紀念大會訓詞〉（一九五一年四月十七日），中華婦女反共抗俄聯合會編，《婦聯四年》（臺北：中華婦女反共抗俄聯合會，一九五四年），頁二。

79.《婦聯三十年》，頁一。

會福利事業，已有輝煌的成就，對於士氣民心的鼓舞，發生了優良的影響。國家的建設，民族的復興，婦女同胞實負有很大的責任，余迭曾指出，婦女同胞的團結互助，可以發揮偉大的力量，創造偉大的事功。[80]

第三，婦聯會工作人員對婦聯會工作的理解。

婦聯會總幹事皮以書於一九五五年的九三軍人節期間，發表過一篇敬軍文章〈以服務工作歡迎偉大的軍人節〉，該文表示：「我們要掃清赤氛，廓清帝國主義侵略的餘孽。這一任務是艱巨的，繁難的，而要完成這一任務，站在戰鬥的最前端的，仍舊是我們的三軍將士們。」又說，婦女雖然不能拿著槍上前線，但可以參與服務軍人的工作，因為「服務工作，並不是戰鬥工作，但是真誠的服務，其意義並不亞於直接的戰鬥」。[81]

二〇〇〇年四月十七日名稱已改為中華民國婦女聯合會的婦聯會慶祝成立五十週年，副主任委員辜嚴倬雲在當天的會慶晚會暨晚宴上致詞說：「在過去的五十年中，……婦聯會不畏艱難，全力為慰勞三軍及服務軍眷的各項工作，達到安定軍心、鞏固國防的目的，姐妹同志不需或忘並應引以為榮。」[82]

---

80. 《婦聯三十年》，頁四。
81. 皮以書，〈以服務工作歡迎偉大的軍人節〉，《中華婦女》，一九五五年第六卷第一期（一九五五年九月），頁一。
82. 嚴倬雲，〈會慶晚會及晚宴致詞全文〉，《中華民國婦女聯合會慶祝創會五十週年暨主要幹部工作發展研討會紀實》（臺北：中華民國婦女聯合會，二〇〇〇年），頁一〇。

綜上可知，婦聯會的婦女工作是很典型的政府與政黨動員的婦運，婦聯會動員婦女的意義即在以服務軍隊為目標，培養女性對社會、國家的責任感。無論是婦聯會的文告，各委員發表的演講，還是婦聯會雜誌《中華婦女》上發表的動員文章，大多是呼籲婦女應以國家興衰存亡為己任，勤儉持家，而後鼓勵婦女奉獻社會、國家和軍隊。觀察婦聯會名稱轉變歷程，從初創時以動員婦女「反共抗俄」為目的而成立的中華婦女反共抗俄聯合會，發展至一九六四年將「抗俄」兩字刪除，改名為中華婦女反共聯合會，到了一九九六年又刪除「反共」兩字，改為中華民國婦女聯合會。由名稱改換似乎可以發現，婦聯會在相當長的一段時間內是以配合政府的婦女政策而展開工作的。當然，到了後期，婦聯會的組織發展與工作目的，也隨著兩岸關係以及國際政治的演變而產生變化。[83]

（三）婦工會與婦女工作

在宋美齡開展婦女運動的組織架構中，婦聯會儘管龐大，但卻是個民間組織。黨務系統的「婦指會議」才是臺灣婦女工作的最高決策機構，「婦工會」是「婦指會議」的執行機構。宋美齡在一九五六年國民黨中央婦女工作會第二次工作會議開幕式致詞中特別表明：「凡是政黨，都有它的政策，黨的婦女工作，乃是依據黨的政策，以確定它的動向。」[84]

83. 洪國智，〈中華婦女反共抗俄聯合會在台慰勞工作之研究（一九五〇—一九五八）〉（中央大學歷史研究所碩士論文，二〇〇三年）。

84. 〈中央婦女工作會第二次工作會議開幕式致詞〉（一九五六年四月二十六日），《蔣夫人宋美齡女士言論選集》，頁

也就是說，宋美齡對婦工會的角色定位不是婦女運動，而是從事婦女工作。在《中國國民黨婦女工作指導方案》中，婦工會指導方針有三項：加強婦女訓練、健全婦女組織、培養婦女知能。[85]隨著婦工會組織的演進，婦女工作的要點增為五項：以政策領導婦女群眾、以組織結合婦女人才、以訓練培養婦女知能、以服務輔導婦女生活、以文教指導婦女人生。[86]

宋美齡認為：「婦女工作，是黨的工作重要的一個環節，黨的工作，處處與婦女工作有關，而且黨的工作是整體的，所以婦女工作的推行經常都與組織、訓練、宣傳、民運等部門，密切配合聯繫，達到相輔相成的目的。」[87]婦工會主任錢劍秋則強調，現在發動婦女發展組織，是以參加「復國建國」的任務為號召，並從工作表現中增進地位。因此，婦工會根據國民黨制定的婦女工作指導方針，開始展開各項工作。

一九五四年十二月，宋美齡在中興山莊對婦女幹部訓練班第二期學員致詞說道：「以前我們只有上層，不能深入民間，以後我們要用深入民間的方法，來發展我們黨的工作，就是我們以後的工作要到鄉下去，到城市的每個角落去，真正為民眾做一點工作。」[88]因此，婦工會組織臺灣本島與

85.「中國國民黨婦女工作指導方案」，〈中國國民黨第七屆中央委員會常務委員會第一〇六次會議紀錄〉（一九五四年五月十七日），《會議紀錄》，黨史館藏。

86. 中國國民黨中央委員會婦女工作會編，《我們的工作》（臺北：中國國民黨中央委員會婦女工作會，一九七六年），頁二一三。

87.〈中央婦女工作會第二次工作會議開幕式致詞〉（一九五六年四月二十六日），《蔣夫人宋美齡女士言論選輯》，頁二五九—二六〇。

88.〈婦女幹部訓練的目的〉，中國國民黨中央委員會婦女工作會編，《指導長蔣夫人對婦女的訓詞》，頁一七八。

離島的婦女工作人員成年累月地在城鄉、海濱、山地、漁場、鹽場，「教育婦女、訓練婦女以提高民族意識、增進工作技能、進而動員婦女，為參加復國建國大業而努力。」[89]

一九五八年，中共在大陸實行人民公社後，婦工會大力宣導幸福家庭運動，以「揭發共匪在大陸推行人民公社，拆散家庭、分散骨肉的暴行」。[90]幸福家庭運動是向全國各地全面展開，臺北市各界婦女負責推行，其他縣市則自行計畫實施，運動專案包括巡迴廣播宣傳、舉行演講比賽、放映幻燈片等。[91]

此外，造就國民黨籍的女性菁英投入政治舞臺，也是婦工會的重要成就，解嚴以前，國民黨籍的女性民意代表當選人占絕大多數。[92]

有一批臺灣婦女界的菁英分子始終追隨著宋美齡領導的婦女運動，利用自身的社會力量和人脈關係，不斷推動各項公益及教育事業、推展婦女慈幼、慰勞國軍官兵及憲警人員、加強國際合作聯繫、促進婦女服務等事務。這些活動領域，在島內的績效，十分良好。

89. 筱鈺，〈婦女工作會議志盛〉，《婦友》，一九六一年第八十四期（一九六一年十月），頁五。
90. 〈中國國民黨中央委員會婦女工作會四十七年度工作總報告表〉，頁五五。轉引自游鑑明，〈是為黨國抑或是婦女？一九五〇年代的《婦友》月刊〉，頁一一一。
91. 《中央日報》，臺北，一九五九年二月二十三日，版一。
92. 查時傑，〈蔣夫人宋美齡女士與中華婦女祈禱會〉，收入胡春惠、陳紅民主編，《宋美齡及其時代國際學術研討會論文集》（香港：珠海書院亞洲研究中心，二〇〇九年），頁三五七。

第三節　婦聯會的運作和成就

一、婦聯會的成立與職責

一九五〇年三月八日，宋美齡發表〈婦女節致詞〉，提出「最近準備組織一個中華婦女反共抗俄大會」，希望該會成立後，「每一個婦女都團結起來，發揮自己的力量；同時婦女們應該不斷求進步，利用機會，多看書，多作研究，以求得到真正的學問。」三月十六日，宋美齡利用與蔣介石共同接見臺灣七族山胞的場合，於發表致詞時又再次提及先前在婦女節紀念大會所宣布的，成立婦女反共抗俄大會的構想。同時，宋美齡還不斷強調集中婦女同胞一切力量，以爭取「反共抗俄」勝利，並希望山地婦女同胞也能共襄盛舉。[93]

隨即，宋美齡召集陳譚祥、吳黃卓群、錢用和、呂曉道、林慎、陳紀彝、鄭玉麗、皮以書等人，會商草擬中華婦女反共抗俄聯合會章程草案，並組織委員會，派皮以書為總幹事。她說：「本人返國以來，深覺共匪勾結蘇俄出賣祖國，民族存亡已臨最後關頭，我婦女界的動員實是刻不容緩。」[94]四月三日宋美齡召開婦聯會籌備會。該次會議有委員張默君、陳譚祥、吳黃卓群、馬沈慧蓮、羅衡、莊靜、呂曉道、錢用和、李曼瑰、傅岩、皮以書等百餘人出席。會議通過中華婦女

93.〈蔣夫人希望山地婦女參加反共〉，《自立晚報》，臺北，一九五〇年三月十六日，版一；〈山地同胞獻旗致敬總統夫婦慰勞有加〉，《中央日報》，臺北，一九五〇年三月十七日，版一。

94.〈今日中華婦女的重要使命〉，《蔣夫人言論彙編》，卷二一．演講，頁五八。

反共抗俄聯合會的組織章程及中華婦女反共抗俄聯合會分會支會簡章，並議決二十項提案，賦予婦女的使命和任務如下：擴大本會組織急速成立分支會；重視各地分會人事遴選聘任；規定婦聯會領導工作人聯繫辦法；擬請設立軍服縫製工廠等；普遍設立育幼院；於本會成立一個生產小組，經常督導軍公教眷屬從事手工業生產，以爭取外匯及維持生活；將散在各地無力生活之軍眷設法遷移東部之花蓮及臺東二縣墾荒，以經常維持生活；為減少將士對子女教育之憂，擬請准予免費入學及開設征屬及遺族學校；籌募基金，舉辦生產事業，設立工廠，以解決軍眷及遺族生活；創設被服廠，儘量任用軍眷擔任工作；設立縫紉工廠，致函各機關學校承制制服，以救濟失業軍眷案。[95]

婦聯會的經費來源，形式上有會員會費、捐款、政府補助。[96]除會員會費及各界自由捐助外，捐款部分，比較引人注意的，是婦聯會透過各式捐募運動的發起所獲得的募款所得，即捐募運動與慰勞工作是相輔相成的，團結社會的力量，舉辦社會事業，所有慰勞之物力、財力、人力多數出於海內外熱心同胞的捐獻。[97]至於在政府補助部分，一九五六年的婦聯會機關刊物《中華婦女》刊載一篇由光玉所寫的文章〈決定性的一年（下）——婦聯總會四十四年重要工作紀

95.〈婦女反共抗俄會昨已圓滿閉幕〉，《中央日報》，臺北，一九五〇年四月二十日，版一。
96.洪國智，〈中華婦女反共抗俄聯合會在臺慰勞工作之研究（一九五〇—一九五八）〉（中央大學歷史研究所碩士論文，二〇〇三年）。
97.皮以書，〈八年工作的回顧與展望——中華婦女反共抗俄聯合會八週年工作報告〉，中華婦女反共抗俄聯合會編印，《婦聯八年》（臺北：中華婦女反共抗俄聯合會，一九五八年），頁五九。

實〉，文中透露了一則訊息，那就是該會經費來源與政府預算間的關係。文中指出婦聯會為了加強組織，打算「向臺灣省政府交涉，將下半年度縣市分支會經費，列入縣市預算內，以利工作進行」。[98]在宋美齡與友人艾瑪通信中，也透露了一些訊息，談到中華婦女反共抗俄聯合會建造了一座新的禮堂，「儘管政府並未撥給我們一點經費，我們也沒有向公眾籲請，但總是有錢流向我們這邊，因為有許多人看到我們的工作成績而自願捐款。我們的海外華僑，特別是菲律賓華僑，更是慷慨之至。」[99]

婦聯會的臺灣代表，並擔任婦聯會委員的鄭玉麗，認為早期婦聯會的經費，被用來照顧軍眷及勞軍活動，所以被視為機密，任何人都不得干預。同時並以自己的經驗為例，說自己擔任婦聯會委員五十年的時間，到現在為止還沒有看過財務報表，也不知道婦聯會究竟有多少經費。[100]一九五六年五月十七日，婦聯會成立六週年紀念大會上宋美齡談到了經費問題，說：「我們未來的工作是很艱巨的，尤其在經費方面，因為婦聯會沒有什麼固定經費收入，須要倚靠各分會、支會自己想法子去謀發展。不過在本會來講，也可以說沒有一定的錢好去拿到的。」[101]

98. 光玉，〈決定性的一年（下）——婦聯總會四十四年重要工作紀實〉，《中華婦女》，一九五六年第六卷第七期（一九五六年三月），頁六。

99. 「宋美齡致艾瑪信件」（一九五一年一月二十六日），《艾瑪・德隆・米爾斯檔案》，美國衛斯理學院檔案館館藏。一九五〇年八月菲律賓華僑參觀婦聯會時捐款修建孺慕堂。一九五一年建成。

100. 遲景德、林秋敏訪問記錄整理，《鄭玉麗女士訪談錄》（臺北：國史館，二〇〇〇年），頁七九。

101. 〈中華婦女反共抗俄聯合會成立六週年紀念大會致詞〉（一九五六年五月十七日），《蔣夫人言論彙編》，卷二一・演講，頁一五四。

二、婦聯會的組織體系、成長速度與動員能力

（一）婦聯會的組織體系

婦聯會成立前夕有一段小插曲。據當時任職內政部社會司的劉修如的回憶，該會在籌備期間，谷正鼎與皮以書夫婦曾銜宋美齡之命，來社會司與他商量轉達成立婦聯會一事。對於該會所有委員都由宋美齡聘請一節，顯然和社團法人的理監事或委員均必須透過選舉方式產生的規定不符，不過宋美齡非常堅持委員由她決定聘任，而不是透過選舉。在既不能例外違法，也不願違背宋美齡意見的情況下，劉修如於是建議婦聯會可定位為社會運動機構，一種婦女運動的臨時社會運動組織，不需選舉委員，卻同樣具備委員會的功能。如此，婦聯會才得以成立。[102]

婦聯會成立後，其組織系統以設在臺北的總會為最高領導機構，負責決策並推動工作，由主任委員總攬全責。宋美齡擔任主任委員，常務委員十五人，委員一百五十人。下轄組訓、宣傳、慰勞、總務四組及秘書室。總會之下設分會和支會，支分會是由機關和地方單位分別設立。此外在中等以上學校成立工作隊。

婦聯會作為一個民眾團體，能夠在較短時間迅速動員婦女起來去從事服務工作，與它的組織架構有很大的關係。就婦聯會分支機構的歸屬類別看，婦聯會各地分支會所具備的共同特徵是，婦聯會依附於黨政權力之下發展組織。如最先成立的三十四個分會中，屬於縣市政府者有十六個

102. 卓遵宏、陳進金訪問，陳進金紀錄整理，《劉修如先生訪談紀錄》（臺北：國史館，一九九六年），頁一〇一－一〇二。

單位，屬於軍事機關者有十一個單位，屬於行政機關者有行政院分會等五個單位，屬於學校方面者有兩個單位。[103]依附於行政機關、軍事機關、學校等建立組織，是有助於組織的迅速發展。

婦聯會的有效運作及其組織功能的發揮，還仰賴於其分層負責、權責分明的組織系統。羅汀蘭在《中華婦女反共聯合會組織功能之研究》中，對婦聯會的組織層次作了詳細分析。她指出，從主任委員至組員共分為六級。第一級為主任委員，就是創辦人蔣夫人，她對內要綜理會務，對外代表該會。第二級為副主任委員，由主委提名，經常委會議通過聘請之。主任委員不能執行職務時，得授權副主任委員代理。第三級為常務委員及委員。常務委員，由創辦人聘請之，委員則由該會推舉經常務委員會通過聘請之。第四級為總幹事及副總幹事。皆由主任委員聘請之。第五級為秘書、各組組長、各室與月刊社、托兒所主任，其人選由總幹事提名經常務委員會議通過，報請主任委員聘任之。第六級為組員及教職人員，其人選由總幹事任用之。其中，第一級主任委員、第二級副主任委員與第三級之常務委員及委員構成婦聯會的決策階層，屬於婦聯會權力階層的第一級。第四級的總幹事、副總幹事與第五級的秘書及各組長、主任等，以及各分支機構之主管，形成婦聯會的管理階層，屬於婦聯會權力階層的中間級，它是婦聯會領導級與基層級的橋樑，擔負上情下達及下情上呈之任務，其職責對內協調組織內各部門間的工作，對外負責維持組織與外在環境的關係。第六級之組員、教職員，以及分支機構的幹事等構成婦聯會的執行階層，亦即婦聯會的基層級，其主要任務，就是按照預定的工作計畫和步驟，專心一志達成目標，同時也須

103.〈中華婦女反共抗俄聯合會三月來工作概況〉，《中華婦女》，一九五〇年創刊號（一九五〇年七月），第一五－一六頁。

將其工作狀況及見聞反映給上級。[104]

婦聯會為了廣招八方來客，其發展組織和會員極具彈性。在婦聯會章程中關於組織的規範就有這樣的規定：「於國民政府行政範圍內視環境需要得設分會及支會，均須得本會之許可」；「各團體如贊同本會宗旨願參加本會工作者，本會歡迎其參加，惟不列入組織系統。」[105]

一九五〇年五月六日宋美齡在與立法院、監察院婦女委員及國民大會婦女代表茶會時表示：「希望不但諸位簽名加入，並且介紹鄰居和朋友都來工作，尤其是臺灣籍婦女，也要她們來參加。」[106]這使得婦聯會「會員組成分子，則深入到社會各階層，政要夫人、婦女先進、職業婦女、家庭婦女、女學生、女工人、以及鄉姑村婦無不兼容並蓄，網羅靡遺，而對於知識婦女、勞動婦女和農村婦女，尤其加意吸收，努力培植，以期擴大並鞏固婦女運動的基礎」。[107]

（二）婦聯會的成長速度

婦聯會在宋美齡的大力推動下，成立之初就提出由總會「推派適當人選到各地去領導」，[108]

104. 羅汀蘭，〈中華婦女反共聯合會組織功能之研究〉（臺北：政治作戰學校政治研究所碩士論文，一九九一年）。
105. 〈中華婦女反共抗俄聯合會章程〉，《社會類：家庭與婦女》（臺北：陽明山莊，一九五三年），頁八一。
106. 〈招待立法院監察院女委員及國民大會婦女代表茶會致詞〉（一九五〇年五月六日），《蔣夫人言論彙編》，卷二．演講，頁七二。
107. 國秀，〈婦女反共抗俄的洪流〉，《婦聯三十年》，頁一九〇；冰樵，〈婦女反共抗俄的洪流〉，《中華婦女》，一九五〇年第一卷第四期（一九五〇年十月），頁一四。
108. 〈在中華婦女反共抗俄聯合會成立大會閉幕典禮致詞〉（一九五〇年四月十九日），《蔣夫人言論彙編》，卷二．演講，頁

建立各分會。對於各分會的辦公問題，由於「在日據時代，各縣市有婦女會地址，在光復後，都已被別人占去了，政府只知道需要婦女來推動工作，可是沒有會址給我們，怎樣來工作呢？」[109]為解決工作地址問題，宋美齡說：「現在經徵詢吳主席（國楨）意見後，已經答應了，以前是婦女會的地址，都儘量由省府通告各縣市想辦法收回來，仍舊做我們工作的會址。」[110]

因此，從婦聯會正式成立到一九五〇年七月一日止，不到三個月的時間，就成立了分會三十四個，支會五十四個，工作隊四個，會員人數達一萬八千三百八十八人。這三十四個分會，屬於縣市政府者有十六個單位，屬於軍事機關者有十一個單位，屬於行政機關者有五個單位，屬於學校方面者有兩個單位。而已成立的支會，屬於空軍支會者有五個，陸軍所屬支會一個，臺南縣支會一個，臺東縣支會五個，行政院支會兩個，高雄支會一個。聯勤分會所屬支會三十九個。當時呈報給婦聯總會的會員人數，僅十三個分會的人數就有一萬八千三百八十八人。[111]婦聯會成立一週年時，其所屬分支會數量，包括已成立及正在籌備中的，計有分會四十八個，支會一百三十七個，工作隊六十七個，中等以上學校直屬工作隊六個。[112]婦聯會成立三週年時，已經

109.〈在中華婦女反共抗俄聯合會成立大會閉幕典禮致詞〉（一九五〇年四月十九日），《蔣夫人言論彙編》，卷二．演講，頁六八。

110. 同上。

111.〈中華婦女反共抗俄聯合會三月來工作概況〉，《中華婦女》，一九五〇年創刊號（一九五〇年七月），頁一五－一六。

112. 王理璜，〈年來婦聯的光榮成就〉，《婦聯三十年》，頁一八一。

有五十二個分會、二百二十個支會和九十四個工作隊。[113]到婦聯會成立四十週年時，各地分會發展到六十二個。[114]包括海外分會四個，其中二十三個縣市分會，所屬支會達三百五十三個。[115]

在婦聯會初期的成長中，宋美齡特別重視婦聯會在軍事機關單位的存在。一九五〇年四月二十九日婦聯會裝甲兵分會成立，五月五日婦聯會聯勤分會成立，五月二十六日，軍隊政治部婦聯會分會成立，這些分會成立大會宋美齡都親自蒞臨。到婦聯會成立一週年時，其四十八個分會中，有三分之一屬於軍事機關單位，這在相當程度上反映了婦聯會以軍人為主要的工作服務對象的事實。[116]一九五七年七月二日，美國三藩市旅行團來婦聯會訪問，宋美齡在接待介紹中，就有這樣的表示：「婦聯會主要工作，是團結並組訓海內外婦女；慰勞三軍將士及軍眷，撫育遺孤；擴大反共抗俄宣傳等項。征衣縫製場是各階層婦女為三軍服務；創辦托兒所，是為了全力收容、撫養三軍的子弟，以減輕他們精神上及經濟上的負擔；在陽明山上的華興育兒院，是為先烈遺族子弟所設立的，在那裡我們教養、撫養先烈的後裔，使成仁的將士得以瞑目；我們為了無後顧之憂，於去年發動籌建軍眷住宅五千幢。」[117]

---

113. 〈中華婦女反共抗俄聯合會成立三週年紀念大會致詞〉（一九五三年四月十七日），《蔣夫人言論彙編》，卷二・演講，頁九五。
114. 雷澤霞，〈組訓工作紀要〉，《婦聯四十年》（臺北：中華婦女反共聯合會，一九九〇年），頁四六。
115. 雷澤霞，〈組訓工作紀要〉，《婦聯四十年》，頁三九。
116. 洪國智，〈中華婦女反共抗俄聯合會在臺慰勞工作之研究（一九五〇—一九五八）〉（中央大學歷史研究所碩士論文，二〇〇三年）。
117. 《婦聯三十年》，頁三九三—三九四。

（三）婦聯會的動員能力

婦聯會成立伊始，就表現出對臺灣婦女的強大動員能力。這種動員能力在一九五〇年四月二十五日發起為國軍將士捐募五十萬套襯衣褲運動時，更是表露無遺。在婦聯會成立大會上，宋美齡指出：「此後本會還想發起其他各種勞軍運動，如為將士新兵做布鞋、襯衣內褲及捐募藥品等。」[118]因此，婦聯會隨即發動了一個捐機捐布運動，很快就建立起了一個縫征衣的工廠。[119]

在宋美齡的號召及親自領導下，公務員的眷屬成為縫衣工廠的基本成員，官員夫人和青年學生更是非常積極、認真地參加這項工作。這在婦聯會關於縫製征衣的瑣聞紀錄中有詳細記載。例如：

> 花甲之年的馬老太婆沈慧蓮女士，每日在征衣縫製場所，兩手不停的工作著，……她最愛教青年學生踩機器。
>
> 王世杰（總統府秘書長）夫人蕭德華女士，每週星期三日帶了總統府的眷屬們去縫征衣服。
>
> 民航隊董事長陳納德的夫人陳香梅女士，每逢星期六日，必為戰友縫征衣。[120]
>
> 最近內政部王（德溥）部長太太王金麟女士，發動該部女職員及眷屬，於每週星期二來會縫製。經濟部張（繼正）部長太太麥萃穎女士，苦幹實幹，四周聯絡，因為附屬機構多，

118.〈中華婦女反共抗俄聯合會成立大會致詞〉（一九五〇年四月十七日），《蔣夫人言論彙編》，卷二．演講，頁六六。
119. 沈慧蓮，〈縫征衣工作六年來的回顧〉，《中華婦女》，一九五六年第六卷第九期（一九五六年五月），無頁碼。
120. 弘農，〈縫征衣拾零〉，《中華婦女》，一九五一年第二卷第一期（一九五一年九月），頁五。

> 每週星期三該部來會縫製的人逾七十人，異常踴躍。
>
> 暑假期間，本市各女校同學，除了參加軍中服務外，其中一女中、二女中及女師同學，均組織暑期服務隊，前來婦聯會參加征衣縫製工作，炎天烈日，冒暑而來，汗流浹背，埋頭工作。[121]
>
> 蔣夫人於十一月八日上午，陪同幾位外賓及宋子安夫婦等，來到征衣縫製場所，該日恰好輪到陳副總統夫人、俞院長夫人、彭總長孟緝夫人、王總司令叔銘夫人、黃參軍長鎮球夫人、毛局長人鳳夫人、王部長德溥夫人、時次長昭瀛夫人、吳局長南如夫人、胡司令璉夫人等來縫征衣。[122]

對於征衣縫製工作，婦聯會從一開始就強調參與人數和參與分子的多元化，並將逐年攀高的人數與所增加的工作成果，製成簡單的數字統計公之，由此有力地推動了這項工作的開展。例如，剛開始到總會的工廠參與縫製的有各機關單位分會，以及臺灣省婦女會和省立臺北第一女中、第二女中、臺北女師等十三單位及職業婦女家庭婦女之自由參加者，共計一，七六九人。[123] 縫製工作推動至第四年到會登記工作的就有八千四百八十三人。[124] 第五年到會人數上升到

121. 弘農，〈縫征衣拾零〉，《中華婦女》，一九五一年第二卷第一期（一九五一年九月），頁一二。
122. 弘農，〈縫征衣拾零〉，《中華婦女》，一九五一年第二卷第一期（一九五一年九月），頁五。
123. 〈中華婦女反共抗俄聯合會三個月來工作概況〉，《中華婦女》，一九五〇年創刊號（一九五〇年七月），頁一八。
124. 沈慧蓮，〈四年來的征衣縫製工作〉，《中華婦女》，一九五四年第四卷第八、九期（一九五四年五月），頁八。

九千八一百一十人。[125]不僅到會工作人員的人數逐年攀升，而且包括各階層的婦女，活動初期每日平均百餘人到婦聯會參加縫製工作，其中有女民意代表、女公務員、女教師、女學生、女青年軍、政府各部門首長夫人、軍公眷屬、女工、商店老闆娘、外賓等，年齡從九歲到七十三歲，其中以二十歲左右的為多，而且年輕學生占了三分之一強。[126]再者，參與人的籍貫也是婦聯會所強調的，她們以「遍佈全國各地，東西南北，邊疆沿海，海內海外」這樣廣泛的區域來源去形容。[127]不過其中還是以臺灣、江蘇、浙江、福建、湖南、廣東等省籍人數最多。[128]

據統計，當時經常來會參加縫製的單位會員有行政院分會、省政府分會、國民黨中央委員會分會、士林分會、聯勤分會、保安司令部分會、政治部分會、空軍分會、憲兵分會、農婦會婦女聯誼會、陽明山分會、國防大學分會、臺北市分會、福建省政府分會、司法院分會、金甌女中、第一女中、第二女中、臺北女師、中西同學會、市立女中、金門防守司令部分會、裝甲兵分會、建國中學、澎湖分會、總統府分會、北區防守區分會、金女大同學會、屏東女青年大隊、省黨部、新竹縣婦女會觀摩團、臺灣省婦女會、勵志社、革命實踐學院、震華文學院、省立北商等。[129]由此可見，涉及單位和人員的廣泛和深入。

125. 沈慧蓮，〈五年來的征衣縫製工作〉，《婦聯五週年》（臺北：中華婦女反共抗俄聯合會，一九五五年），頁一八。
126. 沈慧蓮，〈三年來的征衣縫製工作〉，《中華婦女》，一九五三年第三卷第八期（一九五三年四月），頁五。
127. 洪國智，〈中華婦女反共抗俄聯合會在台慰勞工作之研究（一九五〇—一九五八）〉（中央大學歷史研究所碩士論文，二〇〇三年）。
128. 沈慧蓮，〈三年來的征衣縫製工作〉，《中華婦女》，一九五三年第三卷第八期（一九五三年四月），頁五。
129. 沈慧蓮，〈縫征衣工作六年來的回顧〉，《中華婦女》，一九五六年第六卷第九期（一九五六年五月），無頁碼。

就這樣，捐募五十萬套襯衣褲運動如期完成。據統計，工廠每日平均裁衣一百餘疋，計二千套；截至一九五〇年七月五日，各分會捐募之襯衣褲計有一二，七六三套，襯褲一萬四千條，各機關學校捐募的襯衣褲代金二九九，三七七‧〇七元，美金三，三六〇元。總計已縫製完成襯衣褲一八七，八九四套，襯褲一三，九三三條，均送往聯勤總部臺北總庫儲存，統籌分發，而正在縫製中的，截至七月五日，有二二，二八〇套，裁成尚未縫製者四千套。[130] 七月三十一日，短袖襯衣褲六十七萬五千套完工。[131] 僅三個月的時間就超出預期的五十萬套成果，甚至高達六十餘萬套之多。[132] 縫製工作推動至第四年到會登記工作的就有八，四八三人。[133] 第五年到會人數上升到九，八一一人。[134] 第六年來會登記服務的共一一，二五二人。[135]

宋美齡在給艾瑪的信中誇耀：「但我的工作卻進展飛快，你會樂於聽到：自婦聯會（The Women's Anti-Aggression League）成立以來，我們已募集和縫製了六十一萬七千套T恤和短褲，並

130.《中華婦女》一九五〇年創刊號第一八頁有相關報導。

131.〈中華婦女反共抗俄聯合會工作紀要〉（自一九五〇年三月起至一九五二年十二月止），《中華婦女》，一九五三年第三卷第八期（一九五三年四月），頁二四。

132. 聯年來工作檢討——皮總幹事以書在週年紀念會報告〉，《婦聯四年》，頁七五。一九五〇年七月二十五日，宋美齡致艾瑪信中，亦有提到：「自婦聯會成立以來，我們已募集和縫製了六十一萬七千套T恤和短褲（英文原信如此），並將之分發給我們的將士。這真是很了不起，但又是我們這班婦女日以繼夜工作的結果，她們不但在實際縫製上操勞，而且為了籌措購買衣料的資金，我們還要舉辦體育競技、舞臺演出、拍賣會和舞會。但是謝天謝地，我們超出了原定目標十萬套。」

133. 沈慧蓮，〈四年來的征衣縫製工作〉，《中華婦女》，一九五四年第四卷第八、九期（一九五四年五月），頁八。

134. 沈慧蓮，〈五年來的征衣縫製工作〉，《婦聯五週年》，頁一八。

135. 沈慧蓮，〈縫征衣工作六年來的回顧〉，《中華婦女》，一九五六年第六卷第九期（一九五六年五月），無頁碼。

將之分發給我們的將士。這真是很了不起的事情，但又是我們這班婦女日以繼夜工作的結果，她們不但在實際縫製上操勞，而且為了籌措購買衣料的資金，我們還要舉辦體育競技、舞臺演出、拍賣會和舞會。但是謝天謝地，我們超出了原定目標十萬套。現在我感到自己已筋疲力竭。」[136]

宋美齡以身作則，身體力行，故能動員官夫人、教師、學生以及各階層婦女自發自動來為三軍服務。

三、婦聯會勞軍的績效

婦聯會的勞軍工作包括慰勞國軍官兵、籌建軍眷住宅、縫製征衣、救濟軍眷、貧困遺族及難民，為傷殘將士裝配義肢等。[137]

（一）慰勞國軍官兵

婦聯會的勞軍工作，大致上可分為一般性勞軍和季節性勞軍。[138]所謂一般性勞軍是指以駐守在外島的三軍將士及臺灣本島各重要基地與偏遠地區的部隊為主的勞軍活動，所謂季節性勞軍則

136. 「宋美齡致艾瑪信件」（一九五〇年七月二十五日），《艾瑪・德隆・米爾斯檔案》，美國衛斯理學院檔案館館藏。
137. 王亞權，〈婦聯三十年的工作概況及其成果〉，《婦聯三十年》，頁八二一。
138. 洪國智，〈〈中華婦女反共抗俄聯合會在臺慰勞工作之研究（一九五〇—一九五八）〉〉（中央大學歷史研究所碩士論文，二〇〇三年）。

是指配合元旦、春節、國際婦女節、端午節、中秋節、九三軍人節及雙十節組織慰勞團分赴軍醫院、軍眷住宅區慰勞前線官兵、傷患將士和軍眷遺族進行的勞軍活動，其中尤以雙十節國慶的擴大勞軍最為盛大。通常只要宋美齡本人在臺灣，都會親自參與主持雙十節的擴大勞軍，而參加人員除了婦聯會成員之外，各國駐臺使節官員及其夫人也都會參加。[139]

一般性勞軍多是先組慰勞團，接著再攜帶大批衣物、食物、康樂器材或現金等慰勞品前往各地勞軍，此外，也常有安排康樂隊隨行表演各種康樂節目，或放映電影娛樂官兵。[140]

雙十國慶的擴大勞軍則複雜得多。以一九五六年的雙十節擴大勞軍活動為例，婦聯總會方面在該年九月中旬起即開始準備，活動設計則有三個原則：一、慰勞範圍要較以前擴大，貧苦軍眷也列為慰勞對象；二、慰勞傷患的秩序要較以前更好；三、前線勞軍要有堅強的康樂隊陣容，並要有前方將士所喜愛的慰勞品。[141]勞軍計畫如下：

1. 勞軍對象

(1) 金門、馬祖、烏坵、東引、澎湖前線的三軍將士。

(2) 臺北附近各病院的傷患官兵。

(3) 烈士遺族及無依軍眷。

---

139. 皮以書，《中國婦女運動》，頁一二〇。

140. 洪國智，〈中華婦女反共抗俄聯合會在臺慰勞工作之研究（一九五〇—一九五八）〉（中央大學歷史研究所碩士論文，二〇〇三年）。

141. 光玉，〈國慶勞軍志盛〉，《中華婦女》，一九五六年第七卷第三期（一九五六年十一月）；頁一〇。呂錦花，〈集中全力、服務三軍、消滅敵人〉，《中華婦女》，一九五六年第六卷第九期（一九五六年五月），頁二一、二七。

(4) 貧苦軍眷。

2. 勞軍方式

(1) 前線三軍將士以康樂慰勞為主，由本會邀請臺灣有名的劇藝團體組織康樂隊，附屬於前線勞軍團，前往表演康樂節目。並採購康樂器材，如前線所急需的留聲機，平劇文武場面，各種樂器，各種棋類，贈送前線戰士。

(2) 各病院傷患官兵每員以現金二十元慰勞。

(3) 烈士遺族及無依軍眷放映電影慰勞。

(4) 貧苦軍眷以庫存奶粉牛油及舊衣慰勞，因物資有限，以最貧苦的一部分軍眷為優先。

3. 配合宣傳

(1) 在本會孺慕堂舉行軍眷住宅模型展覽會，及軍眷手工藝品展覽會。

(2) 請各報社撰寫為軍眷謀福利的社論及特寫。

(3) 舉辦廣播講座。

(4) 發動各直屬工作隊出版以軍眷福利為內容的壁報，並由本會約請漫畫家繪製漫畫海報。

(5) 繪製幻燈片在電影戲院放映。

(6) 在三軍球場舉行電影晚會，招待烈士遺族及無依軍眷，並分赴近郊各軍眷區放映電影。

(7) 假新公園舉行電影晚會，招待市民，並邀請婦女界講演，內容以軍眷福利為主。

4. 慰勞日期

(1) 慰勞前線三軍將士：自十月十四日分別出發。

(2) 慰勞住院傷患官兵：十月十日。
(3) 慰勞烈士遺族及無依軍眷：十月十五日。
(4) 慰勞貧苦軍眷：與總統華誕合併舉行。
(5) 軍眷福利宣傳：十月七日至九日。

5. 慰勞組織

(1) 前線勞軍團：分金門、馬祖、東引、烏坵、澎湖五個團。
(2) 傷患慰勞團：會同外賓組織，共分六組。
(3) 軍眷慰勞團：於慶祝總統華誕時組織。[142]

（二）籌建軍眷住宅

一九四九年國軍六十萬部隊撤退到臺灣，隨同部隊來到臺灣的眷屬極其龐大。剛開始，絕大多數的眷屬只能暫時借住在學校、戲院、寺廟、倉庫或是防空洞內，也有部分是自行找建材搭蓋臨時性的房舍棲身。為安定軍心，國民政府成立了軍眷管理處來處理眷屬安置的問題，因此有了眷村的出現。到了一九五〇年，眷村的數量快速增加，各部隊以最克難的方式蓋房子，用竹子、泥巴、稻穀殼作為材料，每戶小則五、六坪，大的也不過八到十坪，裡面往往住了六、七人以上，戶與戶之間緊鄰而居，完全沒有間隔，排與排之間的房子也只是由狹小巷弄隔開而已。有些眷村

142. 光玉，〈國慶勞軍志盛〉，《中華婦女》，一九五六年第七卷第三期（一九五六年十一月），頁一〇。

四周用竹籬笆圍起來，因此「竹籬笆」成為眷村的代名詞。

一九五三年七月三日，克蒂颱風侵襲臺灣，創下降雨量五十年來最大紀錄，造成數以千計的災民無家可歸，使長年累積下來的住宅問題開始受到關注。國府內政部設立興建都市住宅技術小組，展開興建住宅事宜。

一九五五年一月，一江山之役，駐守大陳島之國軍第四十六師官兵一萬八千餘人，及大陳居民一萬四千餘人，共三萬二千餘人，在美國第七艦隊直接參與下，撤至臺灣。為了安置大陳居民，當局即在宜蘭縣、花蓮縣、臺東縣、高雄縣、屏東縣、臺北縣、基隆市、桃園縣、新竹市、南投縣、臺南市、高雄市等十二個縣市，建立三十五個大陳新村。[143]建立新村的方式是採取「自己的家要自己興建」，材料由當局供應，所需之勞動力（粗工和小工）則由大陳居民負責。大陳新村的房屋以人口數量來分配，居住的空間非常小，扣除睡覺的床位與一張桌子外，幾乎沒有其他空間。一九五六年二月八日，宋美齡在蔣經國陪同下至高雄「大陳義胞新村」慰問，她感到軍眷所住居所絕大多數為「克難房子」，不是建築質料太差，便是建築技術太壞；不是地位不宜，便是年久失修。於是在婦聯會六週年（一九五六年）紀念前夕，決定「慰勞以軍眷為主」。[144]即在五月十九日主持婦聯會成立六週年紀念會暨工作檢討會後，宣布預建軍眷建築住宅千幢，按每幢價

143. 張敦智，〈從大陳島到五和新村的地方意識與移民經驗〉，收入「豆丁網」：www.docin.com/p-490888459.html（2010/03/12點閱）。

144. 光玉，〈蔣夫人籌建軍眷住宅紀實──九三軍人節婦聯獻禮〉，《中華婦女》，一九五六年第七卷第一期（一九五六年九月），頁九；蔡玨雲，〈蔣夫人籌建軍眷住宅紀實〉，《婦聯三十年》，頁七一〇。

款六千元計，需經費約六百萬元。茶會賓客當場認捐一百六十一幢。[145]有鑒於社會的熱烈響應，因於五月二十四日召開婦聯會臨時常會，決定募捐三千萬元，以二千四百萬元建築軍眷住宅四千幢，其餘六百萬元充作此項住宅衛生康樂及禮堂等項設備之用。[146]二十八日，她在官邸邀請有關機關首長，以及婦聯會全體常務委員，討論籌建軍眷住宅問題及擴大捐款方法。決定成立國軍眷屬住宅籌建委員會，由她擔任主任委員，婦聯會常委陳譚祥、馬沈慧蓮、周王青蓮、王蕭德華、錢用和、錢劍秋、蔣陶曾谷、林慎、關張靜霞、黃郭佩雲、呂曉道、皮以書、俞梁就光、黃侯叔芳、嚴劉期純、徐陸寒波、彭鄭碧雲、趙筱梅、呂錦花等為委員，為聯合各界領袖人士，還特聘一些高級官員及社會名流如張厲生、黃少谷、嚴家淦、徐柏園、江杓、袁守謙、蔣經國、彭孟緝、馬紀壯、龐松舟、張承槱、劉瑞恒、黃朝琴、上官業佑、郭澄、陳漢平、賴名湯、蔣堅忍、關頌聲等為捐建委員會顧問。[147]

接著，婦聯會就運用各種媒介廣泛宣傳籌建軍眷住宅的計畫，並展開捐募活動。原定每舍建築費為新臺幣六千元，因工料漲價，改為每舍造價以一萬元為標準，先建四千戶，需籌募建築費四千萬元。捐募對象，個人與機關團體外，尚有專案，辦法如下：1. 由婦聯會負責向個人勸募

145.〈總統伉儷分別接見旅日菲港歸國僑團〉、〈婦聯會籌款六百萬決為軍眷建屋千幢〉，《中央日報》，臺北，一九五六年五月二十日，版一。光玉在《婦聯半年（上）》上亦有表述，見《中華婦女》一九五六年第六卷第十一期（一九五六年七月），頁七。

146.〈婦聯會決募捐三千萬元建軍眷住宅四千幢〉，《中央日報》，臺北，一九五六年五月二十五日，版一。

147. 李萼，〈偉大的號召——記本會籌建軍眷住宅情況〉，《中華婦女》，一九五六年第六卷第十一期（一九五六年七月），頁八；蔡珏雲，〈蔣夫人籌建軍眷住宅紀實〉，《婦聯三十年》，頁一三六－一三八。

二百萬元。2. 政府機關及公營事業募集一千萬元，中央及省各募一千萬元。3. 民營工商業及社團，八百萬元。4. 專案影劇票附捐一年，棉紗附捐四個月，共二千萬元。[148]

截至一九五六年八月三十一日，共計收到捐款三七，六六一，三一八・七元。這些捐款都繳存臺灣銀行「國軍眷屬住宅捐款五九〇一號」專戶。[149]不到四個月，預期的數額，全部達成，且已超過。[150]

眷宅的建築費有了頭緒，即進行勘察基地，由國防部、省地政局、婦聯會，會同各有關機關組織勘察小組，前往北部、中部、南部各縣市實地勘察，在九個縣市中，擇定十二處為興建眷區。一年後，時至婦聯會成立七週年之際，四千幢軍眷住宅全部落成。這些蓋好的軍眷住宅分甲、乙兩種，甲種眷宅主要是分配給三口以上的家庭，占二十三・四〇平方公尺，有起居室、臥室、廚房、廁所各一間。乙種住宅占地十六・九二平方公尺，有臥室、廚房、廁所各一間，分配給三口或三口以下的家庭。這些眷村還有附帶設施，包括福利設施（設軍眷工廠一所，可容納軍眷五百人就業。每一眷區均設一福利社、托兒所及診療所等）、交通設施（如眷村對外不通公路，由省交通處設法築路連接，在眷區附近增設公共汽油站）、教育設施（省教育廳計畫在眷區內設小學分校或分班）、衛生設施（除視經費情形設診療所外，並由省衛生處擬定計畫，邀國際健康組織

148. 光玉，〈蔣夫人籌建軍眷住宅紀實——九三軍人節婦聯獻禮〉，《中華婦女》，一九五六年第七卷第一期（一九五六年九月），頁一〇。
149. 蔡珏雲，〈蔣夫人籌建軍眷住宅紀實〉，《婦聯三十年》，頁七一二。
150. 皮以書，〈婦聯七週年〉，《中華婦女》一九五七年第七卷第九、十期（一九五七年五月），頁一七。

紅十字會及聯合國衛生組織，惠予協助）。[151]

四千幢眷宅落成後，宋美齡指示繼續建築眷宅一千幢。[152]第二期的一千幢眷宅於一九五八年完工。有了兩期的工作經驗，一九五九年四月，宋美齡在發給副主任委員陳譚祥的手諭裡提到，籌建軍眷住宅「此為本會對國家所貢獻之實際事蹟，將來當審察需要，賡續籌辦」。[153]此後，籌建軍眷住宅成為婦聯會持續性的重點工作，且幾乎是逐年推動興建。

（三）救濟軍眷、兼顧平民

在宋美齡那裡，婦聯會的最重要工作是勞軍，其次是維護軍隊眷屬生活的安定，救濟是以貧困軍眷為主。如有餘力，也做社會救濟，救助苦難人民。

一九五一年十月二十二日，花蓮近海連續發生兩次強烈地震，震級分別為七・三級和七・一級。地震影響範圍甚廣，臺灣全省普遍有感，遠至六百公里以外的香港等地明顯有感。臺灣以花蓮、臺東兩縣破壞最重。包括高層建築在內的建築物、鋼筋混凝土結構物均遭破壞。死六十八人，傷七百三十六人，無家可歸者約六千餘人，破壞房屋僅花蓮一地即達一千餘棟。各地發電站和變

151. 阿德佩，〈自由衛士之家〉，《中華婦女》，一九五七年第七卷第八期（一九五七年四月），頁八；光玉，〈蔣夫人號召籌建軍眷住宅新村簡介〉，《中華婦女》，一九五七年第七卷第九、十期（一九五七年五月），頁二八；光玉，〈婦聯半年（上）〉，《中華婦女》，一九五六年第六卷第十一期（一九五六年七月），頁七；蔡玨雲，〈蔣夫人籌建軍眷住宅紀實〉，《婦聯三十年》，頁七一四。

152. 皮以書，〈婦聯七週年〉，《中華婦女》一九五七年第七卷第九、十期（一九五七年五月），頁一七。

153. 〈主任委員蔣夫人手諭〉，《中華婦女》，一九五九年第九卷第九期（一九五九年五月），頁一。

電所設備及房屋都遭到破壞。鐵路路線及鋼軌有數處彎曲下沉，橋樑、隧道也都有損壞。公路、林產及農業都有重大損失。[154]據《花蓮縣誌》〈大事記〉一九五一年條記載：「十月二十二日上午連續五級六級地震，花蓮市損傷最大，全縣死亡四十五人，重傷九十九人，輕傷七百三十二人，房屋全毀二百七十棟，半毀三百五十棟，損壞一千五百零四棟，各項建設工程及公私建築場所破壞不勝計數，無家可歸者六千四百一十七人。又餘震截至十一月二十五日共計五百六十三次。」[155]災情之重，就連正在花蓮整訓的總統府警衛大隊也實施賑災贈飯。[156]時隔不久，十一月二十五日，臺東西北處發生兩次七・三級地震。地震為雙主震型。臺灣東部災害最重。花蓮死亡十一人，重傷七十人，輕傷一百一十五人，房屋倒塌八百六十五棟，房屋破壞三百三十三棟；臺東死亡四人，重傷十八人，輕傷七十七人，房屋倒塌一百四十一棟，房屋破壞二百四十四棟。高雄、臺南、屏東也均有人員傷亡、房屋倒塌和破壞。全臺電力、鐵路及公路均受到地震破壞。[157]

一九五二年十一月十三日，貝絲颱風侵襲臺灣南部地區，造成南部地區慘重損失，民怨沸騰。[158]此時宋美齡尚在美國養病，聽得颱風吹毀海軍基地左營，陸軍校區鳳山，和附近高雄屏東

154.〈臺灣花蓮近海地震〉，收入「中國科普博覽網」：www.kepu.net.cn/gb/earth/quake/document/dcm081.html（2010/03/12 點閱）。

155. 駱香林主修、苗允豐纂修，《中國方志叢書》之《花蓮縣誌》卷一（臺北：成文出版社，一九八三年）。

156.〈護衛臺灣元戎安全的憲兵衛士〉，收入「中華民國後輩憲兵論壇」：mp.rocmp.org/kind/president/guard.htmlwww.kepu.net.cn/gb/earth/quake/document/dcm081.html（2010/03/12 點閱）。

157.〈臺灣臺東地震〉，收入「中國科普博覽網」：www.kepu.net.cn/gb/earth/quake/document/dcm086.html（2010/03/12 點閱）。

158. 鐘堅，《驚濤駭浪中戰備航行：海軍艦艇志》（臺北：麥田出版股份有限公司，二〇〇三年）。

等地民房眷舍，立電婦聯總會，撥款新臺幣十萬元救濟，各常務委員組織慰勞團。[159]

一九五三年七月三日強烈颱風克蒂在花蓮登陸，造成死亡失蹤三十五人，輕重受傷一百八十六人，房屋全倒二千三百三十九間，房屋半倒二千四百八十一間。此時婦聯會的動作則迅速得多，錢用和回憶：「強烈颱風克蒂在花蓮登陸時，繼以地震，……婦聯會當即展開救濟工作。」[160]十月十九日，皮以書、錢用和等婦聯會幹部攜帶棉被、寒衣、食品，搭乘民航飛機前往花蓮，代表宋美齡慰問災民。錢用和回憶：「各界婦女陸續來敘，我們請她們為安排分發救濟衣物行程，商量結果交由救濟委員會處理，因為他們已經調查過，知道最貧次貧各戶，及需用物品情形。……去中央社，縣黨部，縣婦女會各單位慰問。」[161]

皮以書在婦聯會八週年的工作報告中，針對該會救濟軍眷與貧戶兩個分類的人數進行了統計。一九五一年救濟軍眷四千人，救濟貧戶二千人；一九五二年救濟軍眷八千人，救濟貧戶二千人；一九五三年救濟軍眷二萬五千人，救濟貧戶一萬五千人；一九五四年救濟軍眷七萬二千人，救濟貧戶五百人；一九五五年救濟軍眷二萬五千人，救濟貧戶九千五百人；一九五六年救濟軍眷五二，二四四人，救濟貧戶六，一五五人；一九五七年救濟軍眷五四，一九七人，救濟貧戶八，六八七人。[162]兩者逐年比較，都可發現婦聯會除救濟軍眷外，也兼顧貧民。

159.《錢用和回憶錄》，頁一一一。
160.《錢用和回憶錄》，頁一〇九。
161.《錢用和回憶錄》，頁一〇九。
162. 皮以書，〈八年工作的回顧與展望——中華婦女反共抗俄聯合會八週年工作報告〉，《婦聯八年》，頁五九。

（四）殘而不廢裝義肢

宋美齡在慰問過程中，見到傷殘軍人行動不便，發起殘而不廢運動。一九五三年，指示撥款三十萬元交由婦聯會為其裝配義肢。[163]到一九五六年，婦聯會為傷殘軍人裝配義肢五百八十四副。[164]在婦聯會成立十週年紀念會上，宋美齡提到：「我們替傷殘官兵裝配義肢，人數有四百二十三人，義肢數量有四百四十四具。」[165]

除此以外，婦聯會還特地訂製手杖、訂購手搖車、製作特殊皮鞋等。[166]

四、婦聯會是中外交流的中心

婦聯會在宋美齡的領導下展開一系列慰勞等工作，使得婦聯會的地位遠遠超出了一般民間團體。宋美齡也把婦聯會當作在社會事業及對外交往的媒介。也是她與各界交流的中心。

根據《中央日報》對宋美齡在婦聯會的活動報導的統計，二十世紀五〇年代宋美齡在婦聯會接待各界五十餘次，一九六〇年代為四十多次，七〇、八〇年代因其離開臺灣赴美，在婦聯會接

---

163. 劉守莊，〈殘而不廢話義肢〉，《婦聯三十年》，頁七四二—七四三。
164. 〈中華婦女反共抗俄聯合會成立六週年紀念大會致詞〉（一九五六年五月十七日），《蔣夫人言論彙編》，卷二・演講，頁一五三。
165. 〈中華婦女反共抗俄聯合會成立十週年紀念大會致詞〉（一九六〇年八月十二日），《婦聯三十年》，頁二〇。
166. 劉守莊，〈殘而不廢話義肢〉，《婦聯三十年》，頁七四五。

待的次數已經很少了。[167]但實際的接待人次遠遠超過這個資料，因為僅就婦聯會一九五六年工作報告記載，接待美參謀首長聯席會議主席雷德福夫婦等已達四十二次。[168]

從婦聯會接待的參觀訪問人員來看，大致分為：臺灣本地人士，華僑（菲律賓、日本、泰國、香港），與臺灣保持外交關係的國家，如美國、韓國、日本、菲律賓、泰國、越南、伊朗、土耳其、西班牙、澳大利亞、匈牙利、南美國家（秘魯、哥倫比亞、烏拉圭、哥斯大黎加）、奈及利亞以及一些組織機構，如婦女組織、宗教組織、反共組織等。

宋美齡在婦聯會等處接見的臺灣本土人士，大都是婦女代表，如婦聯會分會、全省女性警員、女國大代表、好人婦女、金馬獎代表團的女代表、參加世盟女代表等；還有屬於其管轄範圍的遺族學校、戰時兒童保育院、各期培訓班（救護幹部培訓班）學員、勞軍人員；另外，接見諸如大陳島民及孤兒、金馬三軍代表、參加世界道德重整會的臺灣青年等。

臺灣地區與多國的交往的保持與親疏關係，也反映在宋美齡於婦聯會接待外賓的名單裡。美國、韓國、日本、菲律賓、泰國、越南都是反共國家，長期和臺灣頻繁互動。尤其與美國人士的交往，在五〇、六〇年代，美國來臺的人士涵蓋政治、經濟、文化教育、婦女、宗教等多個層面，人次頻仍。

華僑也是婦聯會的常客。一九五〇—一九六五年，各地華僑來往於臺灣，捐助財物或獻旗致敬。其他往來婦聯會的還有一些國際性組織。這些國際性組織性質集中在婦女、教育、宗教和醫藥衛

167. 根據《中央日報》資料庫，以「宋美齡」和「婦聯會」為關鍵字檢索了一九五〇年至二〇〇六年的新聞報導，得出了相關資料。
168. 《婦聯三十年》，頁三二四、三七五。

生方面。為婦聯會日後的發展打下了基礎。

總之，宋美齡一直把婦聯會當作與世界接觸交往的舞臺，在這個舞臺上展示了自己在臺灣婦女工作上的成績，她努力通過這些舞臺來實踐她多方交際的主張，尤其是國民外交方面。她甚至把自己的榮譽也放在婦聯會與之分享。例如一九八九年六月十二日，她接受美國波士頓大學校長史約翰頒贈的法學榮譽博士學位。她把接受地選在了婦聯會。

第三章 宗教信仰福利事業

宋美齡是一個基督教徒，這源於她的家庭教育。幼年時，母親長時間虔誠祈禱，給她留下了深刻的影響。遇到難題去問母親，總是得到這樣的答案，「讓我去叩問上帝。」[1]在母親的影響下，宋美齡束裝返國之後即投身社會服務事業。一九一七年九月十五日，宋美齡給艾瑪的信中寫道：「明天我要以一個主日學校教師的身分開始我的職業生涯了。母親見我同意接受此職務時，簡直是高興得無法用語言來形容。由於我能為她做的事實在太少，因而我熱切地要盡我所能做點事。今冬我很可能與某些慈善團體建立聯繫，這大概每星期要占去我兩三個下午的時間。」[2]隨後，她加入了上海基督教女青年會和童工問題委員會。婚後，宋美齡服務國家的熱情更加高漲，她在蔣介石的支持下，籌辦國民革命軍遺族學校，推動新生活運動，領導中國婦女慰勞自衛抗戰將士總會和戰時兒童保育會。宋美齡在大陸期間開展的這些社會服務事業，既是她基於基督的信念而奉獻給社會的愛心，也是她輔佐蔣中正執政所必需的舉措。敗退臺灣之後，宋美齡從「一個名義上的基督徒」[3]轉變成為一名虔誠的基督徒，她意識到不應「在上帝的幫助下按蔣宋美齡的意志行事」，而應「由蔣宋美齡按上帝的意志做事」，要「將上帝作為我的動力」。社會事業不僅成為她救贖自身的需要，也是「為上帝工作，促進祂的旨意」[4]的需要，當然還是維繫、鞏固蔣中正對臺灣統治的需要。

1. 《蔣夫人言論彙編》，卷一，論著，頁二。
2. 「宋美齡致艾瑪信件」（一九一七年九月十五日），《艾瑪．德隆．米爾斯檔案》，美國衛斯理學院檔案館館藏。
3. 宋美齡著，張心漪譯，〈祈禱的力量〉，《中華婦女》，一九五六年第六卷第一期（一九五六年九月）。
4. 宋美齡著，張心漪譯，〈祈禱的力量〉，《中華婦女》，一九五六年第六卷第一期（一九五六年九月）。

第一節　宗教信仰與政治融合

一九四九年，國民政府退出大陸，撤往臺灣，是國民黨最黯淡的時光。留在美國的宋美齡決定赴臺。但宋身邊的人，都勸她不要離開美國，因為臺灣會很快被攻陷。在那段痛苦的日子，宋美齡常常失眠，只得不斷地尋求宗教的幫助，不斷地禱告，哪怕「禱告變得有點呆板和重複」。[5]有一天拂曉時分，宋美齡覺得自己聽到了上帝的聲音「完全正確（All's right）」[6]於是她告訴姐姐宋靄齡要回國與蔣中正共赴時艱。在前往臺灣的飛機上，宋美齡問自己：「我到底哪兒做得不好，害得大陸失守呢？」她找到的答案是：「雖然我的的確確想做一名基督徒，……我一直都是在上帝的幫助下按蔣宋美齡的意志行事，而不是由蔣宋美齡按上帝的意志做事。」「我一直都在利用上帝，卻從來沒有純粹地只為祂做過事情單獨工作過。」[7]

5. 宋美齡，「Main Attack」（中文譯名〈主攻〉），《喬治・E・索科爾斯基（George E. Sokolsky）檔案》，史丹佛大學胡佛研究所藏，典藏號：Box NO. 0035。
6. All's right 在這裡　做「一切都好」、「平安無事」或者「不用擔心」等意思均不準確。在該稿（Main Attack）前文中，宋一直在說自己要回國，回到丈夫身邊，於是上帝告訴她，這個想法或者決定「完全正確」，所以後來宋說有了這句話，她心裡有了把握，確定可以回國。
7. 宋美齡，「Main Attack」（中文譯名〈主攻〉），《喬治・E・索科爾斯基（George E. Sokolsky）檔案》，史丹佛大學胡佛研究所藏，典藏號：Box NO. 0035。

一、中華基督教婦女祈禱會

中華基督教婦女祈禱會（簡稱祈禱會）的成立緣由，是宋美齡一九五〇年在黯然離開美國前往臺灣的飛機上，靈光一現，想要成立一個祈禱團，要「將上帝作為我的動力」。[8]因為她覺得：「只有不斷重申我們的忠誠，我們才能永保對上帝的愛，使之成為我們的精神支柱。」[9]然而，在飛機上，她又「害怕起來，自覺地退縮了」，擔心「朋友們會覺得我過於虔誠了，就像我以前覺得我母親太過虔誠了一樣」。[10]

宋美齡回到臺灣後，親身感受了蔣中正的悲觀愁悶，耳聞目睹臺灣軍民的絕望彷徨。在大難臨頭之時，也需要一個排遣困悶的通道。一九五〇年二月一日，她邀請了五位虔誠的基督徒朋友到士林官邸，告訴她們想從即日起成立一個祈禱團體的願望，「如果大家贊同我的想法，我們將一起為中國的命運祈禱，為世界祈禱。」[11]中華基督教婦女祈禱會由此成立。

此後，每週三下午，宋美齡主辦的祈禱會都會舉行，從不間斷。祈禱會的程序是：(1)默禱兩分鐘；(2)唱幾首大家喜歡的讚美詩；(3)聚會主持讀一些經文；(4)聚會主持結合經文內容與大家分享感悟；(5)公開討論；(6)大家為具體的人或事做禱告，一般有三到四個祈望。最後，「按上帝

8. 宋美齡，「Main Attack」（中文譯名〈主攻〉），《喬治・E・索科爾斯基（George E. Sokolsky）檔案》，史丹佛大學胡佛研究所藏，典藏號：Box NO. 0035。
9. 同上。
10. 同上。
11. 同上。

的意志為中國的未來而祈禱，為世界的和平而祈禱。」[12] 她要求，「除非是患了重病，或者出門在外等無法避免的情況，不然，必須出席祈禱會。」祈禱會的成員，「要確保其他事情不會跟祈禱會在時間上發生衝突。」[13]

隨著時間的推移，祈禱會的成員不斷增多，很快就有了四十個成員，遠遠超過了原計畫的人數，聚會地點只好改到臺北市長沙街婦聯會的小房間內。[14]

宋美齡也有意識地篩選控制祈禱會成員的來源。她需要挑選「有能力有影響的人來傳播基督教」，因為「祈禱會主持在一次聚會上講了共產黨和基督教在宣傳方面的不同。她說共產黨一旦發現一個具有傑出領導才能的人，就會一直對那個人做工作，直到那個人成為共產黨中的一員為止。知人善任是共產黨成功的原因。但是基督徒似乎並不熱衷於爭取改信基督的人來壯大自己的隊伍。」[15]

到了一九六〇年十一月九日，中華基督教婦女祈禱會有了第一屆董事，她們是：

陳紀彝（**國大代表，衛理女中首任校長**）、劉我英（**第一屆立委，華興中學校長**）、張陳秀德（**張靜愚先生夫人**）、曾寶蓀（**立委、大學教授**）、戴費瑪利（**歸化為中國安徽的美國人**）、

12. 宋美齡，「Main Attack」（中文譯名〈主攻〉），《喬治・E・索科爾斯基（George E. Sokolsky）檔案》，史丹佛大學胡佛研究所藏，典藏號：Box NO. 0035。
13. 同上。
14. 辜嚴倬雲，〈大愛至真——蔣夫人的宗教觀〉，收入《蔣夫人宋美齡女士與近代中國學術論文集》，頁八六。
15. 宋美齡，「Main Attack」（中文譯名〈主攻〉），《喬治・E・索科爾斯基（George E. Sokolsky）檔案》，史丹佛大學胡佛研究所藏，典藏號：Box NO. 0035。

瞿許地欽（臺銀董事長瞿荊洲夫人）、胡葉霞翟（胡宗南將軍夫人）、董趙蔭薌（董顯光博士夫人）、張馬育英（張群將軍夫人）。[16]

一九六一年三月十四日，中華基督教婦女祈禱會進行財團法人登記，此時的會員列表[17]如下：

表3-1　中華基督教婦女祈禱會成立時的登記會員

姓名	身分
蔣宋美齡	蔣中正夫人
陳譚祥	陳誠夫人
王朱學勤	王寵惠夫人
王尤祥雲	王叔銘夫人
尹程湛英	尹仲容夫人
何王文湘	何應欽夫人
余上官德賢	余漢謀夫人
余歐授真	余伯泉夫人
杜姚香谷	杜月笙夫人

16. 林國銘牧師提供的「財團法人臺灣省臺北市中華基督教中華婦女祈禱會董事會文件」，轉引自李靖波，〈蔣夫人（宋美齡女士）與中華基督教婦女祈禱會之研究〉（臺北：中華福音神學院神學碩士論文，二〇〇四年），頁二七。

17. 轉引自李靖波，〈蔣夫人（宋美齡女士）與中華基督教婦女祈禱會之研究〉，頁三一。

李陶湘文	李駿保夫人
李青來	
林盛關頤	板橋林家夫人
馬沈慧蓮	馬超俊夫人
俞梁就光	俞鴻鈞夫人
胡葉霞翟	胡宗南夫人，曾任臺北師專校長
洪李蘭	洪蘭友夫人
浦陸佩玉	浦薛鳳夫人
陳純廉	陳玉麟夫人
曾寶蓀	國大代表
黃侯叔芳	黃少谷夫人
黃郭佩雲	黃朝琴夫人
彭鄭碧雲	彭孟緝夫人
蔡黃卓雲	
劉我英	衛理堂，未婚
錢蔡鎮華	錢昌祚夫人
徐陸寒波	徐柏園夫人
陳紀彝	衛理女中校長，國大代表

鈕黃梅仙	鈕永建夫人
黃金文華	黃仁霖夫人
郭張美德	郭克悌夫人
張陳秀德	張靜愚夫人
葉吳晴湘	葉秀峰夫人
劉胡秀瑩	劉耀漢夫人
劉蘅靜	立法委員，未婚
戴費瑪理	戴籟三夫人，美國人歸化中國籍
瞿許地欽	瞿荊洲夫人
蕭劉欽孟	蕭勃夫人
沈葉德馨	沈慈輝夫人
陳逸雲	
蕭孝徽	
董趙蔭薌	董顯光夫人
蕭王如琳	蕭鼎華夫人

上帝給了宋美齡精神寄託，讓她得以抵抗對共產黨的恐懼。宋美齡說道：「共產黨的手段之一就是剝奪我們的信仰，讓我們變得懦弱、怯讓、冷漠、憤世嫉俗、顛倒是非、不負責任，於是

魔鬼利用我們這些缺點來榨乾我們。我們已經很長時間處於這種精神狀態，只有將心中的障礙清除掉，我們才會進步。」[18]她還覺得：「我們對人性基本向善缺乏信心，總喜歡把人類的墮落歸咎於他們的動機。這些失敗主義者有大量所謂科學的證據，來證明人性之惡無可救藥。然而我們仍然相信會有一個崇尚精神價值的世界，堅決反對失敗主義者的觀點。如果我們認為人性本惡，我們還怎麼希冀建設一個美好的世界呢？我認為人是向善的，是會與內心的惡作鬥爭的，做錯了事也會感到難過的。所有曾經信奉共產主義的人都說就連共產黨人也相信他們的事業是為了造福人類，為了正當目的可以不擇手段。但是我們這一代的基督教徒，卻對人性感到困惑，對建設一個更加美好的世界，缺乏激情與信心。第二次世界大戰用鮮血和苦痛的經驗告訴我們，一個麻木不仁的民族，最易招致極權主義逞禍。我們必定能夠擁有一個更加美好的世界，只要我們足夠用心。」[19]

宋美齡認為：「共產主義者和基督徒之間最大的區別，在於共產主義者狂熱地相信他們的教條，並且不停地工作，堅持不懈地推廣共產主義。而我們一些基督徒卻名不副實，軟弱無力。一個組織只要有少數幾個共產主義者，就會被他們主導。許多社會運動的初衷都是好的，可是到頭來卻全是共產黨人在操縱，實在是一件憾事！」[20]

18. 宋美齡，「Main Attack」（中文譯名《主攻》），《喬治・E・索科爾斯基（George E. Sokolsky）檔案》，史丹佛大學胡佛研究所藏，典藏號：Box NO. 0035。
19. 同上。
20. 同上。

二、從宗教到政治

中華基督教婦女祈禱會並不是一個純粹的宗教社團。當宋美齡沉浸於祈禱之後，她覺得感受到聖靈的啟示：「信而不為，這種信仰是沒有活力的。」[21]於是她把信仰轉化成了行動。祈禱會成立不久，宋美齡就利用祈禱會開始在軍隊裡展開傳播福音的工作。一開始在軍隊醫院裡面安排了隨軍牧師，後來軍隊裡也有了牧師。中國歷史上首次有了隨軍牧師一職。[22]

最初（一九五0年），祈禱會有十一名全職隨軍牧師，祈禱會的成員們每週也都會訪問軍隊醫院。那個時節也正是國軍潰退臺灣、軍心渙散之際，宋美齡在 *Main Attack*（〈主攻〉）一文中曾描述過軍心渙散的情形：「大多數士兵都不曉得家人在哪兒，過得怎麼樣。……這些士兵在內遭到背叛，在外遭到昔日盟友的背棄，已是身心俱疲。一開始的時候，軍官和士兵們常常一到醫院就集體自殺。」[23]因此，宋美齡的首要任務是幫助蔣中正穩定軍心，首要活動是慰勞軍隊將士。然而，兩手空空的宋美齡能靠什麼凝聚軍心？宗教是不二之選。借助上帝的問候給予士兵們精神安慰，定期舉行基督教禮拜儀式，幫助官兵穩定情緒，重拾生活的信心，終於取得了振奮人心的成果。這種成果是，「自從一九五〇年我們的隨軍牧師展開活動以來，軍隊醫院裡連一起自殺

---

21. 宋美齡，「Main Attack」（中文譯名《主攻》），《喬治・E・索科爾斯基（George E. Sokolsky）檔案》，史丹佛大學胡佛研究所藏，典藏號：Box NO. 0035。
22. 同上。
23. 同上。

事件也沒有再發生過。」[24]「我們不僅收到了士兵們的感謝信，也收到了醫院方面寫給我們的感謝信。」[25]

宋美齡發現利用祈禱會可以傳播福音、安慰軍心、強化對軍心穩定的效果之後。中華基督教婦女祈禱會董事會宗旨即稱：「發揚耶穌基督救世真理，並在各軍事醫院，派有牧師或傳道人，及慰勞住院傷患官兵。」[26]董事會任務是：「1. 軍事醫院佈道事宜。2. 佈道人員調派事項。3. 本會財產財務之管理事宜。4. 對外業務之交涉，對內一切會務之處理事宜。」[27]

蔣中正在復職前後，對祈禱會在軍隊傳教是寬容的，其時他正面臨新敗之餘，國軍政治工作制度的崩潰，宋美齡利用祈禱會在軍隊傳教之時，也正是國軍政工制度尚未恢復之時。因此，在祈禱會成立之初，她們得以在軍中自由傳教。可以說，宋美齡的工作幫助蔣中正贏得了重整政工制度的時間。對照蔣中正政工改制的時間進程，當可理解祈禱會在當時的作用。

一九五〇年一月，蔣中正在革命實踐研究院研討政工制度。二月，國民黨中常會決定恢復在軍隊中的黨務，以建立國民黨在軍隊中的領導核心。三月一日，國防部政治幹部訓練班在臺北開學，政幹班學員畢業後，成為「政治、經濟、軍事性的反共堡壘」。[28]四月一日，蔣中正批准的《國

---

24. 宋美齡，「Main Attack」（中文譯名《主攻》），《喬治・E・索科爾斯基（George E. Sokolsky）檔案》，史丹佛大學胡佛研究所藏，典藏號：Box NO. 0035。
25. 同上。
26. 轉引自李靖波，〈蔣夫人（宋美齡女士）與中華基督教婦女祈禱會之研究〉，頁二九。
27. 同上。
28. 陳紅民、趙興勝、韓文寧，《蔣介石的後半生》，頁五七。

軍政治工作綱領》公布實施。一九五一年二月，蔣經國成立政工幹校建校委員會，於一九五二年十一月正式招生，實現政工幹部培養的系統化、正規化和制度化。同時，國民黨在軍隊中建立了特別黨部，奠定建軍之基礎。[29]

到了一九五二年八月，祈禱會在軍隊傳教工作一度被情治單位禁止，其後則予限制。據董顯光在《基督教在臺灣的發展》一書中回憶道：「在一九五二年八月以前，各方面的傳道人員，不論事前獲得授權與否，都可和軍人接觸。後因安全當局，感到過去似乎太自由了，曾有一段時間暫時加以禁止，但自一九五三年四月六日即取消禁令，之後去醫院及軍營傳道，必須經過軍事當局之許可，才可進入軍事單位傳道。」[30]

儘管祈禱會在軍隊傳教工作被暫時禁止及限制，但宋美齡並沒有放棄對軍隊高層宗教的活動。例如當時的國防部長俞大維、副部長馬紀壯、副參謀總長余伯泉（**他的夫人余歐授真為歸主協會的五個委員之一**）、陸軍總司令黃杰、空軍總司令王叔銘、聯勤總司令黃仁霖等都是基督徒，他們的夫人皆是婦女祈禱會的成員。[31]此外，陳誠的夫人譚祥、洪蘭友夫人李蘭、王叔銘夫人游祥雲、馬超俊夫人沈慧蓮等等都被列入了基督教的隊伍。[32]

重獲許可的祈禱會不僅繼續在軍中傳教，還把觸角伸到了朝鮮戰爭中的反共義士，通過開設

---

29. 陳紅民、趙興勝、韓文寧，《蔣介石的後半生》，頁五七。
30. 董顯光著，譯者不詳，《基督教在臺灣的發展》（臺北：大地出版社，一九六二年），頁一二四—一三〇。
31. 臺灣手冊編輯委員會，陸以正主編，《四十五年臺灣手冊》（臺北：中華日報社），頁九八。
32. 轉引自李靖波，〈蔣夫人（宋美齡女士）與中華基督教婦女祈禱會之研究〉，頁二八。

「歸主協會舉辦的函授課程」，[33]對他們進行宣傳。宋美齡認為：「若有人在基督裡，他就是新造的人。舊事已過，都變成新的了。」[34]

到了一九五五年，祈禱會的成效有進一步的顯現，光是在醫院裡就有四千三百二十位人接受了洗禮。[35]「耶誕節前夕，四千名基督徒在我們祈禱團的帶領下在臺北市政廳聚會，一同為我主耶穌慶生。上十人在市政廳外面聽廣播，很快，許多人要求進來加入我們。」[36]

正是在一九五五年，蔣中正也意識到利用基督教帶給大家的助益。他對臺灣官員說：「我為你們感到擔心。我不管你們有沒有宗教信仰，也不管你們的宗教信仰是什麼，但是你們一定要承認上帝的存在，他是萬物的主宰，活在我們每個人的心中。這也契合了我們中國人『天人合一』的哲學思想。」[37]

一九五七年，祈禱會派到軍中的牧師，在醫院、軍營、軍官學校和軍人監獄為六，七〇三人洗禮，一九六〇年則超過一萬人。[38]

---

33. 轉引自李靖波，〈蔣夫人（宋美齡女士）與中華基督教婦女祈禱會之研究〉，頁三二。
34. 宋美齡，「Main Attack」（中文譯名〈主攻〉），《喬治・E・索科爾斯基（George E. Sokolsky）檔案》，史丹佛大學胡佛研究所藏，典藏號：Box NO. 0035。
35. 同上。
36. 同上。
37. 同上。
38. 董顯光著，譯者不詳，《基督教在臺灣的發展》（臺北：大地出版社，一九六二年），頁一〇一。

第二節　醫療事業：振興復健中心的創辦

在基督教看來，治病救人的醫院最能詮釋宗教的教義。基督教把設立醫院作為傳教手段之一，以行醫治病來表達基督的仁慈和愛心，以「醫教合一」的方式將慈善事業與傳教活動緊密地結合在一起。在中國，早期醫院基本上由教會開辦，傳教士在教會附近設立醫院，甚至教堂與醫院同一名稱。許多病人也受到傳教士虔誠敬業的影響，從經常參加禮拜到逐漸依附教會，作為一名虔誠的基督教徒，宋美齡對救死扶傷也有極大的熱情，她在婦聯會開辦救護訓練班，與美國醫藥援華會合作在臺灣開展肺結核防治，[39]籌畫成立全國醫藥和衛生委員會，[40]更有振興復健醫學中心（簡稱振興醫院，下同）之創辦。[41]

一、創辦振興復健醫學中心緣起

二十世紀五、六〇年代，小兒麻痹症肆虐臺灣，造成許多病童肢體殘障。有謂一九六四年初，宋美齡到臺灣各地和眷村巡視，看到許多小兒麻痹患童。他們大半是低收入家庭，無力醫治，

39.「宋美齡致艾瑪信件」（一九五〇年四月十一日），《艾瑪．德隆．米爾斯檔案》，美國衛斯理學院檔案館館藏。
40.「宋美齡致艾瑪信件」（一九五〇年七月二十五日），《艾瑪．德隆．米爾斯檔案》，美國衛斯理學院檔案館館藏。
41. 林蔭庭，《尋找世紀宋美齡：一個紀錄片工作者的旅程》（臺北：天下遠見出版股份有限公司，二〇〇四年），頁二二九。

又因傷殘休學在家，環境艱苦，宋美齡看了很難過。當時全臺四至十四歲的小兒麻痺患童達四萬八千多人，其中軍眷患者三千二百人，可是臺灣卻沒有一家專司小兒麻痺症治療的復健醫院。[42]亦有謂某將軍夫人調查軍眷時，發現有一萬四千多位小孩罹患小兒麻痺，曾建議宋美齡當安置這些孩童。[43]據學者游鑑明的研究，[44]當時小兒麻痺後遺症患者的重建，已引起醫療機構和有識之士的重視。一九五九年屏東基督教醫院首開其端，在醫師畢嘉士（Olav Bjorgaas）的籌畫下，該院不僅聘請外籍醫師為小兒麻痺患者進行免費矯正和物理治療等工作，且設置肢架工廠，自製支架、拐杖，供患者使用，甚至協助教友舉辦麻痺兒童之家，作為出院患童住宿和教養的場所。[45]屏東基督教醫院的治療工作引起宋美齡的重視，她於一九六四年三月到該院視察。[46]蔣經國視察眷村時也有同樣的感受，遂建議宋美齡在華興育幼院設置專設班加以收容。[47]宋美齡乃派人赴香港、菲律賓及日本等地考察後，[48]即在婦聯會常務會議上提出成立籌備委員會，創設復健機構，由陸

---

42. 亓樂義，《蔣夫人與華興》（臺北：商訊文化事業股份有限公司，二〇一一年），頁一八〇。
43. 嚴守珍，《蔣夫人和她的孩子們：打開華興的時光膠囊》（臺北：商周出版社，二〇一一年），頁一四一。
44. 游鑑明，〈蔣宋美齡創辦振興復健醫學中心：小兒麻痺患者的福音天使〉，《蔣夫人宋美齡與近代中國學術討論集》，頁四六四–四九二。
45. 羅劍青，〈肢架工廠源起與展望〉，本院編，《財團法人屏東基督教醫院四十週年紀念特刊》（一九九三年），頁八七。
46. 〈屏東基督教醫院大事年表〉，本院編，《財團法人屏東基督教醫院四十週年紀念特刊》（一九九三年），頁一五二–一五三。
47. 振興育幼院籌備委員會，「振興育幼院籌備工作概述」（一九六七年二月），振興復健醫學中心藏，檔案號：五三–〇一三。
48. 侯楨祥、黃光遠，〈振興復健醫學中心的創立與現況〉，《振興醫學專輯》（振興復健醫學中心編印，一九六五年），頁五。

寒波（常務委員）、周美玉（護士幹部訓練班主任）負責籌備。[49]一九六四年十二月十七日成立振興育幼院籌備委員會（簡稱籌備會）。[50]並召開首次會議，會議決定：(1)由陸寒波出任主任委員，皮以書、周美玉、徐藹諸、黃若瑛、許世璿等擔任籌備委員；[51](2)選定院址在臺北近郊石牌唭哩岸；(3)籌備委員會設置期限暫定半年，每兩星期召開會議一次；(4)擬收治五十至一百名四至十歲的患童；(5)請榮民總醫院院長及其他專家協助院舍內部設計，並向美國紐約復健中心及國際小兒麻痺基金會索取有關資料。[52]

一九六五年，宋美齡邀請世界傷殘重建基金會魯斯克（Howard A. Rusk）等五位專家來臺研究建院計畫。[53]魯斯克返美後，通過信函向宋美齡提出了訓練復健人員的建議。同年，籌備會開始商請世界衛生組織提供技術協助。世界衛生組織每年派兩位專家，前來振興協助指導，並全額給付兩名物理治療師留學一年之費用，期限為一九六八年至一九七三年。[54]

一九六六年二月，振興醫院開始設班訓練物理治療及作業治療，[55]聘請國防醫學院、臺大醫

49. 錢用和，《錢用和回憶錄》，頁一四五。
50. 〈振興大事記〉，《榮譽傳承振興四十——振興復健醫學中心四十週年特刊》（振興復健醫學中心，一九九六年），頁二四三。
51. 〈本會之組織〉，陸寒波，《振興育幼院建院工作報告書（一九六七年八月）》，頁二、五六、八，振興復健醫學中心藏。
52. 「殘廢軍人子弟教養院籌備委員會第一次會議記錄」（一九六四年十二月十四日），振興復健醫學中心藏。
53. 〈設院計畫各方意見案（英文卷）〉，振興復健醫學中心藏。
54. 陸寒波，〈振興育幼院建院工作報告書〉，頁六。
55. 錢用和，《錢用和回憶錄》，頁一四五。

學院、臺灣師大、工專、榮民總醫院和陸軍八〇一總醫院等單位的專家學者以及美國國務院派來的物理治療師伊登（Eaton）、世界衛生組織所派的英國物理治療師傑克斯（Jacques）擔當教職。[56]第一期訓練班培養了物理治療員十人、作業治療員五人，一九六七年的第二期培養了物理治療助理員十七人。[57]一九六九年，又招訓兩年制的物理治療員三十人、作業治療員六人。訓練班所培養出來的學員，後來都成為振興醫院的骨幹。

財務方面，一九六五年八月，籌備會增設了基金保管委員會，宋美齡任命陳紀彝、關張靜霞和陸寒波為基金保管委員。我們尚不清楚振興醫院籌建費用的來源細節，但婦聯會應是重要的來源。因為，振興醫院成立後，一九六八年至一九七二年間，婦聯會曾撥助二千四百萬元。當然國內外的捐助也是一個來源，宋美齡利用在國外訪問的機會，向外國人說明籌建醫院的目的，令海外僑胞與慈善人士紛紛解囊相助。[58]

與此同時，籌備會開始對小兒麻痺病童人數進行調查。調查對象是島內軍人的傷殘兒童、貧苦人家的傷殘兒童、四肢殘缺疾障而智力正常者、年齡在十四歲以下者。[59]調查方式分為三種：(1)調查組實地調查登記，鑑別檢查臺北、桃園、基隆、陽明山等五縣市局，資料交籌備會備查；(2)其餘各縣市由各級政府自行調查，資料送籌備會參考；(3)國防部調查鑑定軍方傷殘兒童，資料

56. 游鑑明，〈蔣宋美齡創辦振興復健醫學中心：小兒麻痺患者的福音天使〉，《蔣夫人宋美齡與近代中國學術討論集》，頁四六四–四九二。
57. 錢用和，《錢用和回憶錄》，頁一四五。
58. 振興育幼院籌備委員會，〈振興育幼院籌備工作概述〉，振興復健醫學中心藏。
59. 「傷殘兒童調查專用」，〈振興育幼院籌備委員會通知〉，一九六六年二月十六日振籌字第六十六號。

交由籌備會參考。[60]

一九六六年八月，籌備會協同國防部項目小組調查臺灣北部十四歲以下的軍眷患童，經鑒定登記的有二，二〇二人；翌年二月續向一般民眾做調查，結果臺灣北部五縣市的十四歲以下患童有三，二三六人，其中待理療或裝配義肢支架的計一，九七七人，需接受手術矯治者四三七人。[61]其他地區患童的調查工作則分由各縣市和國防部自行調查，合計患童為一一，二〇一人。[62]調查結束後，籌委會擔心患童肢體繼續萎縮變形而致無法醫治，遂於一九六七年五月至九月間開始收治患童，以臺北縣為試行區，共分八次接納，收容一百名患童即停收。[63]

一九六七年五月，振興醫院正式落成。是年秋，醫院正式運作，當時是亞洲唯一為傷殘兒童設立的醫院。醫院收治的患童不限於軍眷子弟，而向全社會開放。[64]為配合醫院的落成，籌委會將醫院定名為振興復健醫學中心，籌委會也隨之改組為振興復健醫學中心董事會，宋美齡任董事長，陳譚祥、陸寒波、嚴家淦、黃杰、蔣經國、徐柏園、許世瑢、張先林等八人任董事，並聘張先林為醫院院長，彭達謀為副院長。[65]根據董事會組織章程，振興醫院的宗旨是：「先以收容

60. 〈緒言〉，《傷殘兒童調查工作報告》，載振興育幼院籌備委員會調查組一九六六年，頁一－二。
61. 陸寒波，《振興育幼院建院工作報告書》（一九六七年八月）。
62. 陸寒波，《振興育幼院建院工作報告書》（一九六七年八月）；另根據《振興醫學復健中心大事紀要》，全島患童計一一，八七二人。
63. 振興育幼院籌備委員會，〈振興育幼院籌備工作概述〉、〈振興傷殘兒童復健院：五十六年工作原則、工作進度〉（手稿），振興復健醫學中心藏。
64. 亓樂義，《蔣夫人與華興》，頁一八〇。
65. 轉引自游鑒明，《蔣宋美齡創辦振興復健醫學中心：小兒麻痺患者的福音天使》，《蔣夫人宋美齡與近代中國學術討論集》，

十四歲以下殘缺兒童為主，期使得有適當治療，恢復體能，並施以學科教育及職業技能訓練，俾能自立謀生，達到殘而不廢為宗旨。」[66]

二、振興復健醫學中心的特色

按宋美齡的要求，振興醫院是一間慈善醫院。因此，除經濟狀況較好的家庭患童，酌繳手術矯治及裝配支架等材料費外，所有食宿、交通、教育及各種理療與門診等，完全免費，患童家庭在臺北附近，有交通車每日接送到中心治療後回家，遠道患童可以在中心住宿。[67]為使臺北市的通勤患童到院治療，由國防部支援交通車，車上裝配以人體工學設計的椅子和升降梯，方便患童上下車，進入振興的那刻起，患童就完全身處在一個無障礙環境和空間裡。[68]

振興醫院設備周全，有辦公室，教室，醫務室，活動室，及病房二棟，二百二十六床位。建築規模及設備都合於醫療標準，尤其是物理治療，有支架供練習走路，床鋪、爬杆及游泳池，以便活動四肢，有唱遊室、運動場增加患童娛樂機會。[69]

由於振興醫院初期以收治四至十四歲小兒麻痹患童為主，治療時間少則半年，多則一年半。

頁四六四－四八二。

66. 〈振興復健醫學中心董事會組織章程〉，振興復健醫學中心藏。
67. 錢用和，《錢用和回憶錄》，頁一四五。
68. 亓樂義，《蔣夫人與華興》，頁一八〇。
69. 錢用和，《錢用和回憶錄》，頁一四五。

為防止治療影響學業，振興醫院在創辦時就設立教育組。從華興小學調派小學教師十二人常駐振興醫院，成立振興分班。隨著華興教師的加入，振興醫院先後成立幼稚園和小學一至六年級等七個年班，採取半天治療、半天上課的方式，使患童兼顧治療和學業。每收治一患童入院，即按其教育程度予以編班，當治療告一段落出院時，向華興小學申請成績單，轉回原籍學校銜接上學。[70]一九七六年，振興成立少年部醫院，開始收治十五至十九歲的患者，因而增設青少年甲、乙、丙等三班，作為補習教育，沒有固定課程，國文、作文、音樂、名人演講等皆為課程之一。[71]教育之餘，振興醫院也會讓孩子們學習在生活上如何自立，例如技能教育，教他們做皮鞋、工藝，訓練他們日後有謀生的能力。[72]

在宋美齡的關照下，振興醫院獲得了大批國際資助。例如一九六七年，振興醫院獲美國醫藥援華會（ABMAC）、世界復健基金會等單位贊助，派員赴菲律賓接受義肢支架製作訓練。一九七五年，美國國際開發總署（AID）透過美國醫藥援華會捐建少年部醫院，設一百四十床鋪。一九七九年，又捐建兒童部通少年部走廊及義肢支架工廠一棟。一九八三年，又與美國維吉尼亞州亞歷山大市保健服務專家組織合作物理治療員教育交流計畫，同年與韓國賀爾德兒童福祉會結盟姊妹院。[73]

振興醫院發展迅速，一九六七年成立時僅收治四至十四歲小兒麻痺後遺症患童。一九六八年，

70. 黃光遠，〈患童的教育〉，振興復健醫學中心，《振興三十年大事記》（一九八五年九月），頁三六。
71. 喻蓉蓉，〈宋美齡與振興復健醫學中心〉，收入《宋美齡及其時代國際學術研討會論文集》，頁四〇三－四二〇。
72. 嚴守珍，《蔣夫人和她的孩子們：打開華興的時光膠囊》，頁一四一。
73. 〈振興大事記〉，振興復健醫學中心，《榮譽傳承振興四十年特刊》（一九九六年八月），頁二四三。

設立義肢支架工廠，開始為患童配製支架。一九六九年，設立外科手術室，由榮總及三總骨科醫師施行矯治手術。一九七六年，成立少年部醫院，開始收治十五至十九歲患童。一九七七年，開始收二十至二十二歲患者，並擴大收治範圍，除小兒麻痺患者外，收治其他先天性殘障，腦性麻痹及意外傷害成殘患者。一九八一年，則開始收治二十三至二十五歲患者。

宋美齡對振興醫院的關注十分細緻，經常到振興醫院視察，或者指派孔令偉照料，這位「孔二小姐」似乎把蔣夫人的工作當作自己的工作來看待。由於華興和振興這兩所學校和她經管的圓山飯店都在北區，因著地緣之便，「孔二小姐」常上了車，便要司機先開到華興，到了華興巡視完校園後，接著便到振興巡視，待這兩所學校都巡視過了，再轉往圓山飯店。[74]振興醫院的雙十字建築就是孔令偉監工施造的，錢義芳回憶道：「孔二小姐的主要任務就是處理振興事務，這是一個大任務。總經理（孔令偉）很聰明，在工程方面的計算很精，房子要怎麼造，裡面東西怎麼擺設，大多都是出自她的規劃。雖然她並非專長於此，但卻能每樣都通，才幹很好，連買個病床之類的，她都要買最好的，所以振興原來還有虧損，之所以能慢慢打平，並建立復健、心臟等方面的醫療名聲，都是多虧了孔二小姐。」[75]

一九八五年，振興醫院為因應未來醫院發展趨勢，實行分科制，並擬擴建。為此，一月二十三日蔣經國致電在美國的宋美齡：「為振興擴建計畫用地一事之批示，敬已奉讀，頃經面交

74. 嚴守珍，《蔣夫人和她的孩子們：打開華興的時光膠囊》，頁一四一。
75. 〈錢義芳先生訪問紀錄〉，黃克武等訪問、周維朋等紀錄，《蔣中正總統侍從人員訪問紀錄》（上），頁三九一。

有關部門，就都市計畫醫院學校特定區等相關問題，與市政負責同志切實研究辦理。」[76]

宋美齡對振興醫院的患童充滿愛心，據她描述，當她看到那些小兒麻痹患童時說道：「當我望著那些孩子，他們臉上的表情，全是一種令人心懷不忍，使人想逃避的遲鈍與麻木，在他們環繞著我時，我望著他們，心中只想逃避。就在這時候，突然有一個思想，而使我立即擁抱住他們：假如我，即便是暫時的，對於肉體的盲目抱著如此的反應，而上帝對於我靈性的盲目卻是如何的以恩慈相待？」[77]在宋美齡的影響下，振興醫院有聖經課，週日有靈糧堂的主日學教師，引導患童讀聖經和禱告。

宋美齡對開設振興醫院十分得意，醫院運營後，參觀的人特別多，蔣夫人經常陪伴而來。[78]醫院的第一次聖誕同樂會就是由宋美齡主持的，此後每年的聖誕歡聚，宋美齡都會參加。[79]一九六九年五月十二日，宋美齡與艾瑪（Delong Mills Emma）通信時寫道：「振興復健醫學中心（Chen Hsing Rehabilitation Center for Crippled Children），即兩年前我所啟動的一個專案，也進展順利。我們剛建成了一個手術室和一個輔助治療室，而且時下我們已收容了四百二十名兒童，其中半數入住中心，另一半則每天到我們這裡來接受治療和讀書。我希望你再來這裡時能參觀一下這個中心。」[80]

76. 周美華、蕭李居編，《蔣經國書信集——與宋美齡往來函電》（下）（臺北：國史館，二〇〇九年），頁四八〇。
77. 辜嚴倬雲，〈大愛至真——蔣夫人的宗教觀〉，收入《蔣夫人宋美齡女士與近代中國學術論文集》，頁七九－八〇。
78. 亓樂義，《蔣夫人與華興》，頁一八〇。
79. 喻蓉蓉，〈宋美齡與振興復健醫學中心〉，收入《宋美齡及其時代國際學術研討會論文集》，頁四〇三－四二〇。
80. 「宋美齡致艾瑪信件」（一九六九年五月十二日），《艾瑪・德隆・米爾斯檔案》，美國衛斯理學院檔案館館藏。

從一九六七年至一九九三年，振興為小兒麻痺及其他殘障兒童提供醫療服務的人數年均達千餘人次，二十多年來近三萬人受惠。直到一九九四年因小兒麻痺病毒獲得有效控制，患者日漸減少，振興才轉型為綜合醫院。[81]

第二節　教育事業：華興學校的創辦

作為虔誠的基督教徒，宋美齡對扶助孤殘幼童、開辦教育事業有著極大的熱情。然而，這種熱情不僅僅來自於世俗的慈悲情懷和慈善情結，還帶著一個虔誠的基督教徒傳播福音、救贖自身的信仰，更深深地烙著基督教會在華發展教育事業時一以貫之的特質印記，即傳教佈道、改變人心。這種熱情與宋美齡的政治需要結合在一起，便成為宋美齡從事社會慈善事業的重心。

宋美齡的兒童保育事業，發端於南京的國民革命軍遺族學校，輝煌於抗戰時期的戰時兒童保育會，延續至臺灣華興學校。她並沒有將兒童保育事業僅僅看作是一種以悲天憫人為基礎的慈善，而是立足於宏觀視野，把兒童保育事業當作社會動員和國家治理的一個重要環節。她在〈謹為難童請命〉一文中曾這樣說道：「婦女問題與兒童，原是極度相關的；兒童離開婦女，便不易得到慈愛和祥的愛護，以安慰他們幼小的心靈。婦女不能從家庭勞動中解放出來，便不能參加社會工

81. 黃天才，《世紀蔣宋美齡：走過三個世紀的傳奇》（臺北：婦聯會，二〇〇四年），頁七七。

作；所以為要使國民半數的婦女參加救亡工作，就必須使她們從家庭的羈絆中解放出來。婦女們能夠獨立組織起來，男人們減少家庭之累，也可以全心全力的去參加各種救亡活動。」所以她在發起組織戰時兒童保育會時是這樣想、這樣做的，在臺灣籌建華興學校進而推動臺灣兒童保育事業發展時，亦是如此。

一、創辦華興學校緣起

華興學校緣起於一九五五年創立的華興育幼院。華興的建校和所有學校最大的不同點是，先有學生，然後才建學校。外界把它看做是「蔣夫人辦的學校」，印象是「專收大陳難胞子女和國軍先烈子弟」。而華興創校之初，的確如此。[82]

一九五五年初，國軍戰敗於一江山之役，蔣中正被迫執行撤退大陳的「金剛計畫」。二月八日，大陳島上一萬四千多民眾隨國軍撤退至臺，隨之而來的還有數百名一江山遺孤和大陳難童。為救助這些遺孤和難童，宋美齡在婦聯會召開籌運大陳島軍民子弟及孤童來臺會議。[83]邀請嚴家淦（**臺灣省政府主席**）、谷正綱（**大陸災胞救濟會理事長**）、黃季陸（**政務委員**）、徐柏園（**財政部長**）、王德溥（**內政部長**）、高玉樹（**臺北市長**）等人會商這些遺孤和難童教養事宜，決議：（一）組織理事會為領導機構，推請宋美齡為理事長，另聘王德溥、徐柏園、谷正綱、嚴家淦、

82. 嚴守珍，《蔣夫人和她的孩子們：打開華興的時光膠囊》，頁一三。
83. 朱承傑主編，《華興三十年》（臺北華興校友會，一九八八年），頁四一。

黃季陸、黃朝琴、張彝鼎、傅雲、江東海、劉修如、高玉樹、皮以書等為理事；（二）收容人數暫以五百人為限；（三）開辦費暫定新臺幣三百萬元，必要時得由國庫先行墊撥；（四）永久育兒院址，以臺北市郊為原則，由省政府指撥工地或洽借私地；（五）臨時收容，以三個月為期，由理事會撥三十萬元備用，收容地點及辦法，由皮以書、嚴家淦、高玉樹三理事負責辦理。[84] 華興育幼院就這樣成立了，最初的名稱是中華婦女反共抗俄聯合會光華育兒院，一九五五年二月二十八日改為中華婦女反共抗俄聯合會華興育兒院，未幾又改稱為中華婦女反共抗俄聯合會華興育幼院，到一九六二年才刪去中華婦女反共抗俄聯合會字樣，改為私立華興育幼院。

在華興學校的組織中，董事會為最高決策機構。創院時，宋美齡與陳誠夫人譚祥女士分任正、副董事長，以婦聯會總幹事皮以書兼任院長，婦聯會惠托幼兒所主任劉桂真兼副院長。如此人事安排，顯示了宋美齡對安置大陳遺孤難童的重視。一九五五年六月二十九日，聘請黃若瑛女士接掌華興。[85]

華興學校建院初期僅設有幼稚園和小學部，學生不僅有遺孤和難童，還有早年婦聯會在大陳島所設育幼院的院童。在大陳島撤退時，黃百器向婦聯會建議把院童全接來臺灣，於是這所育幼院的院童和由一江山、大陳島撤退的孩子全都進了華興。[86] 一九五八年以私立華興中學名稱登記創辦華興中學初中部。一九六九年又增設高中部，從此華興學校從幼稚園到高中建立了完整的教

84. 紫哲琛，〈大陳兒童接送來台始末記〉，《中華婦女》，一九五五年第五卷第七期（一九五五年三月），頁一一。
85. 嚴守珍，《蔣夫人和她的孩子們：打開華興的時光膠囊》，頁一六。
86. 嚴守珍，《蔣夫人和她的孩子們：打開華興的時光膠囊》，頁一八。

育體系。華興招收學生不多，小學部每年級只有一班，共計六班；初中部每年級有兩班，共計六班；高中部只有三班。[87]

初期華興學校的入校規則是，收容孤兒難童以年齡四足歲至十二足歲為限，合以下規定之一者，可申請入院：（一）國軍遺孤；（二）大陳來臺孤兒；（三）一江山戰役遺族；（四）尉級以下官兵子女超過五人者，得收容一人；（六）出征軍人子女，無父又無親人代為撫養者。[88]除此之外，還陸續招收社會上的孤兒，例如一九五九年臺灣中部發生「八七」水災，宋美齡指示華興派人前往災區收容亟需協助教養的災戶兒女。自此以後，每遇重大災變，華興都會盡力協助災區難童的教養工作。一九九九年臺灣發生「九二一」大地震，身在美國的宋美齡不僅立即指示婦聯會捐款賑災，並指示華興中小學收留五十名南投集集大地震孤兒，免費幫助他們完成至高中的學業。[89]「八七」水災過後，華興收容學生政策做出調整，當時臺灣人民生活艱苦，經濟尚未發展，申請入院的案件數以千計。院方依其性質分為A、B、C、D等四類，「只問資格，不問成績。」其中，A類是父母雙亡，只要有缺額全數照收；B類是父亡母存兒女多，母親未再婚者酌收一、二名，以減輕負擔；C類是父存母亡若在前線無人照料者收容之；D類是雙親健在如在敵後或在前線擔任重要職務收容之。[90]

87. 嚴守珍，《蔣夫人和她的孩子們：打開華興的時光膠囊》，頁九七。
88. 柳絲，〈簡介本會附設華興育幼院〉，《中華婦女》，第十二卷第三期（一九六一年十一月），頁二一。
89. 〈胡浩炳先生訪問紀錄〉，黃克武等訪問、周維朋等紀錄，《蔣中正總統侍從人員訪問紀錄》（下），頁四七七。
90. 亓樂義，《蔣夫人與華興》，頁九六。

華興育幼院創建之初，借住於臺北市大理街台糖幼稚園的房子，隨後又借用了龍山國小的教室。由於地方狹小，宋美齡又經常帶著外國客人來參觀，於是決定找地建校。一九五五年尋得士林仰德大道現址，開始興建第一期院舍，於一九五六年十月落成遷入。第一期建築包括：介壽堂（大禮堂）、智、仁、勇齋（分別為學生的三棟寢室，院童一律住校）、史培曼堂、[91]小操場（包括升旗臺）、小學部教室、感恩堂等。[92]

華興早期的經費來自於多個方面：一是臺灣省政府按月撥發的補助款項；二是基督教兒童福利基金會（CCF）的補助款項；三是大陸救災總會發的米、行政單位發的煤油、鹽、米等實物；四是宋美齡和華興董事會所籌措的善款，包括華僑捐款、海外友人捐款和認養華興兒童的國外認養人匯款。在善款中，澳洲華僑富商雷歡好對華興的資助最多也最持久。海外友人捐款，宋美齡給艾瑪的信中被多次談及。一九五九年九月二十二日，寫道：「謝謝你轉寄過來吉姆・霍斯金斯[93]的支票。這筆款項已經用於華興兒童之家。」[94]一九六〇年五月十六日的信中也寫道：「謝謝你五月二日的來信，轉寄了吉姆・霍斯金斯的支票。」[95]五月三十日的信中還說道：「卡瑪・吉

91. 該堂為學校的飯廳。由美國紐約樞機史培曼主教捐助，一九五九年宋美齡題名「史培曼堂」。堂前的一對大理石獅，是當時參謀總長彭孟緝的夫人鄭碧雲女士捐贈。二〇〇九年四月二十五日，該堂被拆。
92. 嚴守珍，《蔣夫人和她的孩子們：打開華興的時光膠囊》，頁二八。
93. 「宋美齡致艾瑪信件」（一九五九年九月二十二日），《艾瑪・德隆・米爾斯檔案》，美國衛斯理學院檔案館館藏。原信中 Jimmy 後面還有一個姓氏名字，但字跡模糊，難以辨認。據該信上下文推斷，估計 Jimmy 與 Jim Hoskins 為同一人，譯為吉姆・霍斯金斯。
94. 「宋美齡致艾瑪信件」（一九五九年九月二十二日），《艾瑪・德隆・米爾斯檔案》，美國衛斯理學院檔案館館藏。
95. 「宋美齡致艾瑪信件」（一九六〇年五月十六日），《艾瑪・德隆・米爾斯檔案》，美國衛斯理學院檔案館館藏。

爾琪（Calma Gilkey）給我寄來了一張給華興兒童之家的孤兒們的支票。」[96]後期，華興的經費還包括臺灣自香蕉出口中所獲得的稅捐。

二、華興的教育方針和內容

宋美齡極為重視華興學校，把華興看作是家業。每次帶外賓參觀華興，她通常第一句會說：「這是我的家，我的孩子。」[97]不僅如此，還把華興作為展示「國民外交」的前哨。

華興的辦校方針是五育並重，不僅把學校作為一個難童們學習文化知識的場所，而且要成為是他們生活的家、精神的家。華興的院歌中寫道：「在日月光輝下，院是溫暖的家。在春風化雨中，開放智慧的花。學海無涯，光陰無價。努力啊！努力啊！我們要一天天壯大，一天天壯大。作棟樑，支大廈，復興我中華，復興我中華。」為了這一目標，自華興創校起，宋美齡便命華興學校將教育和保育工作分開，華興全體學生一律住校，並由保育老師照顧小學生的起居生活，保育老師均為女性。華興的課程體系也與一般學校不同，除了一般學科，華興還另設技藝教育，這是當時其他學校所沒有的。一九五七年起，華興先後成立製鞋、編織、刺繡、縫紉、木工、電信、電工、簿記等班，聘請專門教師任教，在不影響正常教學下分別施教。從這一點上看，華興的教育思路與南京時期的國民革命軍遺族學校一脈相承。

96. 「宋美齡致艾瑪信件」（一九六〇年五月三十日），《艾瑪・德隆・米爾斯檔案》，美國衛斯理學院檔案館館藏。

97 亓樂義，《蔣夫人與華興》，頁五四。

二十世紀五〇年代的臺灣物資匱乏，然而華興的孩子卻無衣食之憂，甚至能獲得一些特別的捐贈品。嚴守珍回憶：「民國四、五十年，金針菜在臺灣是高檔貨，即使有錢，在菜市場也很難買到，而在華興的餐桌上，三天兩頭便能吃到。這些金針，全是海關沒收後送到華興的走私品。還有一種叫 Slender 的奶塊、大桶的奶油。」[98]為了增加孩子們的營養，華興學校還興建了養雞場和養豬場。雞舍由農復會出錢蓋，學校專門派教師負責養雞事宜。當時，飼養了二千隻肉雞和火雞，肉雞每天可收五、六百顆雞蛋，不僅足夠供應學生，還有不少剩餘。宋美齡便要圓山飯店幫助處理。賣蛋得到的錢一可給孩子加菜，二來給雞買飼料。[99]宋美齡甚至關注到華興學校運作中的一些細節。華興的師生都知道宋美齡來華興時手上戴著的白手套的用途。宋美齡是用她那雙白手套作為偵測華興校園環境的標準，她來華興時，會偶爾伸出手沿著窗邊一抹，然後低頭瞧瞧白手套，什麼話也不說。若是白手套沾了灰，成了黑色的，那麼一旁跟著她的院長和教師可就難堪了。[100]

由於外界將華興學校看作是宋美齡的學校，因此經常對華興學校多加關愛。例如華興學校與附近的兩個單位的關係極好，一個是芝山岩的情報局醫院，一個便是圓山飯店。當年，華興的學生都是到情報局醫院就診，情報局醫院也會每週來學校一次，為院童看病、開藥。每逢學校的春

98. 嚴守珍，《蔣夫人和她的孩子們：打開華興的時光膠囊》，頁三五。
99. 嚴守珍，《蔣夫人和她的孩子們：打開華興的時光膠囊》，頁四三–四五。
100. 嚴守珍，《蔣夫人和她的孩子們：打開華興的時光膠囊》，頁六七。

季、秋季遠足，情報局醫院還會出動軍用卡車載學生出遊。[101]與情報局醫院的關照相比，圓山飯店也不遑多讓。每年耶誕節時，圓山飯店都會招待華興全體師生到飯店歡度聖誕。除此之外，圓山飯店也以實際行動協助該校學生。某些學生因無法繼續學業，小學或初中畢業後，便到圓山飯店做學徒。[102]再如，進駐林口的美軍第十四航空隊與外界互動不多，卻對華興特別有感情，不時提供糖果和玩具供院童享用，還邀請華興全體師生參加聖誕晚會。在一九五六年華興第一屆學生畢業之際，甚至願意認養並資助這些學生學費。[103]

華興的學生經常有機會接觸到一些平常的學童無法觸及的人和事。例如，華興經常有外賓到校參觀，一九六〇年二月是希臘王妃，五月是菲律賓總統賈西亞（Carlos Carcia）夫人；一九六一年一月是玻利維亞副總統雷欽夫人，五月是美國副總統詹森（Lyndon Baines Johnson）夫人等等。一九六二年美國紐約樞機主教史培曼（Carlinal Frances Spellman）來臺訪問，宋美齡帶他到華興過了聖誕，小朋友為他們表演了精彩的表演。後來還把小朋友接到士林官邸，不無炫耀地向蔣中正和史培曼說：「這些剛才在臺上表演的孩子，全是我的孩子。」[104]維也納兒童合唱團，也曾來校演唱，而那時平常的學童要想聆聽國際性的演出，機會是微乎其微。因此，華興成為了宋美齡開展「國民外交」的前哨站。又如，宋美齡把華興看作是一個有特殊意義的地方，帶人來參觀，在

---

101. 嚴守珍，《蔣夫人和她的孩子們：打開華興的時光膠囊》，頁一三一。
102. 嚴守珍，《蔣夫人和她的孩子們：打開華興的時光膠囊》，頁一三三。
103. 亓樂義，《蔣夫人與華興》，頁六四。
104. 嚴守珍，《蔣夫人和她的孩子們：打開華興的時光膠囊》，頁五〇。

華興舉辦一些活動。一九七二年，宋美齡召見曾獲世界冠軍的北市少年棒球隊、美和青少年棒球隊和成績優異的國泰女籃隊，均將地點設在華興。[105]使得華興的孩子能見到自己的「偶像」，而這些都是別的學校不可能有的特殊待遇。此外，為了彰顯華興學校的優異，一九六九年當金龍少棒隊奪得世界少年棒球賽冠軍之後，該隊十四名球員全體進入華興就讀。也就是從這些人開始，華興有了校棒球隊。

宋美齡經常來華興學校巡視，也經常帶著外國好友一起來校參觀。視察參觀者來的次數多了，以至於華興上下知道從學校鈴聲的次數來區分來校者的身分。「五聲」鈴響代表著宋美齡來校；「八聲」代表是蔣中正來了；而「四聲」經常聽到，表示有外賓來學校參觀。[106]

三、華興的宗教活動

在中國，基督教會之學校通常都會有禮拜及各種宗教活動，在這些學校裡學生要讀聖經，要參加彌撒，這是因為傳教士們希望學生在濃重的宗教氣氛中受到感化，最終受洗入教。從這個角度觀察，華興學校就是宋美齡創辦的教會學校。宋美齡曾寫過不少信件給華興的學生們，其中有一封信曾提到，她無法照顧每個院童，所以她把信仰留給他們。而基督教就是宋美齡要留給院童們的信仰。她希望人人都能認識並接受基督，這是她念茲在茲的大事。宋美齡百歲華誕時，在紐

105. 嚴守珍，《蔣夫人和她的孩子們：打開華興的時光膠囊》，頁五一。
106. 嚴守珍，《蔣夫人和她的孩子們：打開華興的時光膠囊》，頁四七。

約會見華興師生祝壽團，仍不忘叮嚀「你們要記得做禮拜」。[107]

在華興學校，三餐吃飯前，學生都要唱不同的歌。一週有兩次聖經課，一次是週五下午，每班在自己的教室上，有自己的聖經老師；另一次則是在星期天上午，全校學生在大禮堂一起唱，這是主日崇拜。[108]在華興學校，沒有任何事情比信仰重要，學校的任何活動可以更改，唯獨做禮拜和聖經課不能改變。即使遇上聯考，應考生也要起早，提前做完禮拜才能赴試。[109]負責聖經課的是宋美齡的密友戴師母，她是一位美國傳教士，抗戰之前在中國傳教，到了臺灣後進入華興傳教。戴師母也是宋美齡到臺灣後成立的中華基督教婦女祈禱會成員之一，在凱歌堂負責司琴。華興學校還有唱詩班，這個唱詩班從一九五九年四月中旬起擔任士林凱歌堂的週末唱詩工作。除此之外，唱詩班在每年耶穌受難節、復活節和耶誕節等三大節日，還要分別獻唱。[110]在華興學校，舞臺上的節目像是有傳承使命似的，聖劇永遠是聖經故事裡耶穌誕生、東方三博士尋找小耶穌、牧羊人在曠野牧羊、天使報佳音等，至於臺上臺下的大合唱也是〈平安夜〉、〈普世歡騰〉之類的聖誕詩歌。[111]

華興更看重院童的人格教育。宋美齡認為：「受教育不單單讀書；教育是除書本外，訓誨你們懂得忠、孝、仁、愛、禮、義、廉、恥的真諦，也就是教導你們做人與處事接物、對國家、對社會、

107. 亓樂義，《蔣夫人與華興》，頁五一。
108. 嚴守珍，《蔣夫人和她的孩子們：打開華興的時光膠囊》，頁五七。
109. 亓樂義，《蔣夫人與華興》，頁一二四。
110. 亓樂義，《蔣夫人與華興》，頁一三六。
111. 嚴守珍，《蔣夫人和她的孩子們：打開華興的時光膠囊》，頁六二。

對尊長，要忠貞孝悌。」[112]她對華興的每封書信都強調做人之道，要像耶穌基督般「愛人如己」，做個好國民，成為社會有用之才。要做到有用之才，必須懂得修身，修身之道必從靈性上求進步，而這必須從宗教信念著手。[113]

112. 宋美齡，〈對華興中學畢業就讀高中大專學生訓詞〉，《華興三十年》（華興校友會，一九八八年五月八日）。
113. 朱承傑主編，《華興三十年》，頁九—二一。

第四章 家庭角色倫理傳統

第一節　傳統家族的長者

儘管宋美齡接受的是全面的美式教育，但家族的影響以及蔣中正的薰陶，使得宋美齡骨子裡仍然是一個傳統的中國人。或者，更確切地說，是新派的傳統中國人，融入近代西方資本主義的一些生活習慣和精神文明的傳統中國人。

一、蔣宋夫妻間的關係

宋美齡在美國留學多年，回國後，對中文早已生疏，以至於習慣性地用英語跟僕人說話，不能用中文表達意思時，還要男管家充當翻譯；甚至是有時因為心情不好，中文都不會說了。[1]不過，她很快就開始積極學習中國傳統文化。一九一七年回國之初，跟著她童年受教的老先生學習中文。[2]一九二〇年，宋美齡有了一位新的老師，他是宋子文的中文秘書。宋美齡評價他是「一個優秀的舊式文人」。老師嚴格要求宋美齡每天都要背誦大段的文章，學習《四書》、《五經》和中國古典文史知識，打好漢學基礎。[3]在蔣宋聯姻之後，宋美齡夫唱婦隨，進一步地強化了自身的中國傳統色彩，在新生活運動中，宋美齡的言行可見一斑。[4]此後，宋美齡的傳統中國色彩

1. 「宋美齡致艾瑪信件」（一九一七年八月七日），《艾瑪・德隆・米爾斯檔案》，美國衛斯理學院檔案館館藏。
2. 「宋美齡致艾瑪信件」（一九一七年十二月十五日），《艾瑪・德隆・米爾斯檔案》，美國衛斯理學院檔案館館藏。
3. 「宋美齡致艾瑪信件」（一九二〇年三月二十一日），《艾瑪・德隆・米爾斯檔案》，美國衛斯理學院檔案館館藏。
4. 「禮義廉恥」是新生活運動的理論基礎，主要是從中國的傳統道德中找出一些維護階級統治秩序、教化人民的儒家經學理論。

愈發濃重，也愈發自覺或不自覺地向世界展示她的中國典範。晚年的她更熱衷學習中國國畫，認為：「在全世界的藝術中，中國畫是獨一無二的，因為畫與詩融為一體，兩者使中國文化更為豐富。對中國畫有素養的人們，都能涵泳於畫中所傳達的一種優美沉靜的音韻，與蘊藏著的無比的智慧。中國畫的特色由於深涵詩意與靈感，更含有高度的文學性，並具有深刻的和諧性，且又能使人們感受寧靜的吸引力，此即中國畫之能超越國界的特質。」[5]

以服飾為例，負笈美國的宋美齡是全面西化的，美國的十年生活讓她看起來就像一個「香蕉人」（**黃皮膚的美國人**）。回國初期，雖然也穿中式服裝，但著裝仍以洋裝為主。這時的宋美齡，愛穿合適的短外衣和裁剪講究的便褲；甚至於馬褲，也是宋美齡在上海灘首開先河。這時的宋美齡，就算是穿中式服裝，也不自覺地保留著許多西方的格調，例如總帶著別具一格的寬沿女

宋美齡在〈我的新生活〉一文中說到：「我國固有的禮義廉恥四種美德，是復興民族的良藥——因為從前中國實行這美德的時候，確確實實是個偉大的國家呢。得到了這個結論之後，就以禮義廉恥四維為基礎，創導新生活運動，重複發揚那湮沒已久的強國因素。」在一九三六年新生活運動二週年紀念，宋美齡應某西報之請而作〈新生活運動〉，又再次指出：「新生活運動的提倡四種舊道德，並不像一般謬誤的傳聞，以為竭力在恢復一切舊式生活。這四項原則實是我國最可寶貴的美德，也就是中國立國的精神基礎。從前我國人民的生活都能以此為準則，所以中國至今仍不失為東方文明古國。我們現在要復興這四種美德，恢復我們昔日的光榮，挽救我們的國難。」宋美齡當時作為婦女委員會指導長，也成為新生活運動的實際推動者和宣導人。新生活運動提倡「改造全民生活」。宋美齡大力鼓吹婦女為改造家庭生活的原動力，強調「相夫教子」，她向全國女性呼籲：「知識較高的婦女，應當去指導她們的鄰舍，如何管教兒女，如何處理家務，並教導四周的婦女讀書識字。」

5. 〈中國書與詩融為一體使中國文化更為豐富〉（一九七〇年六月十八日），王亞權總編，《蔣夫人言論集》（下）（臺北，中華婦女反共抗俄聯合會，一九七七年），頁九三六；〈蔣總統夫人在古畫討論會致詞全文〉，《中華婦女》，一九七〇年第二十卷第十期（一九七〇年六月）。

帽。[6]然而，婚後的宋美齡，著裝風格有了巨大的變化，旗袍中式服裝，成為她向外界展示的標誌。最初，宋美齡的這種著裝風格，可能是基於政治的考量，希望向國民傳達一個信息，她是中國人，而不是黃皮膚的美國人。隨著時日的增進，日益習慣於旗袍，以至於人們想到的，是一個穿旗袍的宋美齡。曾出任駐紐約新聞處主任的陸以正，對宋美齡的旗袍裝印象，就極為深刻，他說：「我從沒見到她穿過洋服或套裝」，「總是穿深色低衩的旗袍」，「戴一只飛行軍官的胸針。」[7]

宋美齡的這種轉變，也許是因為她對蔣中正有英雄般的崇拜，二姐宋慶齡與孫中山的婚姻，似乎也給她追求非比尋常的理想，她在給友人哈特小姐（Miss Hart）的信中談到：「我丈夫經常對我說，真正的領袖不能過於在意自己的性命。如果過於重視自己的安危，則會降低軍隊的士氣，因為我們是為國家而戰的。上天會保佑我們。即便我們被殺，還有什麼比戰死更榮耀之事呢？」「他（**指蔣中正**）最喜歡的一句名言，是漢代驍將馬援所說的——自己最幸福的事，是『馬革裹屍』。」[8]而「我已差不多被他的理想所感染」，「重要的應該是民族振興，不是依靠無情的暴力，而是訴諸真理、正義和人道。」[9]事實上，蔣中正除了這些「豪言壯語」打動了宋美齡外，在行動上也讓其折服，她告訴哈特：「其實我丈夫從不給自己設很多警衛」，只有「我在他身邊時，他才會稍微小心點」。[10]蔣在細節上也「俘虜了芳心」，這封信提到一個細節：「我丈夫很細心

6. 壽韶峰，《宋美齡全紀錄》（北京：華文出版社，二〇〇九年），頁一三三、一三五。
7. 陸以正，《微臣無力可回天：陸以正的外交生涯》（臺北：天下遠見出版股份有限公司，二〇〇二年），頁一五〇。
8. 「宋美齡致哈特小姐信件」（一九三四年一月十七日），《宋美齡檔案》，美國衛斯理學院檔案館館藏。
9. 同上。
10. 同上。

地折了幾枝，等我們回家，晚上點燃蠟燭後，他把梅花放在一個小竹籃裡送給我。這可真是一份漂亮的新年禮物！」宋美齡感受到蔣中正「既有軍人的膽略，又有詩人的柔情」，「心甘情願地和他同甘共苦。」[11]蔣中正的所作所為，讓宋美齡認定他就是能夠幫助自己施展才幹，實現政治抱負的合作者。因此，她也樂意為了這種合作，不自覺地做出自身的改變。宋美齡自己覺得「我現在比以往任何時候都更加快樂，我想這是因為我沒有徒有虛表地活著，我已經達到一個超越自我的境界。」甚至「把個人命運置之度外了」。所以「我感謝上帝給了我所有婦女中最大的福報，我為獻身於一個偉大的理想並得到與我志同道合的丈夫，而感到十分幸運」。[12]

由於蔣中正是一個有著儒家色彩的傳統中國人，一生都極為推崇傳統儒家文化，始終遵循《大學》中所言「格物、致知、誠意、正心、修身、齊家、治國、平天下」的要求，因此宋美齡也就努力扮演一個傳統的中國「賢內助」。

二十世紀三〇年代，蔣中正發動以「禮義廉恥」為內容的新生活運動，宋美齡積極回應、親力親為，甚至對於禮義廉恥四種舊道德的意義，也作了一番新解釋。她說：「一、禮，最淺顯的解釋，禮就是儀節。然儀節定要出自衷心流露，而不是虛偽的形式。二、義，義可以略釋為對人對己的盡責和服務。三、廉，廉就是能辨別權力界限，不侵犯別人，換言之，就是一種公私及人己權利的辨別。四、恥，恥就是覺悟與自尊。」[13]儘管這種解釋帶著濃厚的西方色彩和若隱若現

11. 「宋美齡致哈特小姐信件」（一九三四年一月十七日），《宋美齡檔案》，美國衛斯理學院檔案館館藏。
12. 同上。
13. 《中國的新生活》（一九三五年六月），本文發表於《美國論壇》雜誌一九三五年六月號。後收入《蔣夫人言論集》（國民出版社，一九三九年），頁三八七–四〇〇。

的基督精神，但這也體現她努力地向自己身上塗抹中國傳統文化。

蔣中正始終注意維護家族倫常，宋美齡就始終向家人、向社會展現出相濡以沫、相敬如賓的恩愛。二十世紀六〇年代末期，宋美齡曾因為對美國媒體關於蔣中正婚姻報導的不滿，找當時駐美大使周書楷去投訴報社，要對方更正，周書楷沒照辦，雙方甚至發生爭執。據周書楷回憶，他認為他是為中華民國做事，不是為宋美齡做事。宋美齡則很生氣地回應：「我就是中華民國！」[14]一九七四年發生的皮爾遜日記案，更讓宋美齡大為光火。德魯・皮爾遜（Drew Pearson）是美國二十世紀四〇、五〇年代毀譽參半的專欄作家，專門挖人隱私，販賣小道新聞。《皮爾遜日記》（*Drew Pearson Diaries, 1949–1959*）是皮爾遜的兒子艾貝爾（Tyler Abell）為了紀念亡父，整理出版的皮爾遜最後十年日記。《皮爾遜日記》上冊先出版，其中說到一九四二年威爾基（Wendell L. Willkie）以羅斯福總統特使名義訪問重慶時，與宋美齡有染。蔣中正盛怒之下，帶憲兵到南岸官邸去捉姦，並無所獲；威爾基臨行去向宋美齡辭行，閉門二十分鐘出來等等。宋美齡聞知此書出版後大發雷霆，為此蔣經國急招陸以正回臺灣。陸以正面見宋美齡之後，宋美齡要陸以正趕回美國，在《紐約時報》、《華盛頓郵報》、《洛杉磯時報》、《波士頓地球報》、《芝加哥論壇報》、《舊金山紀事報》、《丹佛郵報》、《邁阿密前鋒報》、《聖路易快郵報》、《克裡夫蘭平原報》等美國十大報紙刊登全頁廣告，駁斥皮爾遜造謠生事。陸以正詢問廣告稿如何措詞，宋美齡說她會親自起稿，要陸以正拿到全文後立即返美照辦，不得遲延。[15]宋美齡的這些反應，映襯出她在

14. 參見林博文，〈她曾說過：「我就是中華民國！」──蔣中正的太太蔣宋美齡〉，《新新聞》，一九九〇年第一九六期，頁二二八−二三四。

15. 陸以正，《微臣無力可回天：陸以正的外交生涯》（臺北：天下遠見，二〇〇二年），頁二四六。

婚姻上對外界觀感極度敏感。

在日常生活中，宋美齡對蔣中正的關心也是無微不至，例如她一九四九年赴美求援陷入困境時，仍然記得要給蔣中正備好「食用所需之奶粉與酒」。[16]蔣也把她看作是不可或缺、同甘共苦、休戚相關的伴侶。一九三〇年十二月九日，蔣中正在日記中寫道：「此次全會以後，益感人心險詐惡劣，畏我者固為我敵，愛我者亦為我敵，必欲我皆為其利用而後快心，稍拂其意則妒忌交至，怨恨並來。政治社會之卑污毒狠如此，豈我所能堪哉。遁世既不可能，則惟有另闢途徑，獨善其身，而使若輩自爭（諍）以還我清白之體。誠意愛輔我者，惟妻一人。」[17]可見，在蔣的內心，她是惟一能夠全心全意輔佐他的人。一九四三年，宋美齡在美國度過了她的生日。六月三日，蔣中正致電，稱其在襯衫袋中發現三月十五日未寄出的生日賀電，表示抱歉。[18]

二、與蔣家後代的關係

在中國人傳統的觀念中，倫常有序，是一個家族興旺的象徵，「德」與「孝」則是一個家族能夠世代傳承下去的根本。這是因為傳統中國，是一個儒家社會，儒家認為存在於家族中的親疏、尊卑、長幼的分別，是維護家族秩序不可或缺的基礎，《孟子》中就說過：「父子有親，君臣有義，

16. 「宋美齡電蔣經國」（一九四九年四月），〈一般資料——宋美齡致蔣經國文電資料〉，《蔣中正總統文物》，國史館藏，典藏號：002-08020-000627-013。
17. 《蔣中正日記》，一九三〇年十二月九日。
18. 「對美外交：蔣夫人訪美」，〈革命文獻〉，《蔣中正總統文物》，國史館藏，典藏號：002000000391A。

夫婦有別，長幼有序，朋友有信。」禮是維繫國家社會秩序的工具，而「孝」不僅是規範家庭成員之間關係的倫理道德，也是主宰君民關係的政治原則。因此，家族中的長輩要有「德」，晚輩要有「孝」，強調「人之行莫大於孝，孝莫大於嚴父」，[19]「納誨於嚴父慈母」。

蔣中正自幼研習的宋明理學，對他一生的哲學觀、家族觀影響極大。他經常閱讀《孝經》，儒家的孝道觀念，是蔣中正克己、省過、治家、平天下的哲學基礎。在一九三四年二月十九日的日記中，他在「雪恥」一欄中寫道：「不能盡孝於親，為一生最大之恥辱。」[20]在一九三四年五月十三日的日記中又寫道：「晚誦《孝經》，立身行道，揚名於後世，以顯父母，孝之終也。」[21]可見「孝」是蔣中正思想中的一個核心觀念，甚至臨終前也不忘叮囑蔣經國：「孝順汝母，則余可安心於地下矣！」「要以孝父之心而孝母。」蔣經國則回答道：「兒當謹遵父命。過去如此，今日如此，日後亦永遠如此。」[22]

為了契合蔣中正的孝道觀念，維持家族倫常，宋美齡始終扮演著「慈母」的角色。蔣經國、蔣緯國等蔣家兒孫也是循規蹈矩，努力扮演著「孝子」「賢孫」的角色。他們一起向蔣中正，也向外界展示著「拳拳慈母心，濃濃敬老情」的人倫道理。

---

19. 《孝經．聖治》中的句子。
20. 《蔣中正總統五記．學記》（臺北：國史館，二〇一一年），頁六七。
21. 《蔣中正日記》，一九三四年五月十三日。
22. 「經國先生上蔣夫人電」（一九七六年十一月三日、一九七八年三月二十一日、一九七八年三月二十七日）及「蔣夫人致經國先生電」（一九七八年三月二十四日），〈蔣夫人在美與經國先生來往電報錄底影印〉，國史館藏。轉載朱重聖，〈親情、國情、天下情——蔣夫人宋美齡女士與經國先生〉，《近代中國》，一九九九年第一三四期，頁六四。

（一）宋美齡與蔣經國

宋美齡與蔣經國之間，並沒有真摯的母子之情，甚至在相當長時間裡，兩人關係並不和諧。[23]但是，她與蔣經國兩人的修養都很好，見面時還是客客氣氣、有說有笑，一直維持表面關係。蔣中正也一直知道這個情況，始終設法化解兩人的恩怨。[24]在處理與蔣經國的關係上，由於宋美齡是後母，蔣中正始終注意強化宋美齡的母親角色。在蔣中正與蔣經國的書信函電往來中，大多數情況下，都是以蔣中正和宋美齡共同署名的。特別是涉及家庭生活和個人事務時，蔣中正始終以「父母」名義簽署，甚至於宋美齡和蔣中正不在一處時，蔣中正也不忘提及宋美齡。

宋美齡的表面工作做得很好。一九四九年，在赴美求援陷入困境之際，宋美齡還記得蔣經國的生日。四月十三日，宋美齡電賀蔣經國生日，電文中寫道：「經國鑒：真電悉，刪（十五）日為汝生辰，余未克趕回，殊為掛念，但不久即可家人團聚，惟望珍重為國努力，特電祝福。方良及諸孫同此。母阮（十三日）。」[25]蔣經國則回覆道：「惟有為國努力，以報大人之恩，並望大人早日返國，同聚天倫，敬祝福體康健。」[26]可謂「母慈子孝」。

---

23. 蔣孝嚴在《蔣家門外的孩子》（北京，九州出版社，二〇一一年）一書中提到，王升曾對他說起蔣夫人和蔣經國先生之間，長期存在一些芥蒂。頁一二〇。
24. 周宏濤口述、汪士淳著：《蔣公與我：見證中華民國關鍵變局》（臺北：天下遠見出版股份有限公司二〇〇三年），頁四七五-四七六。
25. 「宋美齡電蔣經國」（一九四九年四月十四日），〈一般資料——宋美齡致蔣經國文電資料〉，《蔣中正總統文物》，國史館藏，典藏號：002-08020-00627-017。
26. 《蔣經國書信集——與宋美齡往來函電》（上），頁一〇九。

蔣經國生病的時候，宋美齡無論在哪兒，都會以多種方式進行慰問，表達一個「慈母」對「孝子」的關切。一九五四年九月，蔣經國出任國防會議副秘書長，特電告宋美齡：「兒被任命為國防會議副秘書長已經正式發表，謹聞。中秋在即，恭賀佳節，並祝福身體康泰。」[27]宋美齡電囑蔣經國：「就職後更宜注意健康，務勿使舊疾復發。」[28]一九七〇年，蔣經國在美國受槍擊虛驚，蔣中正、宋美齡急電慰問，電文如此：「聞受虛驚無恙為慰，一切皆賴上帝保佑，應照常進行，並祝平安，父母，二十五日。」[29]

宋美齡還不斷地向蔣經國展示一個「慈母」對「父執」蔣中正的關心，特別是宋美齡在美國期間，把蔣經國當作她與蔣中正之間溝通的管道之一。從往來函電看，這個溝通管道所傳達的，主要是宋美齡對蔣中正身體的關切。而蔣經國也順勢而為，謹遵孝子之責。例如一九五四年四月二十九日，宋美齡再度赴美治病。五月二十五日，蔣經國致電宋美齡，告知臺北炎熱，蔣中正將遷居草山。[30]六月二十三日，宋美齡聞知蔣中正擬南巡，致電蔣經國：「聞臺灣酷熱異常，南部更甚，父親此時去南方考察，影響康健極大，務須竭力設法避免。」[31]八月，金門砲戰進入白熱化，二十六日，宋美齡電囑蔣經國：「金馬局勢緊張，至為憂念，尚希善侍父親，並隨時告知情況。」[32]

27. 《蔣經國書信集——與宋美齡往來函電》（上），頁一七七。
28. 「宋美齡致蔣經國文電資料」，〈特交檔案〉，《蔣中正總統文物》，國史館藏，典藏號：002-08020-000627-031。
29. 「蔣中正、宋美齡電慰蔣經國在美槍擊虛驚」（一九七〇年四月二十五日），〈籌筆—戡亂時期〉（三十六），《蔣中正總統文物》，國史館藏，典藏號：002-01040-000036-011。
30. 周美華、蕭李居編，《蔣經國書信集——與宋美齡往來函電》（上），頁一九三。
31. 「宋美齡致蔣經國文電資料」，〈特交檔案〉，《蔣中正總統文物》，國史館藏，典藏號：002-08020-000627-030。
32. 「宋美齡致蔣經國文電資料」，〈特交檔案〉，《蔣中正總統文物》，國史館藏，典藏號：002-08020-000627-033。

一九五八年五月宋美齡開始了長達十三個月的美國之行。十月八日，宋美齡電諭蔣經國：「局勢艱危，惟賴勇毅克之，父親煩累，務希善侍，並注意其健康。」[33]十月三十一日，宋美齡電囑：「希善侍父親左右。」[34]一九五九年二月二日，電諭蔣經國：「除夕余不在家中，望多陪伴父親，加意侍奉，並祝闔家歡樂。」[35]

再如一九六五年八月宋美齡最後一次訪美進行「夫人外交」。八月三十一日，宋美齡電告蔣經國：「此次來美，如能對國家盡忠以報，為父親能稍分憂勞，乃皆上帝意旨所賜。望兒在側服侍父親時，能隨時請其為國節勞。」十月八日，又電：「欣悉父親手術後經過良好，盼時來電告父親康健情況，以慰遠念。」

宋美齡還利用蔣經國作為特殊時期她與蔣中正聯絡的橋樑。一九五二年，宋美齡以治病名義赴美，不顧蔣中正的百般催促滯留不歸。特別是十月之後，蔣中正多次強調自己身體有恙，力圖以「不忍之心」召回宋美齡。然而，宋美齡遲遲未歸，蔣中正和宋美齡之間難免為此有了隔閡。宋美齡則以蔣經國作為迂迴溝通的管道。力圖通過蔣經國之口，舒緩蔣中正的憤怒與無奈。

宋美齡對蔣經國的夫人蔣方良的態度也很客氣，但據侍從的回憶，這種客氣就僅僅是一種婆媳之間的禮貌，並沒有內心親近的含義。蔣中正官邸侍從何占斌曾這樣說道：「蔣方良女士很少到士林官邸來，先生（**蔣中正**）沒有請他們，她不會來，有事情才會來，譬如先生、夫人生日啦！

33. 「宋美齡致蔣經國文電資料」，《特交檔案》，《蔣中正總統文物》，國史館藏，典藏號：002-08020-00627-034。
34. 「宋美齡致蔣經國文電資料」，《特交檔案》，《蔣中正總統文物》，國史館藏，典藏號：002-08020-00627-035。
35. 「宋美齡致蔣經國文電資料」，《特交檔案》，《蔣中正總統文物》，國史館藏，典藏號：002-08020-00627-037。

晚上要家庭宴會啦！告訴她，她就會來。或是王太夫人忌日啦！正月初一來拜年啦！或是大年夜先生選那一天請他們吃飯，這個時候才會來，平常不會隨隨便便到官邸來。」[36]

蔣經國在日常生活中，是以寧波老話喊蔣中正為「阿爹」，喊宋美齡為「姆媽」，宋美齡則直接喊「經國」。[37] 蔣經國在給宋美齡的電文中，也總是以「兒」落款。每逢宋美齡生日，蔣經國都會向宋美齡拜壽。例如一九四六年三月十三日，蔣經國致電宋美齡，報告在溪口掃墓情況，並恭祝生日快樂。[38] 三月十四日，蔣經國和蔣緯國再致賀電：「因公在外，不及趕回慶賀母親壽辰，敬請原諒，並恭祝福壽健康。」[39] 每逢中秋、春節等中國節日，以及西方的新年、聖誕，蔣經國也不忘問安。一九五三年一月，宋美齡在美國，蔣經國致電宋美齡，電文的用語是「如常，敬祝新年康泰」。[40] 一個「如常」，道盡了蔣經國是如何擺正位置，細緻處理與宋美齡的關係。

同時，蔣經國和宋美齡有一樣共同愛好：畫中國畫。這當然不能說是蔣經國投宋美齡之所好，但至少兩人之間有了交流溝通的話題。據蔣經國之子蔣孝文透露：其父親和祖母經常在一起談論繪畫，而父親的墨竹畫被祖母所稱讚。宋美齡熱愛繪畫，她喜歡畫山水和花鳥，花鳥又以蘭、竹居多。（圖4-1：一丈二尺高六尺寬的玉版宣紙畫的大墨竹，落款為蔣經國繪畫，老師高逸鴻寫的：「經國興到之處，筆墨蒼勁，饒有古趣，至可嘉也。壬寅新春高逸鴻題。」）而蔣經國也喜畫松樹、

36. 〈何占斌先生訪問紀錄〉，《蔣中正總統侍從人員訪問紀錄》（上），頁三三六。
37. 〈何占斌先生訪問紀錄〉，《蔣中正總統侍從人員訪問紀錄》（上），頁三三五。
38. 周美華、蕭李居編，《蔣經國書信集——與宋美齡往來函電》（上），頁一九三。
39. 「宋美齡致蔣經國文電資料」，〈特交檔案〉，《蔣中正總統文物》，國史館藏，典藏號：002-08020-00626-023。
40. 周美華、蕭李居編，《蔣經國書信集——與宋美齡往來函電》（上），頁一九三。

竹子、梅花、蘭花等。[41]宋美齡為其題字，落款為「美齡」，甚為親密。如一九六二年蔣經國所畫竹子，宋美齡題字：「經兒近作筆墨，漸見爽朗，殊為可燕。癸卯新春美齡題。」（圖4-2）而一九五四年四月十九日蔣經國四十五歲生日之前，宋美齡還特意作《松風濤聲圖》（圖4-3），寫有「為經兒四十晉五生辰，松風濤聲。母畫父題」幾個字。[42]寥寥數字，盡顯三人的關係。

（二）宋美齡與蔣緯國

宋美齡與蔣緯國之間，由於雙方無利益衝突，關係極為融洽。蔣緯國敢對宋美齡提出一些旁人不敢言及之事，例如蔣中正的侍從錢如標由於替蔣灌腸時戳破蔣的肛門，被關了四年多。旁人不敢擅自放他出獄，又不敢去向蔣中正或宋美齡求情，只得央求蔣緯國。蔣緯國直接找了宋美齡直話直說：「錢如標關了好幾年了，可以給他出去了，他太太身體不好，小孩子也需要照顧。」結果宋美齡的臉孔拉了下來說：「為啥要儂管？讓他關，你的阿爹是他害的。」意思是要蔣緯國不要管這檔事。蔣緯國後來說：「這種事我不敢再講了，因為被姆媽訓了一頓。」[43]這雖然是一件小事，蔣緯國最後也沒有辦成，但宋美齡和蔣緯國的互動方式，可見雙方沒有那種後母與繼子的分歧，也沒有宋美齡與蔣經國之間那種表面上的客氣。

宋美齡也把蔣緯國看成是一個親近的後輩。一個小細節似乎能夠映襯他們之間的關係。一九五二年宋美齡赴美治病，到了一九五三年仍然滯留不歸，以圖就近展開對美政治遊說。蔣中

41. 從《蔣經國書信集——與宋美齡往來函電》一書中插有蔣經國一九六二年的十幅畫作亦可旁證。
42. 周美華、蕭李居編，《蔣經國書信集——與宋美齡往來函電》（上），頁一六六。
43. 〈應舜仁先生訪問紀錄〉，黃克武等訪問、周維朋等紀錄，《蔣中正總統侍從人員訪問紀錄》（上），頁四五五。

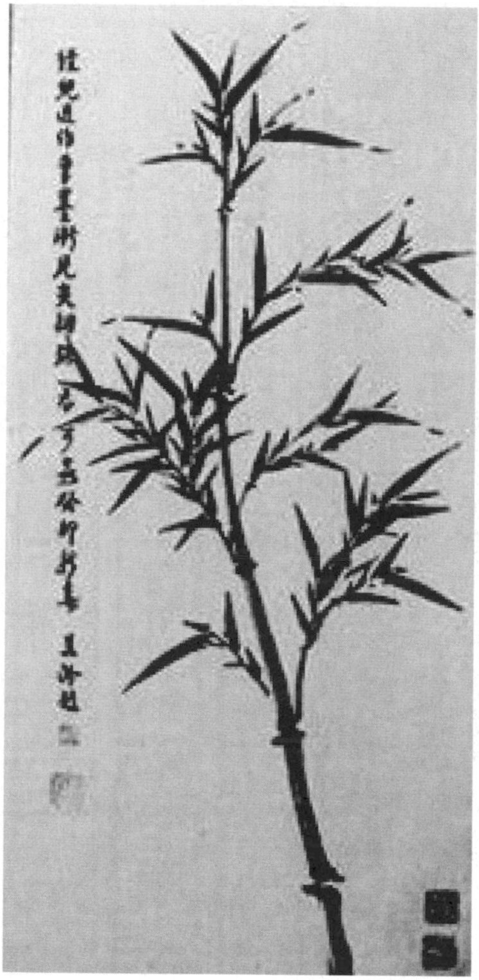

圖 4-2：蔣經國的又一幅墨竹圖，宋美齡為其題字。

圖 4-1：蔣經國 1962 年畫竹圖（高逸鴻題字）。

圖 4-3：《松風濤聲圖》（宋美齡為蔣經國四十五歲生日所畫）。

正不希望宋美齡於此時介入美國事務，而宋美齡給蔣中正的理由是尚未病癒。這年二月底，宋美齡開始運作訪問華盛頓，並會晤艾森豪總統事宜。此時的蔣緯國正在美國訪問，並專程拜見了宋美齡。蔣緯國應該十分清楚宋美齡的身體狀況，然而在三月一日給蔣中正的電報中卻說道：「已見母親，尚未痊癒，擬留美，待康復後返臺。」[44]

作為一個母親，宋美齡當然十分關心蔣緯國的健康。一九六一年，蔣緯國在沖繩美軍醫院手術，蔣中正、宋美齡致電蔣緯國夫人邱愛倫慰問，「聞緯兒已用手術，經過良好，甚慰，望你適心為調護，期早痊癒康復為順，父母，五日。」[45]

在政治上，宋美齡也不斷提攜蔣緯國。蔣緯國長期擔任軍職，一九四六年起進入裝甲部隊。自一九六四年湖口兵變事件後，蔣緯國便未被授予軍權，轉任軍事輔助部門職位。由於軍隊是蔣中正的禁臠，也是蔣中正交權蔣經國的關鍵領域，因此，在蔣中正當政以及蔣經國尚未站穩腳跟之時，宋美齡極少涉足軍隊事務。蔣經國上臺後，宋美齡極力向蔣經國遊說推薦蔣緯國。一九八四年六月十九日，宋美齡電諭蔣經國，要求蔣經國「追懷西安事變父親之囑託，期對緯國以提掖幼弟心情，罔顧瑕疵」。電文云：

> 緯國秉性，偶有愆置處，但經四十餘年來之磨練，父親之善誘教誨，已令其如可豐收之

44.「蔣緯國電蔣中正」（一九五三年三月一日），〈對美關係〉（六），《蔣中正總統文物》，國史館藏，典藏號：0020901-0300007191。

45.「蔣緯國電蔣中正」（一九五三年三月一日），〈對美關係〉（六），《蔣中正總統文物》，國史館藏，典藏號：0020404-0000003070。

畬田。自父親升遐後，導引之責可歸功於汝。論其軍事學識練達，進度遠在某些將領之上，用其長，捨其短，乃曾滌生救平太平天國之時，將法為後世所稱頌。四十八年前，西安事變，父親困於危城，視同書一遺囑，其要點：（甲）已決定為國犧牲；（乙）著余切勿可來西安，與其共生死；（丙）並告決不愧為總理信徒，決不愧對余，個人又凜然，令余感愧者，對家事隻字不提，顯見其一生奉獻國家，無暇及私產之署理，但令余滿眶盈淚者，臨危所書遺囑，尚諄諄囑余，對汝及緯國望視之如己出，若當時父親不幸殉難，全部遺囑中必須余謹守者，乃爾兄弟二人也。四十八年前，汝二人僅在青年時代，當時父親若遭不幸，余誓必遵其遺言，負起責任，幸上帝佑我邦國家庭，父親得見到汝蔚成大器。今汝二人各有不同程度之春秋，余惟希爾為長兄者，仍以提掖幼弟之心情，罔顧瑕疵，始終成全為厚盼。母，六月十九日。[46]

蔣經國也順勢而為，一九八四年六月二十一日，函電宋美齡：「必始終推父母慈愛之心，以相扶持，……以善母親諭示。」[47]一九八六年，蔣緯國自軍中退役，擔任國家安全會議秘書長。六月二十四日，宋美齡函電蔣經國：「緯國新職，當允其繼續有所貢獻。」[48]

蔣緯國對宋美齡極為尊敬。侍從胡浩炳先生回憶到：「像夫人生日的時候，友梅、蔣緯國夫婦還給她行跪拜大禮，現在好像不太有這種鏡頭了。還有一九七六年八月二十日，蔣緯國的兒子

46. 周美華、蕭李居編，《蔣經國書信集——與宋美齡往來函電》（下），頁四三九-四四一。
47. 周美華、蕭李居編，《蔣經國書信集——與宋美齡往來函電》（下），頁四四二。
48. 周美華、蕭李居編，《蔣經國書信集——與宋美齡往來函電》（下），頁六九七。

蔣孝剛結婚的時候，兩夫婦也是向夫人跪拜、奉茶。」[49]

（三）宋美齡與孫輩

在蔣家第三代面前，宋美齡毫無心理壓力地扮演著慈祥祖母的角色。和蔣中正一道關心著孫輩的健康，督促孫輩的學業，也和孫輩們共同遊戲，享受天倫之樂。時刻關心孫兒們的成長。

蔣家的孫輩也對宋美齡十分親近，宋家的孫輩亦是如此。侍從錢義芳先生曾這樣描述他們間的關係：「在蔣公與夫人身邊，孝文、孝武、孝勇等孫子，以及夫人么弟宋子安先生的小孩宋伯熊、宋仲虎，都是少年，先生跟夫人都很喜歡他們，他們也會撒嬌。」[50]侍從胡浩炳先生也說道：「宋伯熊跟宋仲虎也常來臺灣度假，夫人帶他們去看白雪溜冰團，有一次下午在陽明山花園，夫人還跳舞，陪他們玩，開心啊！」[51]侍從何占斌先生也說道：「這些孫子輩小時候，都很喜歡阿爺，因為阿爺很疼孫子，等到後來比較大了之後，他們開始迴避阿爺，因為阿爺見到要問『你現在看什麼書？讀的是什麼？』他們就儘量避開。」[52]

蔣孝文，蔣經國長子，蔣中正長孫。一九三五年十二月十四日生於蘇聯，出生時蔣經國給他取了一個俄羅斯名字——愛倫。一九三七年，蔣孝文隨父母與妹妹一同回到中國。歸國後，蔣中

49.《胡浩炳先生訪問紀錄》，黃克武等訪問、周維朋等紀錄，《蔣中正總統侍從人員訪問紀錄》（下），頁四九〇。
50.《錢義芳先生訪問紀錄》，黃克武等訪問、周維朋等紀錄，《蔣中正總統侍從人員訪問紀錄》（上），頁三八七。
51.《胡浩炳先生訪問紀錄》，黃克武等訪問、周維朋等紀錄，《蔣中正總統侍從人員訪問紀錄》（下），頁四九〇。
52.《何占斌先生訪問紀錄》，黃克武等訪問、周維朋等紀錄，《蔣中正總統侍從人員訪問紀錄》（上），頁三三五。

正給愛倫賜名蔣孝文。蔣經國對他的管教非常嚴格，但由於是長子長孫，蔣中正和宋美齡對他十分溺愛，故此蔣孝文年幼時在被父親責打後，經常向祖父申訴，導致蔣經國後來難以管教。蔣孝文的學習成績不好，蔣中正和宋美齡也聽之任之。一九五八年宋美齡訪美期間，電詢蔣經國：「知陪父親在馬公小住，甚慰。蔣孝文身體消瘦，最好不必對其學業逼之過甚。」[53]從中不難體會宋美齡之寵愛之意。

蔣孝武是蔣家第三代次子，一九四五年四月二十五日生於重慶。從出生時起，蔣孝武就生活在這個政治世家，那時蔣經國已被世人看作「太子」。由於大哥蔣孝文學業太差，又遺傳糖尿病外加酗酒，蔣孝武一度成為蔣家竭力栽培的對象。一九六七年，蔣孝武赴德國慕尼黑政治學院念書，宋美齡和蔣中正極為關心蔣孝武學業，時常去信叮囑。蔣孝武初到德國，寫信給蔣中正、宋美齡請安，蔣甚至連信中的錯別字都極為關注，回信道：「已將來信錯字改正，託戴安國帶回，裨益國文修養，又望專心學術，畢業早回。」[54]此後的信中不斷叮囑孝武：「望自立自強，早日學成回國。」[55]也為他規劃未來的方向。一九六八年十月二十四日，宋美齡和蔣中正在給蔣孝武的信中曾這樣寫道：「武孫：十月二日來函欣悉，你能學習政治，我很高興，我以為你的性能近於政治與外交方面，將來當有所成也。近來家中皆好，祇因前二星期你父病症突然，余甚憂惶，幸近已漸痊，每日上午祇許半日工作，期能早日復原，以其操心勞力過度故也，我勸你不要太想

53.「宋美齡致蔣經國文電資料」，〈特交檔案〉，《蔣中正總統文物》，國史館藏，典藏號：002-08020-000627-032。
54.「蔣中正致蔣孝武函」，〈家書〉，《蔣中正總統文物》，國史館藏，典藏號：002-04050-000001-008。
55.「蔣中正致蔣孝武函」，〈家書〉，《蔣中正總統文物》，國史館藏，典藏號：002-04050-000001-009。

家事，在學時應專心學業為要。祖父母望。中華民國五十七年十月二十四日。」[56]一九六九年二月十一日，又寫道「雖春節將屆，惟望再有兩年強勉忍耐，不要回家，待學成回國，才是人生最有意義，亦是事業開始之時。」[57]殷殷舐犢之情，躍然紙上。

一九六九年十二月，蔣孝武與汪長詩在美國結婚，宋美齡和蔣中正未能親臨主持婚禮，還特意寫信表示遺憾，信文如下：

武孫：你來信與修改英文信，皆已接到，甚為欣喜，祖母病後，右手尚不能握筆寫信，未能作覆，但近來日有進步，勿念。你們在外國結婚，未能親臨主持為念，惟望你們能早日成婚回國相見，為盼。特趁你母來美主持婚禮，故囑其帶此一函作賀，甚盼一切歡樂為祝。祖父母示。中華民國五十八年十二月九日。[58]

也正是因為宋美齡喜愛蔣孝武，一九八六年蔣孝武因「江南案」被外放新加坡時，一月二十七日蔣經國還特意函電宋美齡：

武孫在中國廣播公司日久，擬派其為駐新加坡代表，此舉雖未必有裨於對新關係，但武孫可從胡炘同志學習國際事務，亦得便照顧友蘭、友松在新加坡就讀，大人關懷曾孫就學

56.「蔣中正致蔣孝武函」，〈家書〉，《蔣中正總統文物》，國史館藏，典藏號：002-04050-000001-013。
57.「蔣中正致蔣孝武函」，〈家書〉，《蔣中正總統文物》，國史館藏，典藏號：002-04050-000001-015。
58.「蔣中正致蔣孝武函」，〈家書〉，《蔣中正總統文物》，國史館藏，典藏號：002-04050-000001-018。

無微不至，謹報母親慈鑒。肅叩福安，兒經國跪稟，元月二十七日。59

二月十一日，蔣經國又電稟宋美齡有關蔣孝武再婚一事云：

武孫接奉祖母復示，尤為歡欣鼓舞，姻事將在其行前簡定文定，然後可能於四、五月間在新加坡成婚，以避免無謂之酬酢。又，母親所示打破共匪對我溪口松揪廬墓破壞與重修之統戰邪惡，謹當遵依痛斥。寒盡春回，惟禱母親特加珍護。肅叩福安，兒經國、媳方良跪稟，二月十一日。60

四月七日，蔣經國致電宋美齡：

武孫將於十一日在新加坡註冊結婚，但願友蘭、友松此後獲得較溫暖之家庭生活，了卻兒媳一樁心事。61

蔣孝勇是蔣經國幼子，一九四八年十月二十七日出生於上海，自小深得蔣中正、宋美齡夫婦疼愛。蔣中正赴日月潭遊玩時，喜歡將陪同的孝勇抱在懷中。中學畢業後，蔣孝勇進入臺灣陸軍軍官學校就讀。一九六八年，在一次訓練中跌傷了腳踝，休養了好幾個月。蔣中正、宋美齡極其懸念，甚至連電話溝通亦不足以平復兩位長輩的擔憂。一九六九年二月二十四日，在給蔣孝勇的

59. 周美華、蕭李居編，《蔣經國書信集——與宋美齡往來函電》（下），頁六五一。
60. 周美華、蕭李居編，《蔣經國書信集——與宋美齡往來函電》（下），頁六五四。
61. 周美華、蕭李居編，《蔣經國書信集——與宋美齡往來函電》（下），頁六六〇。

信中寫道：

勇孫：昨午電話未盡，或懷以你足疾延久不癒，恐難成為健全的軍人，實為我半年以來最大之憂慮，乃非言語或可形容也。現在病既如此，祇有一切聽從醫生之言，凡使你足疾能癒之辦法都可照辦，再不可有強勉「自充好漢」之行動，手攜拐架，無論上課或上餐廳，亦祇有提用，勿以為羞是要。石膏未為醫生許可，亦不應拆除，雖不方便，亦只有忍之，若非為此，持久自制與強勉行之，創恐難望痊癒了，務希切實遵辦，「再不可自充好漢」，切記毋忘。祖父母示。[62]

十多天後，見蔣孝勇病情未能痊癒，還準備親赴南部看望照拂。三月十四日的信文如下：

勇孫：你上次來信，我已接到了，祖母亦甚高興，昨聞你已病入醫院，不勝繫念，今特寫信交武孫帶來慰問，如你下週仍未痊癒，我與祖母就要南來看你，想與你同住幾日，在西子灣養病，或比醫院為佳易癒也，餘不多言，望早痊癒。祖父母。三月十四日晨。[63]

到了十一月九日，寫信道：「或在下月初旬南來相見。」[64]

62.「蔣中正致蔣孝勇函」，〈家書〉，《蔣中正總統文物》，國史館藏，典藏號：002-04060-000001-003。
63.「蔣中正致蔣孝勇函」，〈家書〉，《蔣中正總統文物》，國史館藏，典藏號：002-04060-000001-004。
64.「蔣中正致蔣孝勇函」，〈家書〉，《蔣中正總統文物》，國史館藏，典藏號：002-04060-000001-005。

三、與孔家子女的關係

在宋美齡眼中，娘家人是最親近的，特別是娘家晚輩。侍從錢義芳先生曾這樣描述：

> 夫人待所有的外甥都很好，他們對夫人也都是「阿娘」、「阿娘」的叫，非常親近。宋靄齡女士在民國六十二年過世，由於兩家都沒有高一輩的長輩了，所以夫人以慈母的心態對每個外甥、外甥女，互相照顧。尤其孔夫人從小就非常愛護夫人，兩人感情很好。[65]

值得注意的是，宋家是廣東文昌（今屬海南）人，宋母倪桂珍則出身上海本地的富裕家庭，在上海話裡沒有「阿娘」這種稱呼，這些外甥按照上海話應該稱宋美齡「娘娘」。只有在寧波老話中「阿娘」才指姑母。可見，宋家的外甥們使用了蔣家的寧波老話去稱呼宋美齡。

孔令儀和宋美齡這個小姨很有緣分。蔣中正與宋美齡結婚時，她是婚禮中的小伴娘。後來孔令儀在南京念中學，長住蔣家數年，深得蔣宋夫婦寵愛。孔令儀可以不敲門即進入蔣氏臥室。而蔣中正在戎馬軍旅中，給宋美齡寫信，信函文字雖短，卻多次提及孔令儀，不僅以乳名「Baby」稱呼，還關心詢問其病情，惦記其生日，視如己出。此類信函共有十一封之多，關係之親密非同一般。一九五二年宋美齡去美國治療皮膚病，孔令儀隨時侍奉左右，十一月三日蔣中正還去電：「感慰在美調護宋美齡病中並代辦祝壽。」[66] 一九八一年，宋美齡移居美國紐約，先後居住的長

65. 〈錢義芳先生訪問紀錄〉，黃克武等訪問、周維朋等紀錄，《蔣中正總統侍從人員訪問紀錄》（上），頁三八七。
66. 「蔣中正致親友函（三）」，〈家書〉，《蔣中正總統文物》，國史館藏，典藏號：002-04040-000003-068。

島蝗蟲谷莊園和曼哈頓上東城公寓的兩處寓所，均由孔令儀提供，並由其悉心照料，直到二十二年後的二〇〇三年去世。

孔令偉，原名孔令俊，是孔祥熙與宋靄齡的次女，因此又稱為「孔二小姐」。一九一九年出生。在孔氏姐妹中，孔令偉尤其受到宋美齡的厚愛。大陸時期，孔令偉專橫跋扈。到了臺灣之後，孔令偉變得循規蹈矩。在宋美齡的後半生，孔令偉如影隨形地陪伴在姨媽的身邊，幫助宋美齡操持一切，姨侄二人的親情歷經了時代風雨的考驗。孔令偉一度病篤，臺灣的《中國時報》一九九四年九月十二日在一篇報導中寫道：「以宋美齡九十七高齡的風燭殘年，冒著搭乘長途飛機的辛勞和危險，不辭萬里跋涉，來到臺灣探視孔令偉，她們之間的感情，絕對不是用一般的甥姨之情可以輕易詮釋的。」[67]

孔令偉在臺灣的正式職責有兩個，一是擔當士林官邸的管家，二是主持圓山大飯店的日常工作。圓山大飯店是臺灣最早的國際觀光飯店，在國民政府外交迎賓史上扮演過重要的角色。蔣中正建造圓山飯店的動機，主要有兩個原因：一是由於當時臺灣有很多美國人，為了善待這些長住的美國人，讓他們在臺灣能夠住得好，吃得好，玩得高興，以示美臺關係的密切程度；二是當時國民政府撤退到臺灣後，經歷韓戰，臺灣局勢日趨穩定，當局為了打開外交局面，也需要建造一個像樣的飯店，接待外國賓客。[68]修建圓山飯店之初，遇到了無錢無地、缺乏營建計畫的尷尬境地，宋美齡不知從何著手。在這種狀況下，蔣中正指明讓孔令偉負責處理這件事情。做過該飯店董事

67. 《中國時報》，臺北，一九九四年九月十二日。
68. 佟靜，《晚年宋美齡》（合肥：安徽人民出版社，一九九八年），頁一五九。

長的熊丸回憶道：

> 二小姐在接到總統命令後，幾乎全部時間都全心投入，……所以圓山興建的藍圖，等於二小姐做最後決定。……圓山整個建設構想、發包、建築監工等，二小姐都事必躬親。[69]

除此之外，孔令偉還幫助宋美齡處理外界相關事務。

第二節 與蔣經國的關係

正如歷史上所有的帝王家族一般，內鬥與妥協是歷久彌新的大戲，蔣家也不例外。宋美齡和蔣經國的關係，並不如表面上那麼融洽。這一方面是因為宋美齡嫁給蔣中正之時，蔣經國的年齡已經比較大了，兩人年齡只相差十三歲。在蔣經國內心深處，「姆媽」是生母毛福梅，宋美齡僅僅是順應蔣中正要求的、口頭上的「姆媽」。另一方面，宋美齡與蔣經國也有著利益衝突，特別是一九四八年蔣經國到上海整頓金融秩序時，查辦了孔令侃的揚子公司。這傷及了宋家的利益，也被宋美齡視之為以下犯上，進而觸動了宋美齡的逆鱗。但是，大陸期間的宋（美齡）蔣（經國）關係還談不上鬥爭，畢竟那時兩人在政治的權力相差極大。一個是「第一夫人」，是蔣中正的政治後援。另一個則空有「太子」之名，手上的政治力量匱乏。臺灣期間的宋蔣關係，才是真正意

69. 陳三井訪問、李鬱青紀錄，《熊丸先生訪問紀錄》（臺北：中央研究院近代史研究所，一九九八年），頁三七二—三六〇。

義上的宮廷權鬥。

一、與蔣經國的鬥爭

來到臺灣之後，宋美齡與蔣經國開始了真正的權力鬥爭。此時蔣經國已晉級為「儲君」，從政治影響力而言，兩人旗鼓相當。初到臺灣，宋美齡與蔣經國競爭的是勢力範圍，她利用自己「第一夫人」的天然優勢，牢牢把控婦女工作，同時利用自己的國際聲望和美國人脈，將外交事務特別是對美交往事宜視為禁臠。

蔣經國在這場鬥爭中，使用的策略，則是緊跟蔣中正的腳步，亦步亦趨。將青年工作視為自己的根據地，同時通過掌控軍事和情治機構，拓展自己的政治勢力。來到臺灣後，蔣中正總結失敗原因時，曾強調「教育上的失敗」，他在鳳山陸軍軍官學校預備軍官訓練班開學典禮上發表演說：

> 歷史清楚的說明，國家需要革命的青年，青年更需要革命的教育；沒有革命的青年，國家就沒有充沛的生機和進步的動力，但是國家如不給青年以正確的革命教育，青年亦必迷失革命的方向。[70]

70.〈國家需要革命青年青年需要革命教育〉，《總統蔣公思想言論總集》卷二十五．演講，頁九九。

一九五 年八月二十六日主持夏令講習會結業典禮時再次重申：

青年是時代的基礎，時代的重心，在任何一個時代的革新與復興，是無不以男女青年的團結與奮鬥，為其主力，為其核心的。民族盛衰國家存亡的責任，根本就在於知識青年的雙肩上。[71]

蔣經國牢牢把握住蔣中正的這個精神，抓住青年學生這個反共復國的主力軍、急先鋒。他利用自己掌管的國防部總政治部，開始籌建中國青年反共抗俄救國團，要求高中以上學生一律參加救國團，在十六歲以上、二十五歲以下的社會青年，凡合於規定者也須加入。就這樣，臺灣高中以上學生全部被納入蔣經國的勢力範圍。

在這場政治鬥爭中，宋美齡與蔣經國似乎有所默契，宋美齡從來沒有介入過青年工作，對軍事工作和情治工作不聞不問。而蔣經國也謹守分寸，對婦女工作不置一詞，在外交事務上遵循宋美齡的安排。

一九五二年底，美國海軍上將雷德福訪問臺灣時，向蔣中正轉達了美國對蔣經國的意見，即是蔣經國長期在蘇聯學習和工作的背景，對其政治思想的影響。雷德福建議蔣經國訪美，使「對美國的民主方式產生興趣」。[72]此時宋美齡正在美國活動，不希望蔣經國此時來美國，擔心沖淡

71.〈時代考驗青年青年創造時代並說明四維八德為反共抗俄鬥爭中的主要武器〉，《總統蔣公思想言論總集》卷二十四·演講，頁一九八。

72. 顧維鈞，《顧維鈞回憶錄》卷十，頁三八九。

她的風采。一九五三年二月十五日，她電告蔣經國：「待蔣緯國返臺後再來訪較為妥善，待返國後一切面談。」[73]

在兩人勢力範圍重疊的區域，鬥爭無處不在。對大陸的游擊戰是雙方爭奪的一個重要領域。一九五〇年，蔣經國出任國防部總政治部主任，主要負責軍隊運作、政治工作、情報蒐集，以及指揮在中國大陸的游擊戰，[74]這其中涉及美方對游擊戰的支援事務。一九五〇年十一月，美國中央情報局（CIA）派在遠東工作的莊士敦（Johnston, C. S.）[75]到臺北商議游擊戰支援事宜，並決定由雙方合組一個機構，擇定大陸沿海一個島嶼，作為聯絡補給根據地。這就是以後CIA在臺機構「西方企業公司」（Western Enterprise）的由來。[76]在蔣經國看來，對大陸的游擊戰是他的勢力範圍，應該由他就具體事宜和美方銜接。按照鮑靜安、孫連仲的說法，蔣經國是「純從其政治角度出發，而決心欲控制美方對於游擊工作之一切活動」。[77]然而，臺美之間對游擊隊事務方面的聯繫，美方卻邀請宋美齡擔任美方駐臺人員會議主席，理由是宋美齡可以直接擔任蔣中正的代表。按照周宏濤的回憶，王世杰曾告訴他，美方這項邀請惹得軍方高層甚為不快，周宏濤曾向蔣中正報告此

73.「宋美齡致蔣經國文電資料」，《特交檔案》，《蔣中正總統文物》，國史館藏，典藏號：002-08020-000627-029。
74. 茅家琦，《蔣經國的一生和他的思想演變》（臺北：臺灣商務印書館，二〇〇三年），頁二二五。
75. 莊士敦就是中情局臺北站第一任站長。
76. 周宏濤口述、汪士淳著，《蔣公與我：見證中華民國關鍵變局》，頁二五二。
77.「白瑞德函蔡斯與鮑靜安孫連仲所談有關援助大陸游擊工作內情，藍欽函蔡斯提出擬答華府徵詢扶持臺灣自力更生所需時間與金錢並請該團協助中國擬訂一九五二年軍事預算薪給兵役等工作」，國史館藏，典藏號：002-08010-600050-002。

事。[78] 事後看來，真正不快的人是蔣經國。因為一九五二年五月五日，蔣中正在總統府約見葉公超，詢問他於幾天前與藍欽（Karl Rankin）公使的談話，因為藍欽提及由宋美齡擔任游擊隊的委員會主席，以及蔣經國在政治部工作方式兩件事。當時，蔣中正表示，宋美齡擔任游擊隊方面的職務，是美方在臺政策；至於蔣經國所領導的國軍政治部工作一事，則屬內政問題。[79]

在蔣經國抵達臺灣不久，便成立政治行動委員會，負責統籌與協調情報及祕密員警的活動。[80] 這些情治工作有時會涉及宋美齡的人，她對此高度警惕，竭盡全力地保護著「后黨」。吳國楨是宋美齡屬意的人物，也是蔣經國早期的政治對手。吳國楨在回憶錄中曾這樣描述他和宋美齡的關係：「蔣夫人對我和內人很好。但是我認為她支持我的真正原因，……是因為她曉得我在政治政策上不認同經國。」在臺灣火柴公司的案件中，吳國楨試圖保住王哲甫，為此向宋美齡談了王哲甫案。吳國楨回憶道：「當我講到王哲甫案時，她（宋美齡）怒不可遏。我記得當時我們正要同蔣夫人和委員長共進午餐，只有我們夫婦和蔣氏夫婦，當蔣進來時，她怒氣衝衝地說：『瞧！你兒子幹了些什麼？』」[81]

毛人鳳也是宋美齡維護的人，蔣經國久欲排去毛人鳳，但礙於蔣夫人之支持，無法遂行。蔣夫人之所以偏袒毛氏，僅因其進行若干海盜式之走私行為，而對蔣夫人有利，此利當非私人之利

78. 周宏濤口述、汪士淳著，《蔣公與我：見證中華民國關鍵變局》，頁二五二。
79. 同上。
80. 陶涵著、林添貴譯，《臺灣現代化的推手：蔣經國傳》（臺北：時報文化出版企業有限公司，二〇〇〇年），頁二〇七。
81. 裴斐、韋慕庭訪問整理，吳修垣譯，《從上海市長到臺灣省主席（一九四六—一九五三）——吳國楨口述回憶》（上海：上海人民出版社，一九九九年），頁一八〇。

也。[82]此外，保護孔宋家族的利益，也是宋美齡關心的重點。一九四八年蔣經國到上海整頓金融秩序，此事讓宋美齡和蔣經國彼此心懷芥蒂，一直延續來臺。與此同時，孔祥熙及宋子文在大陸期間的許多行為，則讓蔣經國十分憤怒，包括在國家危難之際囤積居奇，借機大發國難財等等，並認為宋美齡包庇孔宋家族。如此種種，使得來臺之後，一遇到孔、宋之事，宋美齡就懷疑與蔣經國有關。清理孔祥熙、宋子文黨籍之事，宋美齡就懷疑是蔣經國將此二人列入了清除名單。[83]

二、從鬥爭到妥協

在臺時期，蔣中正逐漸地讓蔣經國參與更多的政務，擁有更多的權力。到了二十世紀六〇年代，蔣中正已經將蔣經國視為「儲君」，開始把權力向他過渡。為了讓這種過渡順暢，蔣中正逼走老臣，遏制內戚。

在蔣經國由「儲君」邁向權力高峰之際，宋（美齡）蔣（經國）關係由鬥爭轉向妥協。從這個意義上講，在蔣家內部的權力鬥爭中，宋美齡敗給了父子間的血統關係。

分析蔣經國與宋美齡的往來函電，可以發現電報的稱銜與署名，透露了雙方關係變化的玄

---

82. 「白瑞德函蔡斯與鮑靜安孫連仲所談有關援助大陸游擊工作內情，藍欽函蔡斯提出擬答華府徵詢扶持臺灣自力更生所需時間與金錢並請該團協助中國擬訂一九五二年軍事預算薪給兵役等工作」，國史館藏，典藏號：002-08010-600050-002。

83. 周宏濤口述、汪士淳著，《蔣公與我：見證中華民國關鍵變局》，頁四七五－四七六。

機：《蔣經國書信集——與宋美齡往來函電》（以下簡稱《往來函電》）收錄蔣經國與宋美齡往來函電九百九十四件，時間為一九三七—一九六七年和一九七五—一九八六年。《往來函電》全部搜自臺北國史館典藏的《蔣中正總統檔案》及《蔣經國總統檔案》。這些函電雖然多半只是錄底、副張，或來電紙、去電紙的影本，而且必須依循程序由收發報員、譯電員、審查員或相關隨侍人員過手，但除非當事人有指示，誰也不敢擅自更改隻字片語，所以可信度極高。在蔣經國致宋美齡的電報中，蔣經國的署名都是「兒經國」或「經兒」。蔣經國對宋美齡的稱謂則有明顯變化，一九五八年以前，對宋稱「母親大人」、「蔣夫人」或無稱謂直述其事。一九五八年以後則多為「母親大人」。在宋美齡致蔣經國的電報中，對蔣經國的稱銜多為「經國」。署名則有變化，一九五八年以前主要署「美齡」、「蔣宋美齡」或「美」，只有六件署「母」。一九五八年以後則全部署「母」。[84]

蔣經國在未登大統前，也不斷地舒緩與宋美齡的關係。一九六七年四月十五日，蔣經國電宋子安：「信中所提之事，已報告母親處理，並將經常報告情況。」[85]一九七四年八月八日，尼克森因「水門事件」被迫辭去總統職務。八月九日，宋美齡針對此事寫了一篇英文評論，並要其辦公室游建昭秘書送交錢復翻譯。由於文中用了相當的篇幅批評美國新聞從業者，錢復認為此文一經刊佈流行，勢必影響臺美關係，於是將原稿與譯文面呈蔣經國裁示。蔣經國讀完後亦覺不妥，立即找來葉公超、黃少谷、沈昌煥、周書楷等會商，討論結果是需要修改刪除部分段落。但是蔣

84.〈代序〉，周美華、蕭李居編，《蔣經國書信集——與宋美齡往來函電》（上下），頁二、四。
85.「蔣經國致各界文電數據」，〈特交檔案〉，《蔣中正總統文物》，國史館藏，典藏號：002-080200-00645-069。

經國並沒有直接決斷，也沒有親自出面勸說宋美齡，而是讓錢復去面見宋美齡剴切陳詞。錢復深知此事之不好處理，但涉及國家利益，只好勉力而行。宋美齡從錢復處獲知原委之後，也接受了錢復的修改意見，或者更確切地說是蔣經國的意見。

蔣中正在宋（美齡）蔣（經國）關係的轉變中也起到了積極的作用。蔣中正一方面敦促蔣經國尊重宋美齡，另一方面也不斷地安撫宋美齡。一九六五年，蔣經國接替俞大維為國防部長，順利掌握臺灣軍權。九月又以國防部部長的身分前往美國訪問，會見美國總統詹森和美國國防部部長麥克納馬拉（Robert McNamara）。這次出訪至美國，是蔣經國正式登上外交舞臺。蔣中正特地電告蔣經國：「時常與汝母晤面及請教。」[86]

三、從妥協到同舟共濟

一九七五年四月五日，蔣中正突發心臟病在臺北市市郊士林官邸逝世。四月二十九日，蔣經國六十六歲生日。這一天，宋美齡給蔣經國寫了一封信，信中寫道：[87]

> 今天又屆你的生辰，往年我都為你設席與家人共聚，一享天倫之樂，此次自（你）父親撒手離我你之後，我們再也無此興致作任何設宴之舉。今晨我特別起得早，為你禱告，祈

86.「蔣中正電蔣緯國」（一九五五年九月二十二日），〈對美關係〉（一），《蔣中正總統文物》，國史館藏，典藏號：002-090103-00002-317。

87.〈一九七五年四月二十九日〉，蔣經國，《守父靈一月記》（臺北，三民書局，一九七六年）。

求上帝給你智慧、健康和毅力，並特別賜福予你，這是我今年以此為你壽。母字。

宋美齡的信讓蔣經國「感動無已，泣涕甚久」，「此為有生以來第一年失去父親過生日，回首往事，悲痛無已」，「余（蔣經國自稱）今已六十有六歲，在過去的歲月中，有負父親期望之處多矣。從今以後，自己要對自己負責，不可再有錯失，因誤個人之事小，誤國家和大眾之事大。」[88]自此，宋美齡和蔣經國，徹底地從妥協走到了同舟共濟。

彼此同舟共濟之時，宋美齡主動地離開了臺灣。一九七五年九月十七日，宋美齡啟程赴美，行前發表書面講話，解釋其赴美的原因：一是因為「近年來其屢遭家人喪故，自己卻無從訣別，遺憾良深」；二是因為「三年來為侍蔣中正之疾，身心俱乏，漸染疾病，亟需醫理」。號召大家「堅守民主陣容，自強以求自立，自助以求合作，堅強信心，勇往直前」。[89]但是，從政治鬥爭的角度解讀宋美齡的這個行為，可以發現幾重含義。其一，為蔣經國騰出政治空間。「第一夫人」遠走美國，「后黨」或「夫人幫」在臺灣也就群龍無首，從而能夠推動「后黨」群臣倒向蔣經國。其二，威懾臺灣島內不安定分子。蔣中正逝世的時候，儘管蔣經國已經大權在握，但畢竟子承父業，會讓外界觀感不佳，「三年孝期」或可抵消外界的種種非議。如何讓蔣經國順利地度過三年孝期，防止不測之事，宋美齡遠離是非之地，當是上上之策。其三，為蔣經國在美國奔走，利用「院外援華集團」的遊說，使美國接受蔣經國「接班」。

88.〈一九七五年四月二十九日〉、〈五月二日〉，蔣經國，《守父靈一月記》。
89.〈蔣夫人書勉全體國人〉，《中央日報》，臺北，一九七五年九月十七日，版一。

隱居美國的宋美齡，肩負著為臺灣觀察國際形勢的重任，不斷地爲蔣經國出謀劃策，把握方向，指導臺美關係的處理。事實上，蔣經國繼位後，臺灣的外交形勢繼續惡化。而臺美關係更是重中之重，涉及國民黨統治的根基。因此，宋美齡一方面就近觀察美國政治風向，開展幕後遊說工作，同時頻頻以電諭、手諭的形式爲蔣經國下「指導棋」。

在美期間，宋美齡密切注意美國與中國（大陸）的關係變化，點點滴滴、蛛絲馬跡皆不放過。一九七五年十月十二日，宋美齡抵達美國不足一月，即電告蔣經國：

> 自來美所見所聞特多，今列犖犖大者有二：（一）……季卿重申所謂上海公報仍將頻頻繼續進行至達成承認為止；（二）夏威夷已成立有美國友善聯誼會 US China Peoples Friendship Association of Hawaii，其總部設諸洛杉磯，……來日暗礁隱憂必多。[90]

一九七五年十二月一日蔣經國電陳：

> 福特（美國總統）訪問中共必對國家不利，兒自將密切注意，妥為處理；美大使將於本月中旬返國，不知是否一去不返，難以預料。[91]

十二月二十一日，宋美齡電告蔣經國：

---

90. 周美華、蕭李居編，《蔣經國書信集——與宋美齡往來函電》（上），頁三三二—三三三。
91. 周美華、蕭李居編，《蔣經國書信集——與宋美齡往來函電》（上），頁三五四。其中電文中所提的是美國總統吉羅德·福特（Gerald Rudolph Ford）。

汝慮國是，亦即余針對時局及我國家前途人民精神之栝實國策，有無差誤之憂恫焦慮所困擾也，雲天相閡，緩暇當函告此間趨勢，臨電神馳。[92]

一九七六年三月一日，宋美齡致電蔣經國：「今趁夏功權下星期返國吉便，請其帶臺家書一通。」[93]三月六日，蔣經國報告：

（夏）功權抵臺，手諭與資料皆拜悉，兒對大人在諭中所提有關國事之意見，甚有同感。今年對國家而言，乃為關鍵之年，兒決定遵示謹慎處事。[94]

三月十日，宋美齡再叮囑道：

汝對立法院提出報告，對揭穿新聞媒介幸災樂禍之陰謀言詞，不懼不餒，余甚以為然。六日來電中謂今年為國家關鍵年，余有此同感，且揭曉則在明年，凡政策之得失，在乎政策之正確性，及執行諸君能力幹才之進度深淺，以檢討成敗，采葑采菲，取捨在乎甄別人事之得當。[95]

彼此同舟共濟之時，宋美齡不斷幫助蔣經國拾遺補闕。一九七五年十月十五日，宋美齡致電

92. 周美華、蕭李居編，《蔣經國書信集——與宋美齡往來函電》（上），頁三五九—三六〇。
93. 周美華、蕭李居編，《蔣經國書信集——與宋美齡往來函電》（上），頁三八九。
94. 周美華、蕭李居編，《蔣經國書信集——與宋美齡往來函電》（上），頁三九二。
95. 周美華、蕭李居編，《蔣經國書信集——與宋美齡往來函電》（上），頁三九三—三九四。

蔣經國，對十月十四日《紐約時報》所載文章中所言士林官邸奢華的報導表示不滿，認為「此類偏差，堪能造成及影響日後大局及國家前途」，望其注意。[96] 十月十六日蔣經國電陳：「今後兒自應遵諭，注意敵人之中傷並加防備。」一九七六年一月六日，致電蔣經國，告之「臺獨」在美國活動加強，囑其對此問題應「探察處理之，免細小貽大，一如大陸後期」。[97]

宋美齡也不斷地約束自己，不讓自己的行為讓蔣經國增加困擾。一九七六年三月，宋美齡擬赴臺主持蔣中正忌辰，蔣經國派專機赴紐約迎接，並「遣王師揆與孝勇赴美隨侍回國，並即日準備士林之醫務事宜」。[98] 由於獲知「臺獨」擬危害蔣孝勇，要求美方派人保護蔣孝勇。三月二十五日，宋美齡電告蔣經國：

> 為勇孫安全計自不宜派其來美，且近日美兩黨競選人雖依國會通過法案合格者，均有政府派專人保護，但目前在報中及專欄作家批評為太浪費國帑，毋認為在此艱難時期，我須特別謹慎，以避免不必要之抨擊。[99]

宋美齡也不斷地為蔣經國鼓氣加油。一九七八年一月七日，中國國民黨第十一屆二中全會第三次大會上一致通過推舉蔣經國擔任第六任中華民國總統候選人。三月二十四日，宋美齡致電蔣

96. 周美華、蕭李居編，《蔣經國書信集——與宋美齡往來函電》（上），頁三三四—三三五。
97. 周美華、蕭李居編，《蔣經國書信集——與宋美齡往來函電》（上），頁三七四—三七五。
98. 周美華、蕭李居編，《蔣經國書信集——與宋美齡往來函電》（上），頁四〇二。
99. 周美華、蕭李居編，《蔣經國書信集——與宋美齡往來函電》（上），頁四〇五。

經國，鼓勵他「既被徵召，不必惶恐愧汗」，提醒他「照憲法規定，行政院長對立法院負責，乃真正施政者。而總統惟形式上之國家元首耳，汝在行政院可多為人民國家做些事，借手於人終不如理想。」「余為人有一原則，即永不強人以難，或盡可能不令人有此設想或假想，常以平易待人接物為宗，與家人共處和藹善慈為旨。希諸孫對我有此種想法，則已足矣。今年屆古稀，時以長江後浪推前浪之至理，以怡身心。」並表示：「此次得悉汝應召，亟盼在此段時期內，涓滴成就，皆映及汝，不便稍有分色之慼，以樹立簇新政府之箴信。他日汝偶有確切須要時，余當襄助也。」[100]

一九七六年三月十二日（農曆二月十二日），為宋美齡生日。以往每逢她的生日，蔣經國總會親自祝賀或電賀，但這一次蔣經國做了一件從沒有做過的事，為不在臺灣的宋美齡設壽堂祝壽。宋美齡極為感動，三月十五日電告蔣經國：

> 雖千里迢迢，余生辰汝為我設壽堂及預備簽名簿，孝思純篤，彌欣且慰，請向諸友好來賓陸續見面時，代為申謝彼等盛意。[101]

蔣經國經常關注宋美齡生活的點點滴滴。一九七五年十二月二十一日，宋美齡致電蔣經國時說道：

100. 周美華、蕭李居編，《蔣經國書信集——與宋美齡往來函電》（上），頁五八二－五八四。
101. 周美華、蕭李居編，《蔣經國書信集——與宋美齡往來函電》（上），頁四〇〇。

侍衛室帶來烏木手杖，高度適宜，尤其手柄悅目合手。鄧院長帶來之佐餐之物及來稟均收到，昨日又收到十三日所發來電，汝在政務繁忙中，仍能體及銖錙，殊堪欣慰。[102]

不僅如此，蔣經國還不斷地給宋美齡捎去家鄉物產，以解宋美齡思鄉之苦，柿子、柚子、冬筍，都是電報中提及的物品。

宋美齡的「第一夫人」稱號，甚至延伸到蔣經國主政時期。蔣中正逝世後，蔣經國為了表達對宋美齡的尊敬，為宋美齡保留了「蔣夫人」的尊稱，通令各機關和媒體使用「蔣經國總統夫人方良女士」，來稱呼蔣方良。宋美齡也很有分寸，絕不使他人說其在臺有干政之嫌。但是蔣經國仍然借助宋美齡的「蔣夫人」符號，隱藏蔣方良這個真正的「第一夫人」。有一項研究發現，在蔣經國出任總統時期（一九七八年五月二十日至一九八八年一月十三日），宋美齡在三份報紙上的新聞報導有一百八十二則。[103]儘管遠少於蔣中正主政時期的二百九十四則，但反觀蔣方良，在蔣經國總統任內的報紙上沒有呈現任何新聞。蔣方良的相關新聞，反而在蔣經國逝世之後大量出現。亦有人曾這樣寫到：「蔣經國當了總統，蔣方良並未以夫為貴，她既不能自稱『蔣夫人』，亦無法戴上第一夫人的后冠。」[104]

王美玉在《蔣方良傳》中也提及到：

---

102. 周美華、蕭李居編，《蔣經國書信集——與宋美齡往來函電》（上），頁三五九。
103. 郭及天，〈我國第一夫人報紙形象研究〉（臺北：淡江大學大眾傳播研究所碩士論文，二〇〇二年）。
104. 林博文，《跨世紀第一夫人宋美齡》，頁四八六。

蔣經國的政治生涯從此攀上高峰，他的曝光率一天比一天高，但是蔣方良卻像離群索居一樣，民眾對她的印象十分模糊。大家只知道蔣經國總統有個俄國太太，但是看到的人實在不多。尤其在當年的政治環境下，政府的既定政策是反共抗俄。各種小道消息流傳，包括蔣經國因為娶了俄國太太，但是看到的人實在不多。……她一輩子生活在蔣家豪門，卻沒有像蔣宋美齡那麼活躍的公開活動，即使是正式的國宴場合，她常常是缺席者，讓蔣經國身邊永遠缺少一個第一夫人。[105]

與此同時，蔣經國把宋美齡作為良師。一九七五年十一月三日，蔣經國電陳：「三十日手諭拜悉，讀之再三，此乃為兒在苦難中所能得到之最大安慰。手諭總會提起格言兩句，兒必將此自勉自勵。」[106]一九七六年十二月二十五日蔣經國電陳：

在國家未來歲月中，潛伏而不能見者之艱危，遠較可見者為多，國際反動逆流不但未退，而且將變成更為複雜險境。兒雖有一片耿耿忠心，但自知才能有限，遇事常與老成同志商量，今後如有重大問題，自將請示大人後再做決定。[107]

事實也是如此，蔣經國不斷地向宋美齡請示各項問題。一九七七年一月十二日，蔣經國電

105. 丁美玉，《淒美榮耀異鄉路——蔣方良傳》（臺北：時報文化出版企業股份有限公司，一九九七年），頁四五。
106. 周美華、蕭李居編，《蔣經國書信集——與宋美齡往來函電》（上），頁三四二。
107. 周美華、蕭李居編，《蔣經國書信集——與宋美齡往來函電》（上），頁四五一。

陳：「有要事託俞國華面呈（陳），希賜予召見。」[108]一月二十七日，宋美齡電諭蔣經國：「已於二十四日面見俞國華，其餘由其返國面報。」[109]二月十一日，蔣經國電陳：

國華兄返國面談後，拜讀大人手諭，……諭示各節，兒必將謹慎以對。惟感慨萬千，國內外敵人似非置我國於死地不可，吾人只有以死裡求生之精神，努力向上，以待時機，得挽今日之危局。[110]

一九七八年三月二十一日，蔣經國當選第六任總統，他給宋美齡發去電：[111]

密，母親大人膝下，今日國民大會投票結果，被徵召出任艱巨，不勝惶恐愧汗，兒之所以不敢置身事外者，既以國家憂患不容卸責，亦以父親母親革命奮鬥不容毀傷中絕，乃不得不毅然接受徵召。

三月二十八日，蔣經國再次電陳宋美齡，感謝「再四捧讀廣慈盛德」，電文說：

大人一生愛國相父，無論江西剿匪，西安事變，以至印緬之行，無不出以大智大仁大勇，尤其抗戰期間，大人踏著轟炸後之血跡，親為軍民裹傷救患，並在美國發表讜論，使全球

108. 周美華、蕭李居編，《蔣經國書信集——與宋美齡往來函電》（上），頁四六〇。
109. 周美華、蕭李居編，《蔣經國書信集——與宋美齡往來函電》（上），頁四六二。
110. 周美華、蕭李居編，《蔣經國書信集——與宋美齡往來函電》（上），頁四六七。
111. 周美華、蕭李居編，《蔣經國書信集——與宋美齡往來函電》（上），頁五八〇—五八一。

認識我中國艱苦抗戰之實情，特別是戡亂時期，對中美關係之挽回與加強，乃得此一片乾淨土，以為反共復國之基地，此皆父親母親慘澹經營之結果。大人對黨國之偉大貢獻，固為世人所共知共見，更為一家所引為偉大貢獻，更為一家所引為永恆之光榮與自信。

在二人此一往返通信中第三次提到：

猶記父親在士林病榻中，多次緊抱兒子之手，叮嚀囑咐兒曰孝順汝母，則余可安心於地下矣。兒敬對曰兒當謹遵父命。過去如此，今日如此，日後永遠如此。當時，父子相對而泣。此情此景，實長縈心神夢寐，終兒一生，不但孝順，大人一如父親在日，並當始終以孝順父親者孝順大人。[112]

一九七八年十二月十六日美國總統吉米・卡特（Jimmy Carter）宣布即將與中華民國斷交，蔣經國致電宋美齡：

鑒於美匪關係既成事實，必將有大批匪類赴美，勢將嚴重影響大人之行動與安全，兒經一夜不眠之深思極慮，特馳電請示，不知大人健康情形是否能考慮回國，並候賜示。兒。[113]

112. 周美華、蕭李居編，《蔣經國書信集——與宋美齡往來函電》（上），頁五八六－五八八。
113. 周美華、蕭李居編，《蔣經國書信集——與宋美齡往來函電》（上），頁六五八。

而面對此一變局，宋美齡沉穩、果斷，她一面電告蔣經國：「余深信，寢時情輿，將對我有利。……余則認爲必要時將作適當之措施。所幸因多年不斷之文函交往，美人稔知余之立場，屆時當作一昭然最後之公開忠告。」[114] 一面運作斷交掃尾善後事宜，最終促成《與臺灣關係法》（Taiwan Relations Act）在美國參眾兩院通過，以取代遭廢除的「臺美共同防禦條約」，為臺灣謀得一份安全保障。同時，宋美齡亦爲臺灣另闢外交路線之方向及辦法，最終找到了美國企業研究所（American Enterprise Institute, AEI）作爲新管道。這些都是她輔助蔣經國應對臺美關係變化的傾心考慮和周全設計。

第三節 蔣宋兩家利益的平衡

對於宋美齡而言，娘家和蔣家不僅是手心和手背的肉，也是天平兩側的眷戀。如何拿捏娘家和蔣家的關係，如何平衡娘家和蔣家的利益，一直是宋美齡反復糾結的問題。但在宋美齡內心深處，她和蔣中正兩個人的「小家」才是核心利益。從宋美齡晚年如何處理娘家和蔣家的關係，可以看出宋美齡是如何維護「小家」的利益。

114. 周美華、蕭李居編，《蔣經國書信集——與宋美齡往來函電》（上），頁六六八–六六九。

一、保護孔祥熙、宋子文黨籍

蔣中正退守臺灣之後，著手改造及鞏固國民黨，力圖把意志不堅、向心力不夠、明顯已有二心的黨員，自國民黨黨內排除。首先進行的是「黨員歸隊」，要求到臺黨員向各地組織報到，以便重新編組。然而，登記歸隊工作進展的卻不盡如人意。許多國民黨軍政官員並沒有追隨蔣中正到臺灣，而是滯留海外，孔祥熙、宋子文就是其中的指標性人物。一九四七年，孔祥熙以「忽接家人自美來電，謂夫人染患惡病，情況嚴重」為由，避居美國紐約，這次黨員歸隊登記，他置之不理。至於宋子文，在蔣中正一九四九年下野後，辭去官職，從香港輾轉飛赴法國，又從歐洲轉往美國定居。國民政府退至臺灣後，國民黨內出現各種追究導致政權崩潰禍首的聲音，孔、宋家族由於財富巨大，孔、宋兩人滯留美國，「不與軍民共患難」，成為眾矢之的。

一九五二年，國民黨七全大會召開，此時黨內各個大陸時期的山頭派系，大致被蔣中正削平，孫中山之子孫科、元老派居正、桂系白崇禧、CC系陳氏兄弟以及孔宋家族的掌門人孔祥熙、宋子文，都被清除出國民黨的權力核心。宋美齡對於蔣中正的這種做法未置一詞，她知道犧牲娘家是不得已而為之，因為這是鞏固蔣中正政權的需要，是關係到她和蔣中正政治生命的舉措。

一九五三年，國民黨黨內整頓工作繼續進行。在中央委員黨籍總檢查中，蔣中正指示始終未歸的中央委員應予開除黨籍。蔣氏此舉主要針對的是李宗仁等一批滯留在美國的黨國大老，應該不是有意識地針對孔祥熙和宋子文。然而，在中央檢查小組遞送給蔣中正的名單中，孔祥熙和宋子文排列十三人之首。蔣之機要秘書周宏濤是將此份名單呈報蔣核定的經手人。然而，就在周宏濤轉呈名單的次日，他接到宋美齡的指示，令周宏濤即刻到官邸詢問，[115]何以孔祥熙及宋子文會被列入撤銷黨籍的名單之內？並對周宏濤說：「如此做是抹煞孔、宋過去對黨國的功勳，也恰好等於中了共產黨的挑撥離間之計，對黨而言不但不智，也對孔、宋兩人不公平。」[116]當天下午，蔣中正召見周宏濤，聽聞宋美齡的反應，隨令周宏濤「以後不要把尚未決定之事告知夫人，以免增加她的憂心」。[117]其實，蔣在此之前已經核准此案，同意撤銷孔祥熙和宋子文黨籍。在宋美齡的激烈言詞下，蔣退卻了。第二天，蔣決定暫緩發出撤銷黨籍通知，並召見周宏濤詢問蔣經國是否也是中央檢查小組成員。可見，宋美齡懷疑是蔣經國把孔祥熙和宋子文列入除名名單。在得知蔣經國不是中央檢查小組成員後，蔣要周宏濤將此事與海外中委撤銷黨籍已經緩辦一併告知宋美齡。傍晚，蔣再度召見周宏濤，說孔、宋兩人功過尚未定論，海外黨員中另有類似者，類同辦理，不可以受中共宣傳影響，可以發黨證。隨後，周宏濤告訴蔣經國，蔣改變了原來批示。蔣經國認為這事應盡速決定，不宜拖延。半個小時後蔣經國帶來了蔣中正的手諭，手諭是這麼寫的：「張秘書長，凡中央委員已經歸隊與登記者，如無附匪及不法言行者，准予補發新黨證可也。」孔祥熙、宋子文的黨籍至此確定。

宋美齡對孔祥熙、宋子文等娘家同輩的幫助也僅此而已，但處理親戚關係的態度卻截然不同，這似乎跟孔祥熙、宋子文的政治熱情密切相關。孔祥熙避居美國，對臺灣政治不置一詞。宋美齡

115. 周宏濤口述、汪士淳著，《蔣公與我：見證中華民國關鍵變局》，頁四七八。
116. 同上。
117. 周宏濤口述、汪士淳著，《蔣公與我：見證中華民國關鍵變局》，頁四七八。

很滿意孔祥熙的這種態度，還邀請孔祥熙到臺灣遊玩。一九六七年八月十六日，孔祥熙因突發心臟病在美國病逝，終年八十八歲。[118] 八月十七日，宋美齡由蔣緯國陪同，乘專機赴美，參加孔祥熙葬禮。[119] 八月二十日，下午兩度前往停放孔祥熙靈柩的坎培爾殯儀館弔祭。[120] 八月二十九日，蔣經國致電，報告黨政軍各界將於九月二日追悼孔祥熙。[121]

反觀宋子文，對政治仍未忘情，甚至想東山再起，要到臺灣襄助蔣中正推動政務，但遭拒絕。一九七一年四月二十四日，宋子文在舊金山鍾斯大道一二五〇號公寓余經鎧（Edward Eu，余經鵬之長兄，余經鵬為宋子文之二女婿）家中吃飯時，因誤吞雞骨哽住氣管而嗆死，終年七十七歲。四月三十日，臺灣方面發言人宣布宋美齡臨時決定不赴美國參加宋子文的葬禮。宋美齡原定於四月二十日飛往紐約，參加翌日舉行的殯儀，後因獲悉大陸擬派宋慶齡赴美弔唁，決定取消行程。[122] 五月一日，宋子文追思禮拜在紐約一座教堂舉行，宋子文的遺孀張樂怡和女兒宋瓊頤（Laurette，婿馮彥達）、宋曼頤（Mary Jane，婿余經鵬）、宋瑞頤（Katherine，婿楊成竹），以及宋子良、顧維鈞、劉鍇等數百人參加。當時在紐約的宋藹齡及其子女皆未參加宋子文的葬禮和追思禮拜，蔣中正僅頒了一幅「勳猷永念」的輓額。

118. 郭榮生編著，《民國孔庸之先生祥熙年譜》（臺北：臺灣商務印書館，一九八一年），頁二三九。
119. 郭榮生編著，《民國孔庸之先生祥熙年譜》，頁二三九。
120. 〈蔣夫人在紐約弔祭孔故資政〉，《中央日報》，臺北，一九六七年八月二十二日，版一。
121. 「蔣經國致宋美齡電文資料」一，國史館藏，典藏號：002000002017A。
122. 〈宋子文葬禮今在美舉行，蔣夫人決定不參加〉，《中央日報》，臺北，一九七一年五月一日，版二。

二、為孔令侃爭官

孔令侃是宋美齡最喜歡的一個侄子，她極力想把孔令侃培養成與蔣經國、蔣緯國相抗衡的一股勢力。

一九四三年宋美齡訪美期間，孔令侃就擔任宋美齡私人秘書。他也利用這個機遇，同美國建立了經濟上的聯繫，並聘請了一些和美國大壟斷公司有聯繫的人為孔氏家族服務。受宋美齡囑託，在美國負責聯絡美國政要、國會議員，並向宋美齡隨時彙報美國朝野動態。

由於蔣經國上海「打虎」事件，使蔣氏父子對孔令侃心結難解。基於此，到臺灣後，蔣中正絕不晉用孔宋家族成員進入政府高層。蔣中正在世時期，孔令侃也鮮少主動造訪臺灣，除非是接到宋美齡指示，才到臺北。

一九六六年，蔣中正第三任總統屆滿，即將出任第四任總統，行政院也將重新改組。這次選舉對蔣中正而言意義重大。其一，蔣中正年事已高，是以八十高齡出任第四任總統，一旦任期中去世，將由副總統自然繼任總統。其二，蔣經國年資尚淺，暫時不能接班。因此，蔣中正要選一個能夠為蔣經國接班保駕護航的人擔任副總統。宋美齡也希望在這場變局中為娘家分得一杯羹，為自己站穩一方地盤。這年三月，孔令侃在臺灣政壇最敏感的時刻來到臺灣，宋美齡認為孔令侃在美國長期與國會議員周旋，極力爭取臺灣的利益，為臺灣作過重大貢獻，憑此貢獻為其謀取一個閣員之職，也是合情合理的事。縱使外界對孔宋家族有一些負面認識，但也不能因此而抹煞孔令侃的功績。然而，蔣中正非常清楚，不能讓宋美齡打亂他多年的接班布局，給予其內閣官銜萬萬不可。最後，蔣中正想了一個兩全之策，特聘孔令侃為總統府國策顧問。「顧問」的頭銜崇高而無實權，備位而已。

一九七二年，孔令侃再次來臺。宋美齡的打算是能否再讓孔令侃謀得高位。[123]而蔣中正的考慮是自己連任第五任總統，讓蔣經國為行政院院長。這是蔣經國正式走上政治臺前的關鍵一步，決不容許此事有任何閃失，甚至大造輿論。以形成「順應民意」、「出於公心」而「內舉不避親」。最終，在蔣中正的運作下，國民黨中常委通過決議，一致籲請蔣中正「不以內舉之微嫌，廢國家興衰之至計，允即徵召蔣經國同志出任行政院長」。

在兩人「角力」的過程中，宋美齡不斷地遊說要脅蔣中正，甚至以「冷戰」的方式，力圖迫使蔣中正就範，蔣中正極為痛苦。他在一九七二年五月十七日的日記中寫道：「晚見令侃，心生厭惡，國家生命幾乎為他所送。妻既愛我，為何要加重我精神負擔？」[124]為了擺脫宋美齡的糾纏，五月二十七日蔣中正躲避至中興賓館，當天的日記如是記道：「近日精神苦痛，以女子小人為難養也，故擬獨居自修。上午入府監視行政院長及其各部會長就職典禮，並致訓詞。下午獨自遷移

123. 據王丰《蔣中正死亡之謎》一書介紹，宋美齡向蔣中正推薦孔令侃為行政院院長。一是為自己未來的政治生命著想。她擔心在蔣中正去世之後，第一夫人的政治地位將受到動搖，再加上她與蔣經國之間貌合神離，因此她必須培植親自己的政治勢力。二是因為宋美齡長期受到美式觀念的影響，認為任何職務都可以遵循公平競爭的原則，依靠自身能力，通過努力的方式得到。其認為有海外留學經歷、長期周旋於美國政商兩界的孔令侃，具備了擔任行政院院長的能力與條件，況且孔令侃對政治也表現強烈的興趣。並以為孔家最能幹的孔令侃在這次角逐中缺席，孔宋家族勢必在臺灣政治舞臺上被徹底邊緣化。《蔣中正死亡之謎》（北京：團結出版社，二〇〇九年），頁四九。

124. 《蔣中正日記》，一九七二年五月十七日。

中興賓館。晚經兒來談並伴膳。」[125]

六月一日，蔣經國就任行政院長，孔令侃謀職一事徹底落空。但宋美齡和孔令侃仍不甘心，宋美齡繼續「冷戰」，不去和蔣中正同住，蔣在六月十二日的日記中寫道：「惟小人與女子難養也。『近之則不遜，遠之則怨。』女子更為難養，切勿近之。午膳、夜膳，勇孫皆來侍膳，不覺寂寞。」[126]

孔令侃要隨大家探望姨丈。六月七日他聽到孔令侃要來的消息痛苦不堪，他在日記中寫道：「晚聞令偉言，令侃要來見我，心神為之痛苦不堪，但只好聽其來見，夜間未能安眠。」[127]次日見過孔令侃後，蔣中正在日記中感慨道：「上午與令侃談話時，任其美國對他開玩笑，而往自以為得意，殊為可歎。」[128]過了一個多月，蔣中正想起孔令侃來，還憤憤不已。七月十一日日記云：「恥辱仇憤，沒有一時能忘。我的病源起於令侃，我的國恥亦發於令侃，用人不可不謹慎也。」[129]

最終，宋美齡妥協了。六月十九日，蔣中正獨自在中興賓館住了二十天後，宋美齡搬來同住。七月二十一日，蔣中正日記云：「近日體力疲倦，心神時覺不支。」[130]七月二十二日中午，蔣中

125.《蔣中正日記》，一九七二年五月二十七日。
126.《蔣中正日記》，一九七二年六月十二日。
127.《蔣中正日記》，一九七二年六月七日。
128.《蔣中正日記》，一九七二年六月八日。
129.《蔣中正日記》，一九七二年七月十一日。
130.《蔣中正日記》，一九七二年七月二十一日。

正突發高燒，確診為肺炎，從這一天開始，無法再寫日記。宋美齡也再沒有在蔣中正面前為孔令侃爭取官位。

直至美國與國府斷絕外交，臺灣探尋另開外交路線之方向及辦法時，宋美齡才重新讓孔令侃在臺美秘密外交中擔當任務。一九八〇年六月十六日，宋美齡電諭蔣經國：「自美與我斷交後，當時美國務院即取不與我正面接觸之光怪陸離姿態、自欺自矇之種種措施，令（夏）功權處處向壁所聞所報，均令人氣憤氣悶，因每下愈況，余即與令侃究討開路辦法。」[131] American Enterprise Institute（AEI），就是宋美齡交給孔令侃捐助收買的對象。

在宋美齡的影響下，蔣經國作了友善的回應，一九八二年八月三十日，蔣經國電陳：「令侃、令杰兩弟無論過去現在對黨國皆有貢獻，此則兒所深知者。今後尤望其加強聯絡在美友人，協助政府以增進中美間之關係。」[132] 一九八四年十一月二十二日，蔣經國電陳：「令侃弟已於昨日見面，許久未見），相談甚歡。大人交代各節，已逐一與令侃討論，俟其回美時面報。」[133]

蔣經國的「善意」回應，雖與蔣中正有所不同，但不表示對孔令侃的信任，似乎只是給宋美齡的面子而已。

131.《蔣經國書信集——與宋美齡往來函電》（下），頁九二。
132.《蔣經國書信集——與宋美齡往來函電》（下），頁四七四。
133.《蔣經國書信集——與宋美齡往來函電》（下），頁二九四—二九五。

第五章 隱居美國關懷歷史

第一節　見證歷史詮釋歷史

蔣中正逝世對宋美齡打擊巨大，一九七五年五月十五日，她在寫給艾瑪的信中，表示自己很難接受蔣中正去世這一事實，時時感到蔣仍在眼前，寧願相信蔣只是去某地旅行而已。自己努力強打精神，恢復正常生活。[1]但是，宋美齡並沒有忘記政治，她同時說到：「我一定要像以往那樣，繼續為他們服務。」[2]隱居美國的宋美齡也是這麼做的，只不過她把服務的重心，集中在塑造蔣中正歷史形象。

一、塑造蔣中正歷史形象

隱居美國的宋美齡，在心傷唏噓之餘，對事涉蔣中正的負面報導十分敏感。一九七五年十月十五日，宋美齡致電蔣經國稱：「十月十四日，《紐約時報》Fox Butterfield之報導，……該文提及父親以往日常生活起居、不親民及邸宅之奢侈華貴，有所虛構及中傷，實為不確不當。……此類偏差，堪能造成及影響日後大局及國家前途。」[3]但此時的宋美齡，只是囑咐蔣經國「注意之」。[4]漸漸地，宋美齡明白，在蔣中正逝世之時，儘管國民黨極盡阿諛之能事，但對蔣的歷史

1. 「宋美齡致艾瑪信件」（一九七五年五月十五日），《艾瑪．德隆．米爾斯檔案》，美國衛斯理學院檔案館館藏。
2. 「宋美齡致艾瑪信件」（一九七五年五月十五日），《艾瑪．德隆．米爾斯檔案》，美國衛斯理學院檔案館館藏。
3. 周美華、蕭李居編，《蔣經國書信集——與宋美齡往來函電》（上），頁三三四—三三五。
4. 周美華、蕭李居編，《蔣經國書信集——與宋美齡往來函電》（上），頁三三五。

評價，不可能由國民黨單方面「蓋棺論定」，反而會遭受後人的批評。十二月二十五日，宋美齡致電蔣經國稱：「夜深靜思追索往事得失」，認為蔣中正的歷史功績，「絕非邪佞妄說所能消滅者」。[5]一九七六年三月十日，又電稱：「其個人（蔣中正）之人格將永留青史，……你我對此均毫無疑義。」[6]

一九七六年四月二日，宋美齡因蔣中正逝世週年返回臺灣。[7]四月五日，參加一週年追思會，並至慈湖探視蔣中正陵寢，行禮致哀。[8]也許是這一次返臺，讓宋美齡意識到，她需要以一個歷史親歷者的身分，向公眾敘述歷史事件的隱密經過，進而詮釋歷史，塑造蔣中正的歷史形象。

宋美齡的詮釋工作從蔣中正的起家歷史開始。一九七六年十月二十九日，宋美齡發表〈與鮑羅廷談話的回憶〉[9]一文，試圖通過闡述蘇聯和第三國際在一九二六年的陰謀，為蔣中正與鮑羅廷的決裂，進而發動「四一二」清黨事件，由此成為國民黨「最高領袖」，尋找合法性。

鮑羅廷是孫中山的政治顧問，一九二三年受俄共中央政治局委派來中國，任共產國際駐中國代表、蘇聯駐廣州革命政府代表。在協助孫中山期間，鮑羅廷參與了國民黨改組和國民黨黨章、黨綱等草案的起草工作，並促成國共合作。[10]鮑羅廷夫婦與孫中山、宋慶齡的私交極好。

5. 周美華、蕭李居編，《蔣經國書信集——與宋美齡往來函電》（上），頁三六三。
6. 同上。
7.〈蔣夫人昨歸國〉，《中央日報》，臺北，一九七六年四月三日，版一。
8.〈蔣夫人赴慈湖蔣公靈前致哀〉，《中央日報》，臺北，一九七六年四月五日，版一。
9.〈蔣夫人與鮑羅廷談話的回憶〉（上）、（中）、（下），分見於《中華婦女》一九七六年第二十七卷第三、四、五、六、七、八期（一九七六年十二月、一九七七年二月、一九七七年四月）。
10. 蔣永敬，《國民黨興衰史》（增訂本）（臺北：臺灣商務印書館，二〇〇九年），頁一〇二—一〇四。

一九二五年，孫中山逝世後，廣州國民政府成立，鮑羅廷擔任國民政府的首席顧問，一九二六年又任國民黨中央最高顧問。此時，擔任黃埔軍校校長的蔣中正也一直以國民黨左派的姿態出現，[11]而且認為從鮑羅廷處受益良多。[12]

一九二五年三月十二日，孫中山在「北上」時期逝世於北京後，廣州內部發生急劇的變化，蔣中正在急劇的變化中，不斷提升其權勢與地位。一九二六年一月國民黨第二次全國代表大會前後，汪精衛繼孫中山之後而為國民黨的領袖，中共在國民黨內部的勢力大為擴張，與國民黨內的「右派」發生衝突。這年三月二十日，蔣中正發動「中山艦事件」，五月，國民黨二屆二中全會通過蔣中正提出的《整理黨務案》，中共勢力受到抑制。事實上，蔣中正取代了汪精衛而成為國民黨的領袖。七月，蔣中正就任國民革命軍總司令，並即誓師北伐，到了這年年底，國民黨的勢力，已到達長江流域武漢地區。鮑羅廷即在此時利用國民黨的旗幟，率領一批國民政府和國民黨委員來到武漢，成立「中國國民黨中央執行委員暨國民政府委員臨時聯席會議」，執行「最高職權」，以抑制蔣中正的勢力，因此，蔣與鮑羅廷之間的矛盾與衝突，為之升高。宋美齡一九七六年在美國發表的〈與鮑羅廷談話的回憶〉，就是記述這段歷史。

從時間分析，宋美齡〈與鮑羅廷談話的回憶〉一文所說的：「在這一年，我和鮑羅廷（Mikhail

11. 金沖及，《二十世紀中國史綱》（上）（北京：社會科學文獻出版社，二〇〇九年），頁二三四。
12. 陳紅民在〈蔣中正緣何與鮑羅廷決裂〉一文中曾指出，蔣中正在兩方面得到鮑羅廷的幫助：一是鮑羅廷關心軍校建設，多次請求蘇聯政府派出軍事顧問團，增撥軍費與軍械支持軍校；二是鮑羅廷本人也常去軍校介紹蘇聯紅軍的組織與生活，讓軍校師生瞭解蘇聯的狀況。參見：陳紅民、夏思，〈蔣中正緣何與鮑羅廷決裂——《蔣中正日記》解讀之十三〉，《世紀》二〇一三年第二期（二〇一三年二月），頁四四－四七。

Borodin）就共產主義的本質有過幾次值得注意的談話——談話很長而又坦誠無隱。」[13]主要涉及的是一九二六年十二月至一九二七年二月在武漢的談話。此時，隨著蔣中正的崛起和坐大，已經使得各方警覺和不安，尤其是左派及蘇俄顧問與中共。在北伐推進中，雙方展開較量。[14]蔣中正與鮑羅廷之間一步步走向決裂。宋美齡挑選武漢時代進行詮釋，用意不言而喻。

當時的史實是，蔣中正原本主張國民政府和國民黨中央黨部從廣州遷往武漢，但當第二批北遷人員經南昌準備前往武漢之時，蔣突然於一九二七年一月三日召開中央政治會議，決定中央黨部和國民政府暫駐南昌，儼然形成兩個中心。[15]十七日，蔣中正在武漢的國民黨中央執行委員會臨時會議上說明中央暫駐南昌之必要性，遭到多數人的反對。蔣意識到鮑羅廷是武漢方面的後臺，他與武漢方面的矛盾不易調和，便採取隱忍不言的策略，不再公開宣傳自己的主張。[16]一九二七年一月二十日至二十五日，蔣中正等人又在廬山密謀策劃，[17]決定「離俄清黨」、「底定東南，聯繫紳商」和「棄俄聯日」。[18]但是，蔣中正在公開場合還是聲稱：「中正並不會反對共產黨，中正是向來扶助共產黨的！」[19]三月十日至十七日，國民黨二屆三中全會在武漢召開，蔣中正沒

13. 〈蔣夫人與鮑羅廷談話的回憶〉（上），《中華婦女》一九七六年第二十七卷第三、四期（一九七六年十二月），頁一。
14. 崔之清，《從傳統到現代：近代中國史節點考察》（北京：生活．讀書．新知三聯書店二〇一四年），頁三四八。
15. 金沖及，《二十世紀中國史綱》（上冊），頁二五三。
16. 陳紅民、夏思，〈蔣中正緣何與鮑羅廷決裂——《蔣中正日記》解讀之十三〉，《世紀》二〇一三年第二期（二〇一三年二月），頁四四－四七。
17. 陳布雷等編著，《蔣中正先生年表》（臺北：傳記文學出版社，一九七八年），頁一三。
18. 金沖及，《二十世紀中國史綱》（上冊），頁二五四。
19. 《蔣中正言論集》卷四，頁一三六；金沖及，《二十世紀中國史綱》（上冊），頁二五七。

有參加。由於不少國民黨要人對蔣中正個人獨裁十分不滿，全會通過的《對全體黨員訓令》，強調「決定將一切政治、軍事、外交、財政等大權均集中於黨」。[20]一九二七年四月十二日，蔣中正發動「四一二」事件，實施「清黨」。[21]十八日，蔣中正等人在南京成立國民政府。隨即，鮑羅廷遭到國民黨南京政府通緝。

而宋美齡對此的解釋是：「鮑羅廷當年自第三國際接受的命令，是在矇矇然秘密狀況下，逐漸侵蝕消滅國民黨，並且接管在國民政府控制下的行政權。」然而，「革命軍進展神速，……遠較他們判斷完成擊敗軍閥部隊所需的最少時間要迅速。」於是「他們趕忙訓令鮑羅廷，加速共黨接管的時間表。要他將原先和國民黨攜手合作笑容可掬的面目，早日卸去。當我們到達漢口的時候，事態也正演變到了這個關頭」。而且，「當蘇俄的軍事和政治顧問假借協助中國完成革命的旗幟，聽命於第三國際，盡其可能的私密阻撓妨礙我們，同時組織武裝暴動任所欲為時，公開的決裂於焉開始。」因此，他們「這種策略之所以失敗，是由於我們當時能及時切除了這塊癌症，防止了它的蔓延滋長」。[22]

宋美齡為了證實鮑羅廷向她講了真話，強調說：「因為我們是來自一個革命家庭，家父係

---

20. 金沖及，《二十世紀中國史綱》（上冊），頁二五七—二五八。
21. 《中國大百科全書》總編輯委員會《軍事》編輯委員會，《中國大百科全書·軍事Ⅰ》（北京：中國大百科全書出版社，一九八九年），頁四七二。
22. 〈蔣夫人與鮑羅廷談話的回憶〉（下），《中華婦女》，一九七六年第二十七卷第七、八期（一九七七年四月），頁一；〈蔣夫人與鮑羅廷談話的回憶〉（上），《中華婦女》，一九七六年第二十七卷第三、四期（一九七六年十二月），頁二；〈蔣夫人與鮑羅廷談話的回憶〉（中），《中華婦女》，一九七六年第二十七卷第五、六期（一九七七年二月），頁八。

國父之親密同志，所以我們和鮑羅廷夫婦早已認識，不論是在國父最後臥病的北平（當時稱為北京），或是國民革命運動和政府所在地的廣州，抑或稍後在武漢，與鮑氏夫婦均接觸頻繁。」[23]與鮑羅廷談話的原因，則是：「他（鮑羅廷）時常說，宋家人應該更深入更多地參與這項『革命』大業，並且藉對『主義』提供我們的服務與能力，在政府裡負擔積極的角色。……他知道我對工廠工人的生活狀況極感興趣。……他希望我運用我的能力，接觸並喚醒較多的人民，教他們信奉平等的社會主義。……自然還和家兄子文保持密切的工作關係，鍥而不舍地向他嘮叨，告訴（訴）他留住（任）財政部長的重要性。」[24]因此，為了取信於民，宋美齡還把談話的場合設定為「家兄子文公寓的起居室（漢口道勝銀行，Russo-Asiatic Bank of Hankow）」。[25]把場景設定為：「大部分由兩個人所做表面上意見相投的談話，家姊孔夫人坐在一旁靜聽我們交談，間或發表一些意見，……而家兄子文則遝遝來往於他的書房和客廳之間，每當他忙中得閒時，他就加入旁聽。」[26]

宋美齡又說：「對於那些可能會問我，為什麼不將第三國際瀰漫世界藍圖早日公諸世間，尤其因為我這些年來，一直在就共產主義的各種危險，從事研究、寫作和演講，我更應該早就揭發蘇俄這種企圖。我的答覆非常簡單：我那些會談的札記，是和許多其他檔案保存在一起的，直到最近我才找到這些檔案。」[27]

23.〈蔣夫人與鮑羅廷談話的回憶〉（上），頁一。
24.〈蔣夫人與鮑羅廷談話的回憶〉（下），頁一—二。
25.〈蔣夫人與鮑羅廷談話的回憶〉（上），頁一。
26.〈蔣夫人與鮑羅廷談話的回憶〉（中），頁八。
27.同上。

結束了對蔣中正起家歷史的詮釋，接下來出了兩件小事。第一件事，一九七七年三月三日蔣經國電陳：「美報侮辱父親人格。」[28]對此，宋美齡思慮再三後指出：「數十年來父親理想政策固時遭見仁見智者反對謗毀之詈詬，但蔑其個人受外人之津貼則從未有過，此其與其他戾罵之區別也。可想像將來後人及歷史家撰及此事，只要輕描淡寫，當時我們均諱莫如深，已足夠矣。」[29]第二件事，這年的四月二日宋美齡電告蔣經國稱，前洛杉磯市長 Yorty 來函建議將蔣經國所著《我的父親》一書拍成電影，宋美齡覺得建議甚佳，問「汝意見如何？盼亦研究後告」。從電文中可知，宋美齡曾詳細地思考過此事，想過由誰扮演蔣中正和蔣經國，覺得好萊塢之中國演員「早期皆飾卑躬屈膝者，或小丑及拖辮子之吸毒或賣毒者，或飾驕橫日本二次大戰時之軍官，或共匪軍官者，但均不期然而然露出不自然之儀態。總之，飾傲飾卑皆深浸染，甚至涵入心理學家所謂之自卑感」。還權衡了拍片的得失，擔心「為好成歹，為得友反失友」。[30]對此，蔣經國覺得「以不拍攝為宜」。[31]宋美齡隨後也說：「正與余之想法不謀而合，……汝婉復可也。」[32]事實上，這兩件事前後聯繫、反映出宋美齡在塑造蔣中正歷史形象上的迫切心理。

28. 周美華、蕭李居編，《蔣經國書信集——與宋美齡往來函電》（下），頁四七二。
29. 該電於一九七七年三月八日從紐約發出。周美華、蕭李居編，《蔣經國書信集——與宋美齡往來函電》（上），頁四七二—四七三。
30. 周美華、蕭李居編，《蔣經國書信集——與宋美齡往來函電》（上），頁四八三—四八四。
31. 該電於一九七七年四月六日從臺北發出。周美華、蕭李居編，《蔣經國書信集——與宋美齡往來函電》（上）（臺北：國史館，二〇〇九年），頁四八六。
32. 該電於一九七七年三月八日從紐約發出。周美華、蕭李居編，《蔣經國書信集——與宋美齡往來函電》（上），頁四八九。

隨後，宋美齡把目光投向了宣傳蔣中正在抗日戰爭中的貢獻。由於抗日戰爭的史實，世人都比較清楚，因此她選用了書評的形式。一九七八年三月，宋美齡發表〈評閱薛著《抗戰期間的中華民國》〉一文。[33]

選擇薛光前的書進行評閱，宋美齡用心良苦。薛光前時任美國聖若望大學（St. John's University）副校長，兼亞洲研究中心主任。而聖若望大學是美國規模最大的天主教會學校，聲名卓著。其亞洲研究中心係薛光前於一九五九年成立，中心經常舉辦各項中國藝術文物展覽，一度是美國紐約地區中國及東亞文化研究的重鎮。亞洲研究中心還曾得到臺灣當局多年資助，以捐贈者姓名命名的辦公室亦多有臺灣各界名流，如《聯合報》系創辦人王惕吾、《中國時報》的余紀忠、以及蔣廷黻、陳光甫等。[34]

薛光前（Paul KwangTsienSih, 1910-1978），原名桂生，江蘇青浦人。一九三五年赴義大利深造，獲義大利羅馬皇家大學政治經濟學博士。在義大利期間，結識並長期追隨蔣百里，編有《蔣百里的晚年與軍事思想》一書。抗戰期間，曾任全國公路運輸局副局長、川陝水陸聯運總管理處處長。抗戰勝利後，歷任駐義大利大使館公使銜代辦、駐聯合國巴爾幹特別委員會中國代表團團長、巴黎和會中國代表團顧問等職。一九四八年在義大利受洗，先後獲教宗庇護十二世策封為騎士，聖若望二十三世封為聖額我略爵士。一九五〇年，薛光前定居美國。[35]

33. 《中央日報》一九七八年三月三日，版二，原題名〈薛光前編撰中國抗戰史實蔣夫人親撰書評〉；〈蔣夫人評閱薛著《抗戰期間的中華民國》〉，《中華婦女》，一九七八年第二十八卷第七、八期（一九七八年四月）。
34. 司徒一凡，〈美國大學內惟一中國式建築〉，《地平線》，二〇一二年第一期（二〇一二年一月）。
35. 〈傳記・薛光前〉，收入「中華百科全書線上版」：http://ap6.pccu.edu.tw/Encyclopedia/data.asp?id=8754（2013/05/12 點閱）。

薛光前是蔣中正的忠實同志，民國期間在外交部門就職時，他曾多次直電蔣中正報告外交動態。例如一九四七年一月十三日致電蔣中正報告「史顧問建議效法義兩國利用關卡緝私部隊查察國內外共黨活動」等事宜。[36]二月七日致電報告其參加聯合國希臘糾紛調查團的工作。[37]薛光前到美國任教之後，為臺灣方面做了許多文化交流與改善形象方面的工作，多次舉辦有關中國的研討會，如「中國建國十年討論會」、「戰時中國研討會」等等，並曾運作向蔣中正頒發聖約翰大學榮譽博士學位事宜，以及在聖若望大學興建中山堂與中正紀念館。[38]一九五九年三月二十一日，薛光前還讓張其昀將其新書《中國之抉擇：王道或霸道》代轉給蔣中正。[39]薛光前還曾積極回應蔣中正所發動的中華文化復興運動，擔任中華文化復興運動促進會紐約分會負責人（一九六六年）。此外，薛光前還是馬英九的證婚人（一九七七年）。[40]薛光前與宋美齡的關係也很好。一九六九年，來自華興學校的中華金龍棒球隊奪得世界少年棒球冠軍，薛光前在紐約歡迎這些小選手時表示，他樂意協助他們在學業告一段落後，到聖若望大學來深造。[41]一九七八年四月二十四日，宋美齡還將其言行資料和二十一卷顯微底片的拷貝，捐贈給聖若望大學亞洲研究中心，這些檔案主要為記載第二次世界大戰期間南京國民政府與北美間關係的新聞報導、活動、演講、畫報及紀錄

36.「我與聯合國」，〈革命外交〉，國史館藏，典藏號：002-09010-300001-181。
37.「我與聯合國」，〈革命外交〉，國史館藏，典藏號：002-09010-300001-185。
38.「對美關係（七）」，〈革命外交〉，國史館藏，典藏號：002-09010-300008-360。
39.「重要聲明（三）」，〈外交檔案〉，《蔣中正總統文物》，國史館藏，典藏號：002-08010-600003-013。
40.〈熊玠：馬英九與歐巴馬相比，馬很難〉，中國評論通訊社，二〇〇九年五月三十日。
41.〈金龍小英雄暢遊紐約華美協進社盛大歡迎〉，《聯合報》，臺北，一九六九年八月二十九日，版三。

資料。[42]《抗戰期間的中華民國》實為薛光前於一九七六年在伊利諾大學舉辦「戰時中國研討會」時所編撰的英文論文集，書名為 *Nationalist China During the Sino-Japanese War, 1937-1945*。[43] 由二十餘位中美學者分別執筆，臺灣方面有吳相湘、李雲漢、吳俊升、沈宗瀚、凌鴻勳、侯繼明和徐乃力。宋美齡評閱後，該書翻譯為中文，題名《八年對日抗戰中之國民政府（一九三七—一九四五年）》。[44]

在評閱時，宋美齡強調：一九三七至一九四五年「對政府來說，它所面臨的是中國歷史上前所未見的狂暴局勢和包藏的厄運。中國歷史上的侵略記載與之比較，較為緩和，因為它們未牽涉到這麼多的地區和這麼多人口，在以往的歷史上，總是有避難所和足夠的時間可以逃避暴風『眼』。要逃避具有強烈摧毀性火力和各種有效運輸途徑的猛烈攻勢是困難多了。就任何一方面來說，中國的命運之船是航行在方向不明的海上，因為沒有兩種經驗是完全類似的，更不用說中國是在與一個極端有效率與具有侵略性的戰爭機器——當時為五強之一的日本——抗爭。」但即使在「喪失所有的海港以及大部分海岸線都被封鎖後，中國以過時的裝備與貧乏的支援工業能力作戰」，「西方專家預測我們的抗戰將在三個月內結束——被徹底擊敗。我們不僅設法生存下去，而且還在中國戰場上牽制住了可能被用來對付美國、英國和蘇俄的一百三十萬日軍。」認為薛書

42. 〈蔣夫人言行資料底片、拷貝贈紐約聖大珍藏〉，《中央日報》，臺北，一九七六年十一月二十八日，版一。
43. Paul K. T. Sih, *Nationalist China During the Sino-Japanese War, 1937-1945*, Exposition Pr of Florida, 1st edition,1977.
44. 薛光前著、中山學術文化基金董事會譯，《八年對日抗戰中之國民政府（一九三七—一九四五年）》（臺北：臺灣商務印書館，一九七八年）。

「說明了許多決策與事件的原因，也詳述戰時我國政府各機關組織的作業情形」。此為局外人極少瞭解或是常誤解的作業情形和各種爭論，包括各種謠傳、流言與想像在內。它「適時而適切的提供了正確的看法」，「它的適切性在於它對中國人民與政府在那危急的幾年當中所面對的艱難任務，為現在與未來那些認真的學者們提供了確切、突出而且非常詳盡的看法——這種看法或是被埋沒，或者是很少為西方學者正確道及。……它的重要性則在於它的誠實。」[45]

就在宋美齡〈評閱薛著《抗戰期間的中華民國》〉一文發表後不久，一九七八年七月三日，《時代》週刊摘載了白修德（Theodore H. White）的新著《尋找歷史》（*In search of history*）。該書是一本以自傳體裁寫的歷史著作，時間跨度自一九一五年白修德出生至一九六三年甘迺迪被刺。白修德自稱，這部書既不是他的自傳，也不是政治史，而是試圖把他在被美國力量的激流所席捲時親身經歷的事件和遇到的人物，加以有聲有色地描繪。《尋找歷史》一書的第二部分，描繪了一九三八－一九四五年期間，白修德作為《時代》週刊記者在中國的所見所聞，一九七八年《時代》週刊所摘載的也是這段歷史。一九七八年七月十日，宋美齡電告蔣經國稱，《時代》週刊摘載的白修德新書「內中詆毀父親顢頇糊塗，甚至河南省之大饑荒之嚴重死亡五百萬人幾無所信，及湯恩伯軍隊跋扈其紀律蕩然。且詈余幫虐，偽稱請魯斯（Luce）將魏德邁開革。對周恩來捧若神明，許為現代三大偉人之一」，「余因覺其歪曲事實太過，特（撰文）駁斥其謊謬。」[46]然而，宋美齡這次所做並無效果，《尋找歷史》出版以後，立即成為美國的暢銷書。

45. 〈薛光前編撰中國抗戰史實，蔣夫人親撰書評〉，《中央日報》，臺北，一九七八年三月三日，版二。
46. 周美華、蕭李居編，《蔣經國書信集——與宋美齡往來函電》（上），頁六二三。

有了對蔣中正起家歷史和抗戰歷史的依據，宋美齡隨即在一些重要的時間點上，以專文或演講的形式，正面闡述蔣中正的歷史功績和人格魅力。

一九八〇年四月四日，蔣中正逝世五週年，宋美齡為中正紀念堂落成撰文稱，蔣中正「為實行國父遺志，繼續積極北伐。及後內亂外患以迄全面抗戰，堅苦慘烈，幸賴財經策劃及措施有方」。蔣中正「為人尊崇儒道，身體力行，律己嚴而待人寬厚，對父老先進恭敬禮遇，對同僚友濟，念舊重義」。[47]

一九八六年是蔣中正百年誕辰，宋美齡發表了多篇文章。十月三十一日，為蔣中正百年誕辰紀念發表〈我將再起〉專文，闡述蔣中正成就的歷史。同年十一月十四日，宋美齡發表對魏德邁《論戰爭與和平》一書的讀後感言，以一九三七年抗日戰爭全面爆發後的歷史回顧為主體，讚揚該書不僅澄清了二戰期間中國戰場的「真實情況」，而且揭露了「左派分子的謊言」。[48]

在這一年的十二月，宋美齡發表文章詳述其近年來的所思所想。[49] 其重點是對蔣中正的歷史評價。在文章中，宋美齡稱自己「身為一個歷史的研究者」，「一向對重要的出版品極為注意」，「當《美國國務院檔案》第二卷及最近的第三卷出版之後，我立即得到了。」而且，宋美齡通過「流覽國務院最近解密後出版的檔案第二卷《一九五五—一九五七年美國對外關係——中國》，對其中

47. 〈蔣夫人發表專文勉同胞策勵獎勵〉，《中央日報》，臺北，一九八〇年四月四日，版一；〈為紀念蔣公逝世暨中正堂落成蔣夫人發表專文〉，《中華婦女》，一九八〇年第三十卷第九、十期（一九八〇年六月），頁一。

48. 〈魏德邁《論戰爭與和平》讀後感言〉，《中央日報》，臺北，一九八六年十一月十五日，版二。

49. 〈十任委員蔣夫人暢談年來所思所感〉，《中華婦女》，一九八六年第三十七卷第三、四期（一九八六年十二月），頁一；〈蔣夫人昨發表專文暢談年來所思所感〉，《中央日報》，臺北，一九八六年十二月四日，版二。

內容具有啟發性的領悟」，那就是美國某些高層官員更是為升遷而對金門、馬祖的重要戰略地位的判定態度曖昧，致使「美國對臺灣澎湖及其外島的既定政策變得尖銳化」。反觀蔣中正，則在美國施壓希望其撤出金門、馬祖地區時多次，表示「無論有無美國協助，他都會堅決固守這兩個島嶼」，並稱：「假使沒有先總統（蔣中正）在大原則上不屈服、不妥協的領導，堅守金門馬祖，誰也不難想像到，如果金馬陷落，難道臺灣不會像這兩個外島一樣淪亡？若不是因為他的堅定不移，誰能說，會因此而造成什麼樣的後果？」

至此，宋美齡為蔣中正的歷史形象詮釋，可謂不遺餘力。如今由於檔案大量開放，對照一些史學家的研究，宋美齡當年的論述，並非向壁虛構。

二、處理與宋慶齡的關係

青年時期的宋美齡與宋慶齡關係極好。在宋慶齡與孫中山的婚事上，其父宋嘉澍等人極力反對，只有當時還在美國讀書宋美齡表示支持。一九二七年，在如何對待共產黨的問題上，宋慶齡與蔣中正決裂，並堅決反對其妹宋美齡嫁給蔣中正。然而，這並沒有隔斷宋美齡與宋慶齡之間的感情聯繫。抗日戰爭期間，宋美齡與宋慶齡重新聯手，共赴時艱。宋氏三姐妹曾多次共同出現在公眾面前，以「團結合作」的面貌示人。戰後國共內戰時期，宋美齡與宋慶齡仍然保持聯絡，甚至在國民黨全面敗退之際，一九四九年五月十九日，宋美齡也還致信宋慶齡，詢問生活近況。[50]

50. 上海宋慶齡故居紀念館編譯，《宋慶齡來往書信選集》（上海：上海人民出版社，一九九五年），頁一九九。

可見，此時的宋美齡還能不顧政治藩籬，維持骨肉深情。到臺灣之後，宋美齡與宋慶齡天各一方。海峽兩岸對峙，使得宋美齡與宋慶齡之間一直無法聯絡。

一九七一年四月二十四日，宋子文逝世。美國總統尼克森曾想通過宋子文葬禮的機會促進中（共）美兩國建交。他通過熱衷於為中美建交而奔走的美籍華裔政界人士出面，分別電邀住在北京、臺北、紐約的宋氏三姐妹出席宋子文的葬禮。宋美齡原定於四月三十日飛往紐約，參加三十一日舉行的殯儀。聞知全面消息後，臺灣方面宣布宋美齡臨時決定取消行程。[51]

一九八〇年十二月，宋慶齡曾致函宋美齡，請陪同美國總統訪華的陳香梅轉交。當時，宋慶齡由於病重，信函由廖承志代筆，宋慶齡簽名。函謂：自己重病在身，希望宋美齡能回大陸一行，使在有生之年姐妹相見。如果不成，也希望宋美齡將保存的孫中山的遺物歸還。但宋美齡只是託人簡單地答覆了一句話：「信收到了。」[52]

一九八一年五月二十三日，中國（共）政府將宋慶齡病危的消息通過中華民國駐美大使館轉告客居美國的宋美齡。一九八一年五月二十九日二十時十八分，宋慶齡在北京寓所病逝，享年八十八歲。二十時四十分，北京中國中央電視臺播出中共中央、全國人大常委會、國務院公告，宣布為宋慶齡舉行國葬。治喪委員會通知宋美齡、蔣經國、蔣緯國等人，請其參加葬禮。宋美齡的態度在宋慶齡去世後第二天給蔣經國的致函中表示：「余聞後，置之不理。……難道其尚不知

51. 〈宋子文葬禮今在美舉行，蔣夫人決定不參加〉，《中央日報》，臺北，一九七一年五月一日，版二。
52. ［美］陳香梅著、陳虹選編，《華府春秋：陳香梅回憶錄》（杭州：浙江文藝出版社，一九九九年）。

余五十餘年之堅定立場耶？……骨肉雖親，大道為重，我等做人做事須對得起上帝、國家民族及總理主義、父親在天之靈，其他均無論矣。」[53]六月六日，宋美齡又致電蔣經國，[54]為沒能將宋慶齡從大陸帶走而抱憾。從電文中可知，因政治立場的殊異，[55]宋美齡離開大陸以後，姐妹倆連書信、電話之類的溝通都沒有。[56]

第二節 「我將再起」

一九八六年十月二十五日，為參加蔣中正一百年誕辰紀念活動，宋美齡由蔣孝勇陪同，自紐約飛抵臺北。[57]十月三十一日，宋美齡主持在臺北中正紀念堂舉行的蔣中正百年誕辰紀念大會，致詞：「希望大家再進一步發揚無私無我的精神，把艱苦建設的責任擔當在自己的肩頭，讓中華

---

53. 周美華、蕭李居編，《蔣經國書信集——與宋美齡往來函電》（下），頁一五二—一五四。
54. 周美華、蕭李居編，《蔣經國書信集——與宋美齡往來函電》（下），頁一六〇—一六四。
55. 據陸以正回憶，孔令侃與之通信説，一九四九年他離上海赴美前，宋慶齡還把國父墨寶、日用物件和國父佩帶的手槍交給他保管。孔令侃表示，幾十年來他從未與孫夫人通過音訊。陸以正，《微臣無力可回天：陸以正的外交生涯》，頁一四八。
56. 陸以正還回憶一九六六年宋美齡離美前，在陸的陪同下舉行臨別記者會，有位洋記者問起宋慶齡的事。宋美齡只説「儘管彼此政治理念不合，姐妹仍是姐妹」後，沒再説下去了。陸以正：《微臣無力可回天：陸以正的外交生涯》，頁一四八。
57. 簡潔、孟忻編著，《蔣中正和宋美齡》（長春：吉林文史出版社，一九八九年），頁一三八；〈蔣夫人返國〉，《中央日報》，一九八六年十月二十六日，版一。

民族世世代代都能享受更多的自由幸福，國家得到真正的自由平等，讓三民主義的光輝普照大陸。」[58]同日發表題為〈我將再起〉的文章，引起島內外諸多猜測。

島內的各種解讀源於蔣經國健康狀況不佳。蔣經國晚年，由於糖尿病日漸惡化，引起視網膜模糊、腎臟發炎和雙腿肌肉壞死等疾病，使其必須借由輪椅代步。[59]一九八二年二月三日，蔣經國在臺北榮民總醫院進行左眼視網膜手術後，自己也意識到健康出現了嚴重的問題，[60]到了四月二十日才出院。[61]一九八六年四月二十四日，蔣經國又因心房撲動致心律不整症，在臺北榮民總醫院裝置人工心律調整器。[62]

事實上，宋美齡回到臺灣後，並未打算與蔣經國分庭抗禮。蔣經國侍母至孝，經常向宋美齡請示有關臺灣島內外的大政方針，雖然說不上言聽計從，但宋美齡的意見在蔣經國心裡還是有極重的分量。在這段歲月裡，宋美齡也竭盡全力地輔佐蔣經國，為其在美國參謀籌畫。因此，年邁的宋美齡，回到臺灣後也沒有什麼動機去搶奪政權。況且，此時的蔣經國，在臺灣已是如日中天，

58.〈蔣公百年誕辰各界盛會紀念〉、〈蔣夫人向國人表達由衷感謝，期勉無私無我擔當建設重任〉，《中央日報》，臺北，一九八六年十一月一日，版一。

59. 茅家琦，《蔣經國的一生和他的思想演變》，頁四三七。

60. 茅家琦，《蔣經國的一生和他的思想演變》，頁四一六。又，一九八二年二月一日蔣經國電陳宋美齡：「左眼視網膜剝離須手術治療」，載周美華、蕭李居編，《蔣經國書信集——與宋美齡往來函電》（下），頁二三六。

61. 一九八二年四月二十日蔣經國電陳：出院回家療養仍當遵示減少不必要之事務與困擾。載周美華、蕭李居編，《蔣經國書信集——與宋美齡往來函電》（下），頁二四九。

62. 一九八六年四月二十四日蔣經國電陳：日前發現心律不整已進行手術裝置人工心律調整器請釋念。周美華、蕭李居編，《蔣經國書信集——與宋美齡往來函電》（下），頁六六五。

他一手振興經濟、厚植國力，終結威權時代的政治。

另一方面，〈我將再起〉一文，也不是什麼宋美齡的政治檄文，而是一篇為蔣中正豎碑立傳之文。不過，宋美齡為了抬高自己的歷史地位，特別將自己的相關活動融入其中，讓人誤解其擬在政治上有所動作。在〈我將再起〉一文中，宋美齡這樣說道：「尚憶江西清剿時代，於收復地區，我們一面發起新生活運動，一面則推動鄉村服務與重建工作。……民國二十六年，……美齡結合婦女團體，發起及創立搶救各省戰地烽火中與父母失散孤苦零丁孑然一身嬰稚之摭聚及保育機構。二十九年戰況正趨激烈，而國際局勢益見陰霾之時，美齡亦不時振筆為文，以期鼓舞純正的愛國思想，並建立無比的信心，這些文字，經合刊成書，題名為〈我將再起〉。」[63]至此，宋美齡的本意一覽無遺。

宋美齡回到臺灣後，安心當她的「老夫人」。

她接見外賓，以示客套。一九八六年十一月一日，宋美齡分別接見美國前財政部長、時任美中經濟協會主席的大衛・甘迺迪（David Matthew Kennedy），及韓國國政諮問委員丁一權夫婦。[64]

她接見島內高官，以示關懷。十一月十日，宋美齡接見行政院院長俞國華夫婦，詢問當時島內政治、經濟情況，請俞轉告全國同胞，在國家處境困難的時期，一定要全國同胞團結一致，開創國家光明前途，達成復國建國的目標。[65]十一日，與時任副總統的李登輝、總統府資政、五院

63.〈蔣夫人手撰先總統蔣公百年誕辰紀念文〉，《中央日報》，臺北，一九八六年十月三十一日，版三。
64.〈蔣夫人接見外賓〉，《中央日報》，臺北，一九八六年十一月二日，版一。
65. 楊樹標、楊菁，《百年宋美齡》（北京：人民出版社，二〇一〇年），頁二九六。

院長、各部會首長及臺北市議會議長、臺北市長、高雄市長等人茶敘。[66]

她接見軍隊部屬，以示慰問。十一月十三日，宋美齡在士林官邸接見國軍高級將領王叔銘、彭孟緝、黎玉璽、高魁元、劉安祺、宋長志、郝柏村以及陸、海、空、警備總司令、總政治作戰部主任等人。[67]

她接見黨內政要，以示重視。十一月十五日，宋美齡在士林官邸接見國民黨中央委員會常務委員袁守謙、王惕吾、林洋港、黃尊秋、洪壽南、曹聖芬、何宜武、林挺生，中央委員會秘書長馬樹禮、副秘書長郭哲、邵恩新，黨史委員會主任秦孝儀以及中央委員會各工作會主任、臺灣省委員會主任委員、臺北市與高雄市委員會主任委員等人。[68]

接見社會賢達，以示推崇。十一月二十五日，宋美齡分別接見輔仁大學校長羅光與行政院政務委員李國鼎。[69]十二月八日，出席留美同學會與美僑商會舉辦的聯合餐會，發表題為〈結果你們來承當？〉的英文演講。演講指出：「我們都知道世事如何受到新聞媒體的影響，甚至控制」，認為「新聞的要旨在於報導真實而未加渲染的消息和根據事實傳播諮詢」，指責某些新聞媒體「為了本身的成見或目的，竟以不正確的話和徹底的謬言扭曲事實來操縱大眾」。並分析西方世界在贏得第二次世界大戰戰爭勝利後失去了和平的原因，即「自由派人士反對美國、英國及日本擴張海軍，並玩弄陰險的騙人理論，和利用人們反對加強軍備及反戰的情緒，而蘇俄則立在一旁偷笑，

66.〈蔣夫人昨日接見李副總統等首長〉，《中央日報》，臺北，一九八六年十一月十二日，版一。
67.〈蔣夫人昨接見國軍高級將領〉，《中央日報》，臺北，一九八六年十一月十四日，版一。
68.〈蔣夫人昨接見本黨中常委等〉，《中央日報》，臺北，一九八六年十一月十六日，版一。
69.〈蔣夫人昨接見羅光與李國鼎〉，《中央日報》，臺北，一九八六年十一月二十六日，版一。

準備在一旦有關方面互鬥時坐收漁利」，從而造成了歷史重演的可能，提醒大家要防止「第三次世界大戰」的爆發。[70]

她接見民眾，以示愛心。一九八七年一月十六日，宋美齡在婦聯會接見前戰時兒童保育院在臺師生。[71]十八日，在婦聯會舉辦茶會，接見國民革命遺族學校學生。[72]

當然，宋美齡做得最多的事情，是去慈湖悼念蔣中正。一九八六年十月三十日，抵臺五天後，宋美齡由蔣經國夫婦陪同抵達桃園慈湖為蔣中正掃墓。[73]一九八七年一月一日[74]（元旦）、一月二十九日[75]（農曆正月初一）、四月五日[76]（蔣中正逝世日）、十月三十日[77]，數次與蔣經國等人至慈湖悼念蔣中正。

然而一九八八年一月十三日，蔣經國因心衰竭病逝於臺北市的七海寓所，享年七十八歲。[78]宋美齡對蔣經國的溘然長逝措手不及，一月十三日，在得知蔣經國病危的消息後，即驅車前往大直官邸探視，告慰蔣方良。[79]當晚，李登輝在司法院院長林洋港監誓下，繼任總統。

70.〈結果你們來承當？〉，《中央日報》，臺北，一九八六年十二月九日，版二。
71.〈蔣夫人昨下午接見前戰時保育院師生〉，《中央日報》，臺北，一九八七年一月十七日，版四。
72.〈蔣夫人關懷遺族學校學生〉，《中央日報》，臺北，一九八七年一月十九日，版三。
73.〈蔣夫人偕家人慈湖謁陵追思〉，《中央日報》，臺北，一九八六年十月三十一日，版一。
74.〈蔣夫人昨至慈湖謁陵〉，《中央日報》，臺北，一九八七年一月二日，版二。
75.〈蔣夫人昨赴慈湖謁陵〉，《中央日報》，臺北，一九八七年一月三十日，版一。
76.〈蔣夫人偕蔣總統夫婦伉儷慈湖謁陵默禱追思〉，《中央日報》，臺北，一九八七年四月六日，版一。
77.〈蔣夫人偕家人前往慈湖謁陵〉，《中央日報》，臺北，一九八七年十月三十一日，版一。
78.《大公報》，臺北，一九八八年一月十四日，版一。
79.〈蔣夫人暨嚴前總統痛悼經國先生之喪〉，《中央日報》，臺北，一九八八年一月十五日，版一。

宋美齡對李登輝的繼任十分警惕。一九八四年，在蔣經國選擇李登輝作為副手時，宋美齡即有不同的意見。這年一月四日，蔣經國電陳宋美齡，稱：「茲有要事請示，日內擬飭孝勇趨詣大人膝前請安，並詳陳一切。」[80]從當時的歷史背景看，蔣經國所請示的就是副手人選問題。二月六日，宋美齡復電蔣經國：「惟希慎重考慮副二人選，……尤要者其應對吾黨宗旨深切服膺，並有毅力膽識，忠誠可靠，不自滿於局踞一方，而堅持執行復興大業者。」[81]解析宋美齡的這一回覆，對照她就蔣經國請示其他人事安排時的答覆，可以示其對李登輝的不滿。例如：一九七八年五月十五日，蔣經國就孫運璿擔任行政院院長請示宋美齡，[82]宋的答覆是：「孫部長運璿擔任首揆確屬適宜。」[83]五月二十七日，蔣經國就林洋港調任臺灣省主席再請示宋美齡，[84]宋的答覆是：「林洋港升任臺灣省主席可謂合適。」[85]一九八四年五月二日，蔣經國請示以俞國華繼任行政院院長時，[86]宋的答覆是：「國華接任運璿，余對其接事後執行命令之忠實，均認毫無問題。」[87]顯然，

80. 周美華、蕭李居編，《蔣經國書信集——與宋美齡往來函電》（下），頁三九三。
81. 周美華、蕭李居編，《蔣經國書信集——與宋美齡往來函電》（下），頁三九九。
82. 周美華、蕭李居編，《蔣經國書信集——與宋美齡往來函電》（上），頁六〇三。
83. 該電於一九七八年五月十九日從紐約發出。周美華、蕭李居編，《蔣經國書信集——與宋美齡往來函電》（上），頁六〇六。
84. 周美華、蕭李居編，《蔣經國書信集——與宋美齡往來函電》（上），頁六一一。
85. 該電於一九七八年五月三十一日從紐約發出。周美華、蕭李居編，《蔣經國書信集——與宋美齡往來函電》（上），頁六一二。
86. 周美華、蕭李居編，《蔣經國書信集——與宋美齡往來函電》（下），頁四二三。
87. 該電於一九八四年五月八日從紐約發出。周美華、蕭李居編，《蔣經國書信集——與宋美齡往來函電》（下），頁四一五。

宋美齡對蔣經國選擇李登輝為「副二」並不滿意，只是顧慮到蔣經國的觀感，未直言相告。

蔣經國並未接受宋美齡的意見，於一九八四年二月八日，電陳宋美齡：「所示副貳人選條件，實為國脈民命最關重大之問題。」[88]十六日，蔣經國下定決心，電告宋美齡：「李登輝同志各方反應亦深以為得人，……副貳人選為李登輝。」[89]

雖然李登輝繼任總統，但對臺灣政局而言，最高權位是國民黨主席。一月二十六日，宋美齡致信國民黨中常委，指出此時選舉主席時機不當，應在國民黨「十三大」時決定，比較適合。[90]時為國民黨副秘書長的馬英九事後回憶：「這應該是一九八八年一月二十七日的事情，當時因為經國先生過世，國民黨召開臨時中常會，會議當天，我也聽說有一封蔣夫人親筆寫的信，表示她對中常會的意見。但是，當時的秘書長李煥先生並沒有在中常會中提出這封信。」[91]最後，在一月二十七日國民黨中央常務會議上，通過李登輝任代理黨主席。[92]

六月九日，宋美齡與婦聯會各分會主任委員、總幹事舉行聯誼茶會，並發表講話，指出當下社會對政府的諸多批評，「若是建設性的批評，是應該的，但為一己的私心而作批評或詆毀，是不道德，會遭人唾棄的。我們大家都知道，建設是不容易的，毀損卻是極容易的，一個人一生的英名，可被揑造誣衊毀之於一旦，惟善良的同胞眼睛是明亮的，自會辨別是非曲直。」她提醒：「未

88. 周美華、蕭李居編，《蔣經國書信集——與宋美齡往來函電》（下），頁四〇〇。
89. 周美華、蕭李居編，《蔣經國書信集——與宋美齡往來函電》（下），頁四〇二。
90. 簡潔、孟忻編著：《蔣中正和宋美齡》，頁一四一。
91. 蔡玉真，〈馬英九細談宋美齡——她為臺灣回歸寫下歷史記錄〉，中國《新聞週刊》，二〇〇三年第四十期。
92. 張慧英，《李登輝：一九八八—二〇〇〇執政十二年》（臺北：天下遠見出版股份有限公司，二〇〇〇年），頁四四。

經困苦的一般幸運者，慎防被少數野心人物或潛伏滲透者利用，作為工具，影響社會安寧，礙及國家形象，損害全國軍民努力不易得來的成果。」並強調權利與義務是相對應的，民主與自由各有規範，民主是法治下的民主，自由則不可侵犯他人的自由。[93]此次聯誼茶會是宋美齡當年的第一次公開露面。

七月八日，宋美齡出席國民黨第十三屆代表大會，委託大會秘書長李煥宣讀題為〈老幹新枝〉的講話。講話首先簡要回顧了中華民國的建國歷程；繼指出：「眼前正值緊要關頭，老成引退，新血繼之，譬比大樹雖新葉叢生，而卓然置基於地者，則賴老根老幹。於今黨內白髮蒼蒼，步履蹣跚者，不乏當年馳騁疆場之鬥士或為勞苦功高之重臣，其對黨國之貢獻，絲毫不容抹煞，當思前人種樹，後人乘涼。夫國之強，黨之壯，賴有一定之原則，連續生存之軌跡，創新而不忘舊，前進而不忘本。」最後，她強調：「黨設主席表率全黨，其產生應根據黨章，不宜草率為之。……求新而非排舊，守紀而拒乖張。」[94]宋美齡的講話，引發諸多猜測。可以看作是代表國民黨「元老派」的反撲宣言。

事實上，宋美齡所擔心的是李登輝「臺獨」傾向。她在十月三十日出席婦聯會舉行的國民革命軍遺族學校六十週年校慶時，致詞強調：「少數人不但不飲水思源，感念黨國，革命先烈志士付出之性命與血汗，以及政府之撫養培植，而在坐享其成之餘，反而處處瀰漫橫蠻乖戾之氣，製造是非，醜化政府，藉民主為口號違法亂紀，不擇手段盡百般誣衊之能事，尚有若干人士歪曲事

93.〈蔣夫人籲同胞慎思明辨，勿受蠱惑利用自毀成果〉，《中央日報》，臺北，一九八八年六月十日，版二。
94.〈蔣夫人蒞臨全會，指出國強黨壯原則〉，《中央日報》，臺北，一九八八年七月九日，版二。

實，抹煞良知，胡謅指責，更有暴跳謾罵幼稚行徑者，凡此概非讀書人所應為。」強烈指斥臺獨分子「竟異想天開，在外國活動，企圖於種族（Ethnic）類，中國人項下將臺灣人分出另列，實為『棄祖滅宗』，荒謬絕倫」。[95]

在這段時間裡，國民黨內部也開始分裂，逐漸形成以中國國民黨中央評議委員會主席團主席宋美齡為幕後，李煥、俞國華、林洋港、蔣緯國等國民黨大老參加的「非主流派」；以李登輝為首，蔣彥士、宋楚瑜等為主的「主流派」。兩派鬥爭目的是，反對或支援李登輝掌握黨政最高權力。一九九〇年，國民黨「二月政爭」爆發。在中國國民黨臨時中全會上，李登輝公布的搭檔是沒有「聲音」的李元簇，「非主流派」推出林洋港與陳履安搭檔，力抗李李配。最終，臨時中全會以李登輝勝出告終。隨後，以滕傑為首的國大代表推出林洋港為總統候選人，蔣緯國為副總統候選人的「林蔣配」，與「李李配」對抗。三月四日，部分國代在三軍軍官俱樂部組成「林洋港、蔣緯國參選誓師大會」。[96]李登輝通過一系列運作，逼退了林洋港，隨後蔣緯國也宣稱「與林洋港共進退」。[97]

面對物是人非的臺灣政壇，宋美齡無可奈何。一九九一年四月十七日，宋美齡出席婦聯會舉辦的「前瞻八〇年代婦女研討會暨婦聯會八十年工作檢討會」時說，隨著臺灣經濟的發展，人民的生活水準得以提升，但隨之而來的奢靡與貪婪，卻使「公權力不彰，司法偏頗，致盜賊猖獗肆

---

95. 〈有決策奇蹟，才有經濟奇蹟，少數人不知感念黨國，蔣夫人認為荒謬絕倫〉，《中央日報》，臺北，一九八八年十月三十一日，版二。
96. 《民眾日報》，臺北，一九九〇年三月五日，版二。
97. 《民眾日報》，臺北，一九九〇年三月十日，版一。

無忌憚，甚而目無法紀以身試法」；與此同時，國會中常發生的暴力事件，已成為國際社會「譏嘲之為馬戲」。號召婦女們應盡為人母者之天職，「對子女耳提面命，教以倫常。」[98]更不幸的是這年七月一日，蔣家又一個政治人物蔣孝武去世，宋美齡已無人可扶持。九月二十一日，宋美齡黯然離臺赴美。[99]

第三節　謝幕

離開臺灣的宋美齡，又回到了美國。避居美國的她，生活十分恬淡，極少公開露面。從既有的新聞資料看，在一九九四年之前，僅有如下幾則：

一九九二年三月十五日，在長島寓所與國民革命軍遺族學校學生聚會慶祝生日。同日，國民黨第十三屆中央評議委員會第三次會議向其電賀生日。[100]

一九九三年五月七日，在紐約曼哈頓東城八十三街寓所接見總統府資政郝柏村。[101]九月二十七日，在紐約寓所會見巴拉圭新任總統汪慕西、臺灣駐紐約辦事處處長吳子丹及駐烏拉圭代

98.〈國會暴力遭國際譏嘲為馬戲，蔣夫人沉痛表示「令人羞憤」〉，《中央日報》，臺北，一九九一年四月十八日，版二。
99.〈蔣夫人赴美長期修養〉，《中央日報》，臺北，一九九一年九月二十二日，版二。
100.〈蔣夫人在美歡度華誕〉，《中央日報》，臺北，一九九二年三月二十四日，版二；〈中評委員會議通過決議，向蔣夫人致敬祝賀華誕〉，《中央日報》，臺北，一九九二年三月十六日，版四。
101.〈郝柏村探望蔣夫人〉，《中央日報》，臺北，一九九三年五月十日，版二。

表陳明德。[102]

一九九四年三月二十三日，在紐約寓所與家人共度生日。[103]四月二十七日，向婦聯會創立四十四週年慶祝大會發去書面賀詞，期望婦聯會及全國婦女同胞能凝聚家庭倫理的道德力量，對國際社會廣為宣傳我國的政治哲學，特別要對大陸廣大婦女同胞給予關懷與援手，激起她們追求幸福美滿家庭的願力。[104]

儘管宋美齡避居美國，但臺灣政壇的戰火依然延燒及她。在她離開臺灣伊始，民進黨就指責宋美齡使用外交公務護照，搭乘專機等等。一九九一年九月二十六日，針對臺灣社會對宋美齡赴美飛行費用的質疑，中華航空公司強調宋美齡搭乘的並非是外界所稱的專機，而是受雇於士林官邸的包機，純屬商業行為。[105]一九九二年一月四日，臺北地檢署宣布宋美齡搭乘專機赴美遭人告發涉嫌侵占一案結案，判定此案無犯罪嫌疑。[106]九月十日，臺灣監察院聯席會議通過監察委員林純子所提「宋美齡赴美使用通行狀暨士林官邸長期占用公地」彈劾案的調查報告。該案指控一九九一年宋美齡赴美定居時，其身分為「卸任總統夫人」，已不具「總統夫人」身分，使用外交公務護照違反規定；宋美齡方面尚未交付華航班機加班飛航費用；士林官邸之用地應根據安全

102.〈巴拉圭總統汪慕西在紐約拜訪蔣夫人〉，《中央日報》，臺北，一九九三年九月二十九日，版四。
103.〈蔣夫人九十七壽辰，親朋好友齊赴紐約祝壽〉，《中央日報》，臺北，一九九四年三月二十四日，版四。
104.〈婦聯會成立四十四週年，蔣夫人特頒書面訓詞〉，《中央日報》，臺北，一九九四年四月二十八日，版一。
105.〈蔣夫人赴美，乘的是包機〉，《中央日報》，臺北，一九九一年九月二十七日，版一。
106.〈蔣夫人搭乘華航專機赴美案地檢署調查後簽結〉，《中央日報》，臺北，一九九二年一月五日，版三。

與體制，改為「元首官邸」，官邸以外地區應考慮對外開放，供民眾休憩。[107]正如諺語所云：「人情冷暖，世態炎涼。」

一九九四年九月十日，為探視已患直腸癌晚期的孔令偉，宋美齡在蔣孝勇的陪同下返回臺灣。這是她一生最後一次踏上這塊土地。這一次，宋美齡的行程極為匆忙和單調。九月十日上午六時宋美齡飛抵臺北，即往慈湖謁陵，下午至振興醫院探視已患直腸癌晚期的孔令偉，當晚留宿振興醫院。陪伴孔令偉直至十三日下午，始返回士林官邸。[108]九月十六日，下午再至振興醫院探視孔令偉。[109]九月十九日下午離臺赴美，[110]永遠告別了臺灣。

一九九五年，宋美齡出席了最後一次公開政治活動。時值第二次世界大戰結束五十週年，接受美國參議院多數黨領袖鮑伯・杜爾（Bob Dole）及民主黨參議員賽蒙（Paul Simon），分別代表共和黨及民主黨邀請，出席美國國會為她舉行的盛大致敬會，以表彰她在第二次世界大戰期間，對中美關係所做的貢獻。[111]

107.〈蔣夫人赴美使用通行狀一案，監察院通過調查報告〉，《中央日報》，臺北，一九九二年九月十一日，版四。

108.〈蔣夫人返國，李總統伉儷在機場迎接〉，《中央日報》，臺北，一九九四年九月十一日，版一；〈蔣夫人留守醫院陪伴孔令偉〉，《中央日報》，臺北，一九九四年九月十二日，版二；〈孔令偉病情已穩定〉，《中央日報》，臺北，一九九四年九月二十日，版二。

109.〈孔令偉病情已穩定〉，《中央日報》，臺北，一九九四年九月二十日，版二。

110.〈蔣夫人昨搭機返紐約寓所〉，《中央日報》，臺北，一九九四年九月二十日，版二。

111. 據曾在美國國會圖書館工作、後任美中政策基金會總裁的王冀自訴，宋美齡的國會行程係由他發起策劃。王冀，〈宋美齡九十八歲時重返華盛頓國會演講〉，《中外書摘》二〇一二年第十一期。

七月二十六日上午，宋美齡在蔣孝勇、孔令儀夫婦等人的陪同下，乘坐US Airways公司提供的飛機由紐約飛抵華盛頓。抵達後，先往雙橡園，受到兩、三千人的歡迎。在此，舉行了隆重的午餐。宋美齡在二樓休息室用餐休息，沒有接受任何採訪。下午五時左右，宋美齡一行出發趕往國會山莊參加酒會。在參院羅素大廈決策大廳內，容納了五百多位貴賓，包括美國三十一位參議員和十六位眾議員，臺灣方面有駐美代表魯肇忠夫婦、副代表張文中夫婦、陳榮傑夫婦，婦聯會秘書長辜嚴倬雲，中央婦工會主任林澄枝，國安會秘書長丁懋時夫人丁史美暢，外交部長錢復夫人田玲玲，代表處紐約分處處長吳子丹夫婦以及宋美齡的家人等。致敬招待會上，賽蒙，前參院外委會主席派爾（Pell），參議員華納（John William Warner）、穆考斯基（Lisa Murkowski）、辛普遜（Simpson）、葛蘭姆（Graham）等先後致詞，歡迎宋美齡的到來，回憶並讚揚她的卓越貢獻。[112]接著，宋美齡講話，並接受美國議員和朋友們的問候、握手和致敬。當時整個過程，臺灣的多家媒體都進行了現場直播。[113]從電視畫面上看，宋美齡身著紫紅色的錦緞旗袍，戴玉耳環，

112. 王冀，《從北京到華盛頓：我的中美歷史回憶》（北京：華文出版社，二〇一二年），頁二四二—二四六；〈睽違半世紀蔣夫人重返美國會，彰顯光榮歷史，接受參眾議員致敬〉，《中央日報》，臺北，一九九五年七月二十八日。

113. 〈蔣夫人丰采三臺看得到華視去年製播的專題將先在美國十家華語電視臺播出〉，《中央日報》，臺北，一九九五年七月十五日，版二四；〈華視製播專輯向蔣夫人致敬除立即轉播美國國會演說並派出採訪團報導〉，《中央日報》，臺北，一九九五年七月二十一日，版二四；〈蔣夫人新聞敬愛特別多電視臺紛紛摩拳擦掌衛星全程轉播酒會並製播專題〉，《中央日報》，臺北，一九九五年七月二十五日，版二四；〈蔣夫人酒會及總統國情報告中視今晨現場直播〉，《中央日報》，臺北，一九九五年七月二十七日，版二四；〈蔣夫人新聞三臺不一樣〉，《中央日報》，臺北，一九九五年七月二十八日，版二四。

宋美齡在美國國會山莊參加美國國會參眾議員致敬酒會。

外加一條披肩，坐在椅子上發表講話。她舉止高雅，言詞得體，雖已九十八歲高齡，但精力充沛，沒有倦意。

當晚七時，宋美齡再次回到雙橡園出席駐美代表處為她舉辦的歡迎茶會，接受辜嚴倬雲、林澄枝及眾多僑團、同鄉會和黃埔校友會等代表贈送的禮物，並致詞簡述戰後五十年來的世界局勢。當晚，宋美齡返回紐約。[114]至此，宋美齡結束了在公開場合的最後一次政治活動。八月十二日，全球遺族學校學生代表在新澤西州舉行慶祝抗日戰爭勝利五十週年紀念大會，宋美齡向大會發去書面致詞。

次年三月十一日，在紐約大都會博物館舉辦的臺北故宮博物院珍藏特展中華奇觀之預展會場上，人們再次看到了宋美齡。[115]此後，公眾再也沒有在公開場合見過宋美齡，只能從報紙上看到一些零星的報導。

一九九七年十二月，宋美齡向旅居紐約華人舉辦的「抗日六十週年紀念大會」發去書面致詞，指出「日本軍隊在南京的大屠殺為空前的殘酷暴行」，批評「部分日本新生代不斷歪曲史實，一再企圖抹去戰爭罪行，洗脫其侵略者的責任」，認為蔣中正戰後放棄對日本索賠的決定維持了戰後東亞乃至世界局勢的穩定。[116]

114.〈感念中、美並肩作戰深厚情誼〉、〈勉國人學習孔子哲理、效法耶穌精神，建立和諧社會〉，《中央日報》，臺北，一九九五年七月二十八日，版五。

115.〈華興校友齊聚紐約，為蔣夫人暖壽〉，《中央日報》，臺北，一九九六年三月三十日，版四。

116.〈燭光默禱，全美華人同哀思〉，《中央日報》，臺北，一九九七年十二月十五日，版一〇。

二〇〇〇年三月十四日，宋美齡發表親筆簽名公開信，稱「目前國內面臨民主的痛苦抉擇，……因為走向民主的腳步，如果一旦跌倒，那將使國家民族萬劫不復。中華民國是國父首創、先總統一生堅苦卓絕捍衛的國家，大家必須警覺，不要由於抉擇錯誤，而使之毀於一旦！國家的領航人，必須具備堅忍剛毅的性格，前瞻遠見的眼光，久經歷練的政治經驗，才能把國家領向安全繁榮，領向自由民主，今天只有總統候選人連戰符合這些要件。」呼籲選民支持國民黨員連戰競選中華民國總統。認為「只有他提出的政策和方法，能為弱勢者創造平等互惠的大環境！為兩岸開創恢復協商、溝通協進的新局！」[117]

二〇〇三年十月二十三日，美國東部時間二十三日晚間十一時十七分，宋美齡在紐約曼哈頓寓所逝世。不管是官方，還是民間，無論是媒體，也包括學界，都有所發聲、行動和表示。

在宋美齡逝世後，中國大陸、港、臺地區以及美國、英國、日本、韓國等國家都及時報導了這個消息，並給予了相應的評價。惟大陸方面的評價，富於「統戰」意味，略之。而臺灣方面「阿諛」之詞者亦略之。茲據有的資料，將西方人士對其生前的評價，列表如次（表5-1）：

表5-1　宋美齡生前西方人士的評價

國家／地區	人物	評價內容
美國	史迪威	一位聰明、有頭腦的女人。持有西方的觀點。她直爽，堅強，精力充沛，喜歡權

117.《蔣夫人籲支持國民黨連戰》，《中央日報》，臺北，二〇〇〇年三月十五日，版一。

		力，重名譽，喜奉承，對於她的過去滿不在乎。在與外國人打交道時，她從不向西方觀點讓步。中國人永遠是正確的；外國人永遠是錯誤的。文筆引人入勝，但也失於膚淺，對西方的缺陷極盡諷刺，但從來不提中國任何一個微小的缺點。能夠隨心所欲地施展魅力。她知道該怎麼做。對蔣中正有很大影響力，主要是好的影響。有幾次幫了大忙。
	尼克森	蔣夫人除了擔任她丈夫的譯者，還具有其他意義，一般人認為：一位領袖的妻子係因夫而貴，與個人在歷史上的表現無關重要。這種看法，不但忽視一位領袖妻子在幕後所擔任的任務，且玷污了領袖妻子所具有的特質與性格。我相信蔣夫人的智慧、說服力和道德力量，已使她自己成為一位重要的領袖。[118]蔣夫人是一位文明、美麗、整潔、女性化及堅強的女性。
	陳納德	宋美齡對於我，永遠是一位公主。
	季辛吉	一位亂世美人，以女性的非凡情感，影響了大千世界，值得我們永遠品味和思考。
英國	邱吉爾	這個中國女人可不是弱者！她是他在世上最欣賞的少數女性之一，她的驕矜和嫵媚，都讓人極為心動。

118. 尼克森著，劉宏謀譯，《改變亞洲歷史的人物》（臺北：洞察出版社，一九八八年），頁六〇。

結語

nnounces
MPLETE
RRENDER
Journal American LATEST NEWS
5¢
LATEST PEACE BULLETINS

宋美齡，一八九七年三月五日（農曆二月十二日）生於上海，二〇〇三年十月二十三日在美國紐約逝世，享年一百零六歲。

宋美齡比同時代的政治人物都要長壽，她的一生橫跨中國歷史上最爲動蕩、變化最快速的二十世紀。她的人生就是二十世紀中國劇變的寫照。

她出生的那個年代，外強入侵，內亂紛起，內憂外患，民不聊生。清王朝的統治搖搖欲墜，中國社會動蕩不安。她在一個宗教家庭裏成長，受家族影響，篤信基督教，幼年時期，與姐姐慶齡同赴美國求學，後轉入衛斯理學院深造，直至一九一七年學成歸國。漫長的留學經歷，使得宋美齡深受西方文化觀念的薰陶，也使得她具備了同時代婦女所不可企及的教育訓練。

作爲近現代中國重要的歷史人物，宋美齡親歷了各個時期的重大歷史事件，也在中國的歷史舞臺上留下了自己的印記。宋美齡的一生可以以一九五〇年爲界，劃分成截然不同的兩部分。從一九一七年學成歸國到一九五〇年退守臺灣，這一段時間可以看作是宋美齡的前半生，或者大陸時期。宋美齡最具風采，影響力最大的事件發生在前半生。

一九二七年，宋美齡與蔣中正成婚，由此走上中國政治舞臺，並逐步顯示了她的政治才能。婚後宋美齡的第一項工作是改變蔣中正信仰，她不斷地向蔣中正灌輸基督教衛理公會的信仰，並促使蔣中正受洗成爲基督徒，這一事件震驚了當時的中國。隨後，宋美齡以「第一夫人」的身分，投身於中國的婦女運動，領導創辦國民革命軍遺族學校，安撫遺孤，培養教育爲國捐軀壯士的後代。在蔣中正發動的新生活運動中，宋美齡也是運動的重要推手和蔣中正的關鍵臂助。一九三六年西安事變發生，宋美齡親赴西安，力勸蔣中正轉變態度，爲事變的和平解決出力甚多。

一九三七年盧溝橋事變爆發後，日本開始了全面的侵華戰爭，中國人民的抗日救亡運動風起雲湧。這一時期，宋美齡積極輔佐蔣中正，在政治、外交、社會、婦運等領域發揮了重要的作用，展現了她一生最光彩的篇章。她擘劃戰時婦女政策，訓練婦女幹部，推動兒童保育工作。她不懼敵機，奔赴前線，引導婦女投入救護工作。她著力建設中國空軍，陪同蔣中正出訪印度，拓展中國對東南亞的影響。她在抗日運動的艱苦時期，遠赴美國，爭取援助，在國會的講演，轟動了美國朝野，顯示了她的外交才能和智慧。在陪同蔣中正出席具有重大歷史意義的開羅會議時，更加表現了她的外交風範。宋美齡前半生的這些活動與貢獻，爲大家所熟知，史學界的研究成果也頗豐富。

抗戰勝利後，國共內戰再次爆發，國民黨戰敗退守臺灣。一九四八年十二月一日，在國民政府已然崩潰之時，宋美齡倉促赴美求援，直至一九五〇年兩手空空地退居臺灣，由此進入了宋美齡人生的下半場，她的後半生。在一九五〇年代以後，宋美齡所處舞臺變小了，加之政治立場、意識形態的影響，學術界幾乎對她的後半生沒有完整地研究，尚無一部真正意義上的、以嚴謹史料為內容的研究著述。

宋美齡的後半生肇始於內外交困的臺灣孤島。當此時期，臺灣島內局勢混亂，工業生產幾乎癱瘓，人民賴以生存的糧食和日用品緊缺，通貨膨脹嚴重。國際環境亦十分險峻，美國人不斷籌畫「棄臺」、「棄蔣」，中外人士無不認為國民政府在臺灣苟延殘喘的時日，已屈指可數。為了幫助蔣中正維護在臺灣的統治地位，她努力扮演「第一夫人」的角色，把它作為一個政治符號持續地傳達給公眾。為了扮演好「第一夫人」的角色，她幫助蔣中正完成在婦女、衛生、文教、體育等多方布局，鞏固臺灣地位，維護社會穩定。為了幫助蔣中正穩定政局，勞軍、接見、茶會、宴請，這些都屬於「第一夫人」的舉措。為了彰顯蔣中正政權的正統性，頻頻在各種外交場合露面。因此，對外交往、婦女兒童、醫藥衛生、文化教育、宗教活動等多方面的社會工作所表現出來的社會角色，都是「第一夫人」這一政治符號的體現和開展。

外交工作，尤其是對美外交工作，是宋美齡後半生工作的重心，也是她所扮演的主要社會角色之一。一九五二年，韓戰處於僵持階段，麥卡錫主義橫行全美，宋美齡抓住了美國政治環境的變化，從幕後走到臺前，以多種名義赴美訪問。而後的外交工作始終是在錯綜複雜的內外環境下進行。一九四九至一九五二年時期的對美外交工作，這是宋美齡自一九四八年赴美求援的延伸。一九四八年離開大陸赴美後，她較長時間滯留美國，尋求美方支援。隨著形勢變化，她的求援任務，從原先爭取美國軍經援助，演變為遊說美國議會，利用新聞界的宣傳，改善美國公眾輿論對臺灣的觀感和態度，從而達到美國延緩承認中共政權的目標。一九五〇、六〇年代，宋美齡外交目的為不斷打造中華民國是美國的盟友，雙方有著共同的敵人——共產主義陣營，美國對臺的支持是符合美國自身利益。一九六〇年代後期開始，隨著蔣中正逐步將權力向蔣經國過渡，宋美齡為了給蔣經國讓路，或主動或被動地淡化了她在對美外交上的角色。到了蔣經國登上大統，她退出了對美外交的前臺，但仍然不斷地為蔣經國籌謀策劃，把握方向。

婦女工作是宋美齡後半生工作的又一重心，「婦女領袖」是她展現給公眾的代表性「社會角色」。大陸時期，宋美齡不僅是中國婦女運動名義上的領導者，也是實質上的推動者。憑藉這一政治資本，宋美齡到臺灣後立即著手開展婦女組織動員工作，通過組織中華婦女反共抗俄聯合會，設立中央婦女工作會，在民間和黨內分別構建了兩個婦女運動組織體系，各有專責，同負推進臺灣「動員」型婦運的使命。民間機構婦聯會是宋美齡推動臺灣婦女運動的最重要憑藉，其依附軍政、學校等國家機構發展組織，領導幹部以官太太爲主，主辦組訓中央地方婦女分支會，及女校，軍眷工作隊，並慰勞將士，救濟貧苦軍眷。黨方機構婦工會，負責領導臺灣婦女機構，組織婦女黨員，推進黨務，工作重心放在農村、家庭和一般群衆中，其幹部隊伍則爲黨務系統中的青年骨幹力量。宋美齡所領導的臺灣婦女工作，是以「反共」爲旗幟，以「動員」爲特徵，帶有濃厚的政治意味。在「反共」這面旗幟下，宋美齡因應國際國內形勢變化，不斷調整婦女會政策重心，開展各項婦女運動，動員全社會婦女貫徹實施。婦女工作的重心就是配合落實不同時期國民黨政策，塑造「良母賢妻救國保種良好公民」的婦女角色。在開展臺灣婦女運動的過程中，宋美齡搭建了一個屬於自己的婦女幹部班底，獲取了豐富的政治資本。

推動臺灣的社會事業是宋美齡後半生工作中不可或缺的組成部分，也是宋美齡「社會角色」的第三個著力點。「蔣媽媽」是受益於她的民衆對其親暱的稱謂。事實上，宋美齡在創建振興復健醫學中心、建立華興育幼院、主掌醫療衛生、兒童福利、文化教育等多方面都做出了貢獻。她基於基督的信念而奉獻給社會的愛心，以「大我之愛」的宗教情懷，秉承「盡我心、我力、我意，以實行上帝的意志」的宗教理念，積極投入撫養孤兒、救濟貧民、撫恤幼童、賑濟救災。大陸時期，一九二八年建立國民革命軍遺族學校，抗戰時救助傷兵，設立兒童保育院、教養院；來臺後，她開辦救護訓練班，與美國醫藥援華會合作在臺灣開展肺結核防治。爲救助許多小兒痲痹症病童，興辦振興復健醫學中心，並將振興醫院打造成慈善醫院，提供免費的食宿、交通、教育及各種理療與門診等，在今天看來也是不容易做到的。宋美齡做社會工作，也是她輔佐蔣中正執政所必需的舉措，具有相當的政治意義。一九五五年，國民黨軍隊在一江山島戰役的失利，大批遺孤和大陳難童需要照顧，爲穩定社會民心，創建華興育幼院，打造兒童教育的榜樣。

宋美齡在其後半生中，對外作為一個維繫蔣中正統治的政治符號，扮演著多重社會角色，對內則扮演著傳統家族中的長者，蔣中正在世時，維護家族倫常，蔣中正離世後，守護「蔣家」在家族中扮演的「賢妻」、「慈母」和「長者」角色。宋美齡和蔣經國之間的關係演變，也清楚地展示出了宋美齡的家國觀念。大陸期間，儘管蔣經國在上海整頓金融秩序時傷及了宋家的利益，被宋美齡視之為「以下犯上」，但那時兩人關係還談不上鬥爭，畢竟那時兩人在政治權力中的地位相差極大。來到臺灣之後，儘管宋美齡與蔣經國之間扮演著「母慈子孝」的表面戲碼，卻開始了真正的權力鬥爭。此時宋美齡是「第一夫人」，蔣經國已經晉級為「儲君」，從政治影響力而言，兩人旗鼓相當，他們之間競爭的是權力範圍和勢力範圍。一九七五年四月五日，蔣中正的辭世，使兩人從權鬥走向同舟共濟。此時宋美齡視蔣經國為蔣中正政治遺產的忠實繼承者。為了給蔣經國騰出政治空間，她主動避居美國，還為蔣經國在美國奔走，利用「院外援華集團」的遊說，為蔣經國爭取外援。

晚年，宋美齡逐步脫離臺灣政壇，赴美隱居。在寫給蔣經國的信函中，披露其輔佐蔣經國治理臺島，心力交瘁。兄長宋子文突然離世，耽於政治放棄弔唁，令人唏噓。二姐宋慶齡病重直至去世，亦未前去探望，手足之情淹沒於政治陰影。晚年不留功名，「一切交給上帝」，映射出宗教對其一生的影響。

美國東部時間二〇〇三年十月二十三日晚上十一時十七分，宋美齡在紐約曼哈頓家中去世，享年一百零六歲。彼時孔令儀夫婦、蔣友常在旁陪伴。[1] 終宋美齡一生，她爲提升中國婦女的社會地位，爲推動中華民族的復興事業，奉獻了智慧和力量。

回顧宋美齡的後半生，著者認為宋美齡是一個極為聰明的人，她知道自己缺乏什麼、需要什麼。她在對美外交中，隱忍負重，抓住「院外援華集團」為其奔走。但在時代潮流變化之時，跌前躉後，轉型艱難。高舉反共大旗，重視象徵性、指標性的勝利，以至於在國際環境變幻之時，美國國內輿論轉變之際，難以適應。

回顧宋美齡的後半生，著者認為宋美齡「愛娘家更忠蔣家」。如何拿捏娘家和蔣家的關係，如何平衡娘家和蔣家的利益，一直是宋美齡反復糾結的問題。在宋美齡眼中，娘家人是最親近的人。為了保護孔宋家族利益，逼迫蔣中正下令放棄上海灘的「打虎」。為了酬答孔令侃對美遊說之功，為其爭官，不惜與蔣中正「冷戰」，竟使蔣中正說出「以女子小人為難養也」。然而在她的內心深處，「蔣家」才是她的核心利益。

宋美齡的一生伴隨著西化、近代化、戰爭與革命等巨大社會變遷，始終抱持「中國必須改造」的信念，她留給後世的，是一個威權政治下的操弄者，還是一個民主社會的宣導人？尚需假以時日，給予一個公正的回答。

1.〈蔣夫人辭世〉，《中央日報》，臺北，二〇〇三年十月二十五日，版一。

附錄
宋美齡研究的概況與文獻

前言

宋美齡是中國近現代史上一位重要女性，她的言論和作為對中國社會和政治發展起到一定的影響和作用。加強宋美齡研究，釐清基本的史實，給予正確的歷史定位和評述，是近代人物研究的一個重要議題。本文以介紹海內外學者相關研究成果為主，兼論宋美齡研究的發展與前瞻。特別指出的是，文中介紹的研究成果涉及宋美齡一生，而且更側重於宋美齡後半生研究的介紹。[1]

為更好地將宋美齡研究成果概況作一系統性的介紹，特設定若干原則：第一，從研究學者所處地區分類，分為大陸和臺灣、美國和其他國家。這是由於不同國家地區的學者研究宋美齡這個人物的著眼點有所不同，立論也有所差異；第二，從研究成果形式來看，包括專著、論文（**期刊論文**、**學位論文**）和會議論文集結的專題性學術討論會。現有的關於宋美齡的著作，可分為具有學術性質的史學著作和通俗讀物。當然，從講述內容也可分成三種：一種是全傳，從宋美齡出生家庭寫到宋美齡二〇〇三年在美國逝世；一種是記錄宋美齡在某一時間所作所為的「斷代史」，如《宋美齡最後的日子》；還有一種專題式的傳記，專門討論宋美齡的某一方面的才能和事蹟。而諸如年譜、年表之類的研究宋美齡的重要工具書，目前尚未出版。[2]事實上，以宋美齡為主題的學術會議，作為學術成果的交流互動活動，是學術成果的延伸。因此，在討論過各地區不同類型的學術成果之後，專門就大陸和港臺地區學術會議的召開來完善整個學術回顧。

1. 學術界對宋美齡後半生的研究十分薄弱。著者希望通過自己的介紹，能為未來持續研究提供一個基礎。
2. 南京大學中華民國史研究中心「宋美齡與近代中國」專案於二〇〇九年啟動，其中的《宋美齡年譜》預計二〇一六年出版。

壹、研究的論著

二十世紀九〇年代，宋美齡尚未去世之前，有關她的研究並不多。依據天津教育出版社出版的《中華民國史研究綜述》有關論著、資料和工具書索引提供的中國大陸（一九八五—一九八八）、港臺（一九五〇—一九八八）、日本（一九一三—一九四九；一九七八—一九八八）、美國（一九七八—一九八八）、蘇聯（一九七八—一九八八）、英國（一九七八—一九八八）、法國（一九七八—一九八八）、德國（一九七八—一九八八）、澳大利亞、加拿大、韓國等多個國家、地區的書目，不難發現當時以宋美齡為主題的著作僅有少數幾部，即大陸陳啟文著的《宋美齡》（中國文聯出版社，一九八八年）；徐甦編著的《蔣宋大家族》（遼寧人民出版社，一九八八年）；美國作家尤恩森（R. Eunson）所著的《宋氏三姐妹：宋靄齡、宋慶齡、宋美齡》（世界知識出版社，一九八四年）；項美麗（Emily hahn）的《宋氏家族——父女．婚姻．家庭》（新華出版社，一九八五年）；和斯特林•西格雷夫（Steling Seaglave）的《宋家王朝》（中國文聯出版公司，一九八六年）。[3]

一、大陸方面的研究

一九九〇年代以降，隨著時間的推移，禁忌逐漸減少，宋美齡研究也漸漸開展。下面就大陸

3. 伍野春等編，《中華民國史研究綜述》（天津：天津教育出版社，一九九一年），頁二六一—二六三、二七〇、三三〇。

地區出版、發表的著述以時間為序加以介紹和評析：

林家有、李吉奎所著的《宋美齡傳》，是大陸最早的關於宋美齡的學術專著。[4]該書以宋美齡的生平活動為主線，對其與蔣聯姻後參與的政治、軍事、外交等活動詳其原委。全書共有十章，最後兩章敘述宋美齡在臺灣和美國時期幾個重要時間點的行為和與之相關的專題內容，即：臺灣婦女工作的主持者、一九五二年的美國之行、「夫人派」實力趨於式微、舊疾復發赴美治療、繁忙的一九五八年、兩蔣逝世、宋氏家族老成凋謝、「我將再起」等。在當時史料相對匱乏的情況下，作者採用了《顧維鈞回憶錄》、《蔣夫人言論集》等資料，對後續跟進的研究者，有相當的啟發。但「傳主的活動有很多是十分重要而又不為外人所知」之處只能「付諸闕如」。該書研究認為，宋美齡「不是簡單的『愛權』的女人，而是本世紀歷史上一個有著強烈的民族意識極為著名的女人」。[5]褒揚貶抑，滲透於字裡行間，表達了作者的觀點。

楊樹標、楊菁的《宋美齡傳》，[6]也是與林、李二位著作同一時期出版的宋美齡傳記。作者在書的〈引言〉中聲稱該書：「著重寫了宋美齡與蔣介石的活動，是編年體與紀事本末互相結合的一本歷史書籍。」[7]對宋美齡返臺後的活動僅著墨於宋美齡致廖承志、鄧穎超公開信的評析。

---

4. 林家有、李吉奎，《宋美齡傳》（鄭州：河南人民出版社，一九九五年）。臺灣學者呂實強教授在其論文〈大陸近期刊出的一篇〈被國民黨稱為第一夫人的宋美齡〉——簡介與檢討〉認為，是「據個人所讀過的此類專書而言，這一著作，可視為對蔣夫人宋美齡女士開始作為學術研究的一項標誌」。
5. 林家有、李吉奎，〈前言〉，《宋美齡傳》，頁四。
6. 楊樹標、楊菁，《宋美齡傳》（南昌：江西人民出版社，一九九七年），後由浙江大學出版社於二〇一〇年再版。
7. 楊樹標、楊菁，〈引言〉，收入楊樹標、楊菁，《宋美齡傳》（南昌：江西人民出版社，一九九五年），頁一。

該書第九章，是用宋美齡一九五〇年以後的言論為線索，將她晚年的生活貫串起來，相當新穎，不過也亦如作者序中所說：「感到材料還相當缺乏，有不少事只知道她曾做過或參與過，但無法把始末寫清楚。」總體上看，書中對人物評價較客觀、公允。

另外比較早的著作，知名度較高的有王朝柱、[8]劉毅政、[9]陳廷一[10]等人的作品常被讀者津津樂道，但學術性較弱。還有壽韶峰《宋美齡全紀錄：一八九七—二〇〇三》，[11]辛慕軒等著《宋美齡寫真》，[12]陳啟文著《宋美齡》，[13]嶽渭仁、冬卉、向東華、曉晴編《外國人眼中的蔣介石和宋美齡》，[14]章文燦、王英編著的《宋美齡檔案照片》，[15]師永剛、林博文編著的《宋美齡畫傳》[16]等著作多以傳記形式出現，由於各作者視角不同，解讀宋美齡的角度亦不盡相同，其所用文字有褒有貶。但透過他們的文筆，已展示出宋美齡政治外交領域的精彩表現。婦女、社會、兒童工作，是宋美齡在臺灣主要從事的事業，多數作者認為這些工作是宋美齡在大陸時期開展相應方面工作的

8. 王朝柱，《宋美齡與蔣介石》（北京：中國青年出版社，一九九一年）；王朝柱，《宋美齡與蔣介石》（鄭州：河南文藝出版社，二〇〇七年）。
9. 劉毅政，《宋美齡評傳》（北京：華文出版社，二〇〇〇年）。
10. 陳廷一，《宋美齡全傳》（青島：青島出版社，二〇〇一年第三版）。
11. 壽韶峰，《宋美齡全紀錄》（北京：華文出版社，二〇〇九年）。
12. 辛慕軒等，《宋美齡寫真》（北京：檔案出版社，一九八八年）。
13. 陳啟文，《宋美齡》（北京：中國文聯出版公司，一九八八年）。
14. 岳渭仁、冬卉、向東華、曉晴編，《外國人眼中的蔣介石和宋美齡》（西安：三秦出版社，一九九四年）。
15. 章文燦、王英編，《百年風流宋美齡檔案照片》（北京：團結出版社，二〇〇八年）。
16. 師永剛、林博文，《宋美齡畫傳》（北京：作家出版社，二〇〇八年）。

延伸和擴展。宋美齡在台期間的人際網路，尤其是與蔣經國和孔家子女，作者都加以關注並各持己見。有的作者認為宋美齡與「小蔣」不和，也有作者感到二人「母子情深」。值得一提的是宋美齡的歷史照片很多，各個時期都不缺乏，所以許多書都加以徵引，使得人們對她有更多的熟悉。

這些著作因缺乏史料支撐，本文不做深入討論。但就晚年宋美齡這一專題的著述，僅以佟靜之《晚年宋美齡》和《宋美齡的晚年歲月》為例。[17] 這兩部著作雖然名字有所不同，但後一本實際上是前一本的修訂本。作者除了增加兩章〈迎接美國貴賓〉（**艾森豪一九六〇年訪問臺灣**）、〈附加注解的回憶〉（**《與鮑羅廷談話的回憶》**）外，還修改、增補了各章節的部分內容，尤其是增加自己的觀點和看法，如在「兩封公開信」中，作者較之舊版，對宋美齡晚年反共言行進行了分析，言之有物，適當評價。從中不難看出作者經過十多年時間，在觀點上有了新的發展、措辭上也趨嚴謹。

作為另一個研究成果——學術論文，可以通過以下數據加以說明。在中國大陸學術期刊網路出版總庫（**中國期刊全文資料庫**）上，主題裡含有「宋美齡」一詞、時間從一九七九年到二〇一四年，共有二千六百七十一條。[18] 中國博士學位論文全文資料庫，主題含有「宋美齡」一詞、時

17. 佟靜，《晚年宋美齡》（合肥：安徽人民出版社，一九九八年）。佟靜，《宋美齡的晚年歲月》（北京：團結出版社，二〇一四年）。以「宋美齡晚年生活」為內容的著作還有何虎生著《蔣介石宋美齡在臺灣的日子》（華文出版社，二〇〇七年），竇應泰著《宋美齡最後的日子》（華文出版社，二〇〇三年），洪亮、姚嵐著《宋美齡在美國》（北京：團結出版社，二〇〇八年），竇應泰著《宋美齡身後重大事件揭秘》（北京：團結出版社，二〇〇八年）等。

18. 該庫以「篇名」裡含有「宋美齡」一詞、時間從一九七九年到二〇一四年，有三百一十條；以「關鍵字」含有「宋美齡」一詞、時間從一九七九年到二〇一四年，有二千六百六十八條。收錄於「中國期刊全文資料庫」：http://acad.cnki.net/Kns55/brief/

間從一九七九年到二〇一四年有五條。[19]中國優秀碩士學位論文全文資料庫，主題裡含有「宋美齡」一詞、時間從一九七九年到二〇一四年有二十九條。[20]

從發表文章內容、發表的期刊性質來看，真正學術性的期刊論文數量不多，[21]且以研究抗戰時期的宋美齡外交和婦女工作為主，重點探討宋美齡在動員婦女參與抗戰的作用，包括了宋美齡與新生活運動、新生活運動婦女指導委員會、戰時兒童保育會、中華婦女慰勞自衛抗戰將士總會的關係。[22]其中以夏蓉為代表，發表多篇關於宋美齡與近代中國婦女運動的關係論文。[23]劉大禹一

---

result.aspx?dbPrefix=CJFQ（2015/09/18 點閱）。

19. 該庫以「題名」裡含有「宋美齡」一詞、時間從一九七九年到二〇一四年，有一條；以「關鍵字」裡含有「宋美齡」一詞，時間從一九七九年到二〇一四年，有二條。收錄於「中國期刊全文資料庫」：http://acad.cnki.net/Kns55/brief/result.aspx?dbPrefix=CDFD（2015/09/18 點閱）。

20. 該庫以「題名」裡含有「宋美齡」一詞、時間從一九七九年到二〇一四年，有七條；以「關鍵字」裡含有「宋美齡」一詞、時間從一九七九年到二〇一四年，有二十六條。收錄於「中國期刊全文資料庫」：http://acad.cnki.net/Kns55/brief/result.aspx?dbPrefix=CMFD（2015/09/18 點閱）。

21. 關於宋美齡的文章大多刊登在《鐘山風雨》《文史月刊》《文史博覽》《現代婦女》《報刊薈萃》《海內與海外》等通俗讀物上；內容也多為宋美齡婚前失蹤內幕，宋美齡迫使張學良離婚內幕、蔣介石與宋美齡兩次婚姻危機等八卦。

22. 曾輝，〈宋美齡抗戰時期的中國婦女職責思想及其實踐〉，《江西社會科學》，二〇一〇年第十一期（二〇一〇年十一月）；李紅梅，〈論抗戰初期的「新運婦指會」〉，《西南大學學報》（社會科學版），二〇〇七年第二期（二〇〇七年三月）；關志鋼，〈宋美齡與新生活運動〉，《深圳大學學報》（人文社會科學版），二〇〇九年第二期（二〇〇九年四月）；古為明，〈中國戰時兒童保育會述略〉，《抗日戰爭研究》，二〇〇六年第四期（二〇〇六年十一月）。

23. 夏蓉，〈抗戰時期婦女指導委員會與婦女職業運動〉，《貴州社會科學》，二〇一〇年第四期（二〇一〇年四月）；夏蓉，〈抗戰時期婦女指導委員會的性質探析〉，《中山大學學報》（社會科學版），二〇一〇年第三期（二〇一〇年六月）；夏蓉，〈抗戰時期婦女指導委員會與婦女憲政運動〉，《民國檔案》，二〇〇九年第二期（二〇〇九年六月）；夏蓉，〈抗

文從夫人政治的視角，探討宋美齡的政治參與對抗戰以前蔣中正個人集權的影響，頗有新意。[24] 陳蘊茜從社會性別的視角去研究宋美齡，極大拓展了研究空間。此外，其他論文集中考察了宋美齡在西安事變和平解決中的作用，抗戰中促進中美關係、爭取愛國援助的貢獻，以及創建中國空軍等。[25]

總體而言，近十餘年來大陸學者對宋美齡的研究逐漸擺脫意識形態的局限和政治的影響，趨向客觀化與學術化。在研究內容上，對大陸時期宋美齡的論述正面文字居多，雖偶有負面的批評，措詞也不激烈尖刻。而對宋美齡後半生的論述，由於宋表現出極明顯的反共政治立場，客觀上造成大多著作出現大量批駁文字。但值得一提的是，學者也多在論述中肯定宋美齡堅持一個中國和讚許其在婦女兒童、社會事業上的貢獻。[26] 而且，大陸學者與時俱進，一些很早從事宋美齡研究的

日戰爭時期中共與新生活運動促進總會婦女指導委員會〉，《中共黨史研究》，二〇〇九年第八期（二〇〇九年八月）；夏蓉，〈婦女指導委員會與抗戰時期的婦女動員〉，《抗日戰爭研究》，二〇〇九年第四期（二〇〇九年時一月）；夏蓉，〈抗戰前婦女指導委員會的創建及活動〉，《中山大學學報》（社會科學版），二〇〇八年第五期（二〇〇八年十月）；夏蓉，〈宋美齡與抗戰初期廬山婦女談話會〉，《民國檔案》，二〇〇四年第一期（二〇〇四年三月）。

24. 劉大禹，〈宋美齡的政治參與對蔣介石個人集權的影響（一九二八—一九三七）——以夫人政治的視角分析〉，《湖南科技大學學報》，二〇〇九年第二期（二〇〇九年四月）。

25. 王文鸞，〈宋美齡在和平解決西安事變中的地位和作用〉，《史學月刊》，一九九六年第六期（一九九六年六月）；唐曼珍、李軍曉，〈宋美齡在抗戰時期的外交活動述評〉，《史學月刊》，一九九七年第六期（一九九七年六月）；朱坤泉，〈一九四二—一九四三年宋美齡訪美與抗戰後期的中美關係〉，《抗日戰爭研究》，一九九六年第三期（一九九六年九八〈宋美齡與抗日戰爭時期的中國空軍〉，《歷史教學》，二〇〇五年第十期（二〇〇五年十月）；閆明，〈試論宋美齡的中西文化觀〉，《長春理工大學學報》（社會科學版），二〇〇六年第二期（二〇〇六年三月）。

26. 呂實強，〈大陸近期刊出的一篇〈被國民黨稱為第一夫人的宋美齡〉——簡介與檢討〉，收入秦孝儀主編，《蔣夫人宋美

學者後來都重新修訂了自己的原著。如：楊樹標、楊菁在二〇一〇年再版《宋美齡傳》時，對全書的編排做了調整，章節的名稱也做了改動，使之既保持原來的面貌又增添了新鮮的東西。[27]

二、臺灣方面的研究

宋美齡在臺灣度過了三十年的歲月，臺灣留下了她的足跡，留下了有關她的檔案資料，也留下了人們對她的回憶。在這樣的研究沃土下，臺灣學者的著述也是極為豐富的。

臺灣方面出版過多個版本的宋美齡個人思想言論集，還有她訪美的演說和照片集，宋美齡書畫作品集等等。這些都為宋美齡研究提供了最基本的文獻資料，本文有做詳細介紹，此處不再贅述。研究專書和學術論文方面體現出臺灣地區研究學者的特點：史料較為紮實，理論方法見長。臺灣大學石之瑜的《宋美齡與中國》[28]，是宋美齡研究著作中非常重要的一部，也是作者多年研究成果的集結。其先期發表在《近代中國》、《近代婦女史研究》、《中華戰略學刊》等期刊上的多篇學術論文，[29]就產生了一定的影響。作者的政治學背景使得他在宋美齡研究上採取了新的

齡女士與近代中國學術討論集》（臺北：財團法人中正文教基金會，二〇〇三年），頁一四〇－一五九。

27. 〈再版說明〉，楊樹標、楊菁，《宋美齡傳》（杭州：浙江大學出版社，二〇一〇年）。

28. 石之瑜，《宋美齡與中國》（臺北：商智文化事業股份有限公司，一九九八年）。

29. 石之瑜，〈從蔣夫人宋美齡女士對美外交論中國的地位〉，《近代中國》，一九九六年第一一三期（一九九六年六月），頁一五五－一八一；石之瑜，〈美國媒體如何報導蔣夫人訪美行——一九四三年二月二十日〉，《近代中國》，一九九六年第一一六期（一九九六年十二月），頁一二五－一五四；石之瑜，〈蔣夫人與中國的國家性質——後殖民父權文化的建構〉，《近

視角切入，以政治心理學、女性主義等研究方法和角度，運用二十世紀四〇年代美國媒體報導資料，「女性主權」的概念，轉化到宋美齡二十世紀四〇年代的訪美外交上，在中美關係的維度中分析宋美齡與中國的政治關係，並運用後殖民主義理論來分析宋美齡的國際形象，更深一步詮釋中國人面臨的文明衝撞。

二〇〇〇年，時報出版社出版專欄作家林博文所寫的《跨世紀第一夫人——宋美齡》。臺灣學者林蔭庭認為該書當時「是臺灣出版的宋美齡相關書籍中，史料蒐集最為完整、附注最詳盡、關照面最寬廣的一本。有研究興趣的人可以從書中的注釋上獲得豐富的閱讀導引」。[30]該書所引用的資料豐富，包含專著、期刊論文、人物口述等，且各章開頭配有歷史照片。書中將宋美齡置於宋氏家族、國民黨從大陸來臺與臺美關係的脈絡中書寫。對於宋美齡一九四八年赴美求援之後的作為，林博文認為隨著蔣中正政權的大逆轉，宋美齡的政治舞臺變小了，國際風光褪色了，權力亦緊縮了。她只能繼續發揮她在美國的剩餘影響力，主導國民黨政權對美外交，掌控一九五〇—一九六〇年代對美的遊說。[31]

王丰的《美麗與哀愁：一個真實的宋美齡》，由大陸團結出版社於二〇〇八年出版。王丰也是近年來為大家所熟悉的臺灣傳記作家。該書在大陸出版後，十分暢銷。作者依據宋美齡的親隨、

代中國婦女史研究》，一九九六年第四期（一九九六年八月），頁一六七—二〇〇；石之瑜，〈蔣宋美齡女士的戰略思路——西方對一九四三年蔣夫人赴美演說的迴響〉，《中華戰略學刊》，一九九七年春季刊（一九九七年三月），頁七三—一二〇。

30. 林蔭庭，〈宋美齡書目舉隅〉，《婦研縱橫》，二〇〇四年第六十九期（二〇〇四年一月），頁五一。

31. 林博文，《跨世紀第一夫人——宋美齡》（臺北：時報文化出版企業股份有限公司，二〇〇〇年），頁四六八、四七八。

左右、故交所口述之親歷親聞，認為宋美齡的家庭從一開始就和中國這個貧窮落後的國家發生著尖銳的矛盾。美式教育對宋美齡的人生歷程與奮鬥，起了重要的作用，塑造了她獨特的性格。而基督教的意識形態，也形成了她的整個人生態度，造就出她深刻的人生閱歷，並為其編織了一個人際網路。該書談到宋美齡在臺灣和美國的日子，以白描式的手法演繹出宋美齡的生活狀態。王丰近作《宋美齡臺灣生活私密錄：一九四九—一九七五》[32]則透過作家的文字與影像，帶領讀者進入宋美齡與蔣中正在臺灣的二十六年間夫唱婦隨的燕居歲月。

另外，在臺灣學者的著述中，傳記題材舉足輕重，如《蔣夫人與中國》前後出版了三個版本，由丁蕙原、江敦彬、黃伯平分別編著。[33]陳曉林等編著《蔣夫人寫真》、[34]林蔭庭著《尋找世紀宋美齡：一個紀錄片工作者的旅程》、[35]秦風、宛萱編著《宋美齡》、[36]風雲論壇編輯委員會編著《蔣夫人與元老派》、[37]李恒編譯《宋美齡傳》、[38]許漢著《宋美齡：中國第一夫人傳》[39]也都是大家

---

32. 王丰，《宋美齡臺灣生活私密錄：一九四九—一九七五》（北京：作家出版社，二〇一三年）。
33. 丁蕙原編，《蔣夫人與中國》（臺北：歷史文化，一九八一年）；江敦彬主編，《蔣夫人與中國》（臺北：中華史記編譯出版社，一九七八年）；黃伯平編，《蔣夫人與中國》（臺北：東南出版社，一九六二年）。
34. 陳曉林等編著，《蔣夫人寫真》（臺北：聯豐書報社，一九八五年）。
35. 林蔭庭，《尋找世紀宋美齡：一個紀錄片工作者的旅程》（臺北：天下遠見出版股份有限公司，二〇〇四年）。
36. 秦風、宛萱編，《宋美齡》（臺北：大地出版社，二〇〇三年）。二〇一二年大陸出版此書，題名《宋美齡圖傳》（浙江大學出版社，二〇一二年）。
37. 風雲論壇編輯委員會編，《蔣夫人與元老派》（臺北：風雲論壇，一九八三—一九八七年）。
38. 李恒編譯，《宋美齡傳》（臺北：天元圖書有限公司，一九八九年）。
39. 許漢，《宋美齡中國第一夫人傳》（臺北：開今文化，一九九四年）。

熟悉的著作。研究宋美齡的學者都會加以閱讀。不過，後兩本書顯然對宋美齡有拔高之意，對其在抗戰期間尤其是訪美活動的功績以及遷臺之後所領導的婦女作用溢美之詞甚多。

臺灣學者在撰寫相關著作的同時，也在學術研究過程中不斷對已有研究成果加以總結和歸納。如：陳友民於二〇〇三年十一月發表〈走過三個世紀，見證百年歷史：蔣宋美齡著述及研究目錄〉，[40]以及臺大婦女研究室研究助理張斐怡在《婦研縱橫》第六十九期（二〇〇四年一月）發表〈宋美齡相關出版目錄〉，[41]都為接下來的研究工作提供了基礎。可惜由於是作者當年所做，隨著時間的推移，當時列舉的書目和論文篇章已經不完備了。

學術論文及學位論文方面。大致而言，《近代中國》、《中外雜誌》、《傳記文學》等學術期刊都有與宋美齡相關的研究成果發表，其中《近代中國》中，宋美齡相關的研究成果較其他學術性期刊豐富，在八期雜誌發表了二十六篇學術文章。可以說，臺灣研究宋美齡的實力一方面體現在有呂芳上、朱重聖、劉維開等資深學者的引領，又有諸如陳立文、陳進金中堅力量支持，更有一批又一批的學子追隨。研究範圍涉及宋美齡在政治外交方面的研究成果以及蔣宋夫婦的感情和人際網路等方面。如：呂芳上〈蔣中正的親情、愛情與友情〉、〈廣播演說的魅力——從抗戰時期蔣夫人宋美齡女士在美的演說講起〉，朱重聖〈親情、國情、天下情：蔣夫人宋美齡女士與經國先生〉，陳立文〈為臺灣發聲——從蔣夫人幾次訪美談起〉，劉維開〈從「蔣中正總統檔案」

40. 陳友民，〈走過三個世紀，見證百年歷史：蔣宋美齡著述及研究目錄〉，《全國新書資訊月刊》，二〇〇三年第五十九期（二〇〇三年十一月），頁三九－四六。

41. 張斐怡在文中列舉了一百五十二種專書、影片及畫冊，五十三篇一般論文，五篇博碩士論文和一種參考書目。

看蔣夫人一九四八年訪美之行〉，陳進金〈蔣介石眼中的宋美齡——以《蔣中正總統檔案》為中心〉、〈從《愛記》看蔣宋情愛〉以及孫子和〈蔣宋美齡與馬歇爾使華及任國務卿期間之過從〉等。

臺灣同學在學位論文方面，比大陸學生要更關注宋美齡一些。以宋美齡為討論中心論文見下表附1：

姓名	學位論文題目	畢業學校／碩博士論文	畢業時間
鄭雪英	宋美齡對中國政治的影響（一九二七—一九四五）	佛光大學公共事務學系碩士論文	二〇〇一年
李靖波	蔣夫人（宋美齡女士）與中華基督教婦女祈禱會之研究	中華福音神學院神學碩士科論文	二〇〇四年
陳惠敏	《戰爭動員體制下的臺灣婦女（一九五〇—一九五八）	中山大學中山學術研究所碩士論文	二〇〇五年
黃馨慧	抗戰前後蔣宋美齡在中美關係中的角色研究（一九三六—一九五〇）	臺灣師範大學政治學研究所碩士論文	二〇〇五年
劉珊如	蔣宋美齡與五〇年《中華婦女》的婦女論述	臺灣大學臺灣文學研究所碩士論文	二〇〇九年
常　新	宋美齡與華興中學	中原大學宗教研究所碩士論文	二〇〇九年
黃婉茹	一九五〇年代以後宋美齡的反共論述——以對美言論為中心	臺灣師範大學歷史學系碩士論文	二〇一二年

還有一些學位論文涉及宋美齡，探討其在婦女工作、兒童保育、宗教信仰、輿論宣傳、社會福利等方面的工作。具體見下表附-2：

姓名	學位論文題目	畢業學校／碩博士論文	畢業時間
羅汀蘭	中華婦女反共聯合會組織功能之研究	臺北政治作戰學校政治研究所碩士論文	一九九一年
許芳庭	戰後臺灣婦女運動與性論述之研究	東海大學歷史研究所碩士論文	一九九七年
楊祖珺	臺灣報紙所呈現之女性色的變遷	臺灣私立文化大學新聞研究所碩士論文	一九九七年
張靜倫	顛簸躓僕來時路——論戰後臺灣的女人、婦運與國家	臺灣大學社會學研究所碩士論文	一九九九年
郭及天	我國第一夫人報紙形象研究	淡江大學大眾傳播研究所碩士論文	二〇〇二年
楊　翠	鄉土與記憶——七〇年代以來台灣女性小說的時間意識與空間語境	臺灣大學歷史所博士論文	二〇〇二年
洪國智	中華婦女反共抗俄聯合會在台慰勞工作之研究（一九五〇—一九五八）	中央大學歷史研究所碩士論文	二〇〇三年
林倩如	威權體制下臺灣女性參政之研究——以女性省議員為例（一九五〇—一九八七）	中央大學歷史研究所碩士論文	二〇〇三年
楊晶晶	反共抗俄聲中的女性身影——以《中華婦女》為考察對象	臺北教育大學臺灣文學研究所碩士論文	二〇〇三年

洪宜媜	中國國民黨婦女工作之研究（一九二四—一九四九）	臺北政治大學歷史研究所碩士論文	二〇〇七年
吳雅琪	臺灣婦女團體的長青樹——臺灣省婦女會（一九四六—二〇〇一）	臺灣師範大學歷史學系碩士論文	二〇〇八年
施碩佳	從無聲到有聲——論《婦友》雜誌中參政女性的主體性	臺灣師範大學臺灣文化及語言文學研究所碩士論文	二〇〇八年
李智翔	劇場燈光與投影的整合設計以音樂劇《世紀回眸——宋美齡》一劇為例	臺北藝術大學劇場設計學系碩士論文	二〇〇九年

三、國外方面的研究

除了中國大陸和臺灣地區的研究，海外學者也對宋美齡進行了較為充分的研究。其中，美國學者研究成果呈現出的特點是：史料豐富，既兼顧邏輯性，又有很好的故事性，使得人物豐實，富有思想。早期研究成果不限於宋美齡個人，是對宋氏家族的整體研究。研究內容主要包括宋耀如和宋氏兄妹，探尋宋耀如及其子女的成長之路，重點集中在對宋氏三姐妹和宋子文的研究上。當時在海內外影響較大，以宋氏家族為主要研究對象的著作有：

美國作家艾蜜莉・哈恩（Emily Hahn，**中文名字項美麗**）於一九四〇年出版了 *The Soong Sisters*（**《宋氏姐妹》**），是國外首部研究宋氏家族的著作。[42] 項美麗也因為這本書而名聲大噪。

42. 新華出版社於一九八五年出版中譯本，出版時易名為《宋氏家族——父女・婚姻・家庭》。

她與宋靄齡、宋慶齡、宋美齡處於同一時代，是寫宋氏三姐妹的第一位傳記作者，也是惟一一位對這三姐妹都作過近距離採訪的作家。[43]由於彼此相識，材料大半來自她們的交往接觸。此書描述了三姐妹的童年生活和婚姻狀況，尤其是對宋美齡的婚事提供一些家庭內部的細節。項氏與宋家姐妹的交往，使之獲得了不少難得的第一手資料，具有一定的史料價值。不過也是這一點，被反對者指責為「帶有偏見」。[44]

一九八四年，世界知識出版社出版了羅比・尤恩森（R. Eumson）撰寫的 *The Soong Sisters*（**《宋氏三姐妹：宋靄齡、宋慶齡、宋美齡》**），本書記述了宋家三個姐妹的成長歷程以及她們對中國社會所起的作用和影響。書中對三姐妹的父親宋耀如做了肯定，認為他的教育理念最終培養她們達到了各自的歷史地位；書中對宋慶齡的描述較多，凸顯其革命生涯，為研究宋慶齡提供了不少資料。作者夫婦與宋美齡相識，驚歎她的英語水準，並理解到宋美齡「反攻大陸」的心境。[45]

斯特林・西格雷夫（Steling Seaglave）耗時十五年，擷取了大量珍貴檔案資料，採訪較多的相關人士，於一九八五年完成 *The Soong Dynasty*（**《宋家王朝》**）一書。[46]作者把宋氏家族放入民

43. 據稱，宋美齡晚年曾有人建議她寫傳記時，她提出的惟一人選就是項美麗。
44. 「只有那些自稱為她們密友的人如項美麗和亨利・魯斯的帶有偏見的觀點，才能得到信任並在世界範圍內廣為流傳」，載斯特林・西格雷夫，《宋家王朝》（北京：中國文聯出版公司，一九八六年），頁一五；「此書對三姐妹的童年生活和宋美齡的婚事提供一些家庭內部的細節，但因過分偏袒，以致在其他方面沒有什麼用處」，《宋家王朝》，頁一七。
45. 一九八四年，尤恩森丈夫為宋美齡寫特寫報導，夫婦二人受宋美齡邀請一起喝茶。〈作者的話〉，《宋氏三姐妹：宋靄齡、宋慶齡、宋美齡》，頁四。
46. 中國文聯出版公司於一九八六年出版中譯本。

國史的大背景下展開研究，以整個家族成員的變遷為主線，通過他們在重大歷史事件中的所作所為，折射出這一時代的歷史變革，為更好地瞭解中國近現代史和中美關係提供了材料等方面的幫助。從該書的命名《宋家王朝》（*The Soong Dynasty*），即可知其具有成見，其時宋美齡適在美國，特撰專文反駁。作者從新聞媒體對宋美齡的宣傳渲染入手，反映整個美國社會對當時中國的認識，開這一研究視角之先河。

近年來，比較重要的出版專著如下：

二〇〇六年，新聞記者出身的李台珊（Laura Tyson Li）在美國出版的 *Madame Chiang Kai-shek: China's Eternal First Lady*，[47] 二〇一〇年臺灣出版了該書的中文翻譯本《宋美齡：走在蔣介石前頭的女人》，[48] 二〇一二年在大陸出版，更名為《宋美齡：一個世紀女人的夢想、輝煌和悲劇》。[49] 全書使用了相當豐富的英文檔案文獻，包括宋美齡和美國黨政要人如魏德邁將軍（Albert Coady Wedemeyer）、馬歇爾將軍（George Catlett Marshall, Jr）等人的往來書信，《新聞週刊》（*Newsweek*）等美國媒體的報導，美國有關人物如亨利・魯斯（Henry Robinson Luce）的傳記、資料、檔案等文獻。這對於宋美齡研究的新史料發掘具有重要意義。作者認為宋美齡在臺灣的政界沒有像大陸時那麼活躍，但外事領域，特別是外交部、外交使團的人事任命上，她仍很有影響力。李

47. Laura Tyson Li, *Madame Chiang Kai-shek: China's Eternal First Lady* (New York: Atlantic Monthly Press, 2006).
48. Laura Tyson Li（李台珊），*Madame Chiang Kai-shek: China's Eternal First Lady* (Oversea Publishing House, 2007)；黃宗憲譯，《宋美齡：走在蔣介石前頭的女人》（臺北：五南出版社，二〇一〇年）。
49. 李台珊，《宋美齡：一個世紀女人的夢想、輝煌和悲劇》（北京：華文出版社，二〇一二年）。

台珊還通過分析當時美國對宋美齡的新聞報導，認為美國人見到她時，既未見到真正的中國，也未見到真正的蔣中正夫人，因此他們的認知必然充斥了謬見。她的一生最終成了中美之間長達一世紀之嚴重誤解的現象，成為仍存在於今日中美關係不安定曖昧狀態的表徵。[50]

漢娜・帕庫拉（Hannah Pakula）的 *The Last Empress Madame Chiang Kai-Shek and the Birth of Modern China*（**《最後的皇后：蔣夫人與近代中國的誕生》**）[51]於二〇一〇年出版，隨即引起巨大轟動，季辛格（Henry Alfred Kissinger）認為是一部「蓋棺論定的宋美齡傳記」。史景遷（Jonathan D. Spence）評價它「取材範圍之廣，令人印象深刻」。《華爾街日報》（*The Wall Street Journal*）稱之「對於想要瞭解民國史的讀者，此書是絕佳的指引」。[52]作者也是 Wellesley College 的畢業生，引用該校所保存的宋美齡與同班同學艾瑪・米爾斯（Emma Delong Mills）的往來書信，並多處引用《紐約時報》（*The New York Times*）、《華盛頓郵報》（*The Washington Post*）等媒體的報導，描繪出宋美齡在美國媒體中的形象，具有較高的參考價值。書中第七部分寫到二戰結束後，國共內戰爆發，國民黨大勢將去，宋美齡赴美，爭取美國對國民黨的援助，然而美國對華白皮書有效地反制了宋美齡索取更多幫助之請；第八部分更詳細地寫到宋美齡在一九五〇年後，三度訪美的細節經過，如一九六〇年趁越戰之時，促使美國支持國民黨反攻大陸的計畫。第九部分主要講述宋美齡

50. 李台珊，《宋美齡：一個世紀女人的夢想、輝煌和悲劇》（北京：華文出版社，二〇一一年），頁三〇一、三〇六、三一三、三一四、三二一—三二三、三八六。
51. Hannah Pakula, *The Last Empress Madame Chiang Kai-Shek and the Birth of Modern China* (NewYork: Simon & Schuster, 2010).
52. 漢娜・帕庫拉著、林添貴譯，《宋美齡新傳——風華絕代一夫人》（臺北：遠流出版事業股份有限公司，二〇一一年）。

後期在美國的生活狀態。[53]該書先後被臺灣和大陸翻譯出版。[54]

李台珊和漢娜所著這兩部書最大的優點就是運用了大量的新史料，主要是宋美齡個人親筆英文信函和與她交往的美國各界人士的檔案。如此豐富的英文檔案文獻在國內乃至臺灣都是沒有的。但是，除了史料的發掘以外，還需要的是對史料的分析解讀，並對同一時期的其他相關史料進行比對，由此暴露了兩位作者她們研究中的不足，即缺少中方的基本文獻以及協助廠商的資料。也許當這些資料都被同時傳用之後，才能得到更加客觀和理性的結論。

此外，美國學者 Karen J. Leong 所著 *The China Mystique: Pearl S. Buck, Anna May Wong, Mayling Soong, and the Transformation of American Orientalism.*[55]（**《中國神秘：賽珍珠、黃柳霜、宋美齡與美國東方主義的轉型》**），從後殖民主義的視角研究了宋美齡等三位不同類型的女性在中美交往中的作用，揭示了文化、種族、階層以及政治權力等是如何影響女性對中國與美國的表述。

作家 Sandy Donovan 二〇〇六年寫了一部 *Madame Chiang Kai-shek : face of modern China*（**《宋美齡：現代中國的面孔》**），[56]全書共分十一章，從宋美齡赴美求學（A Modern Girl）寫到她晚年

53. 漢娜・帕庫拉著、林添貴譯，《宋美齡新傳——風華絕代一夫人》（臺北：遠流出版事業股份有限公司，二〇一一年），頁五四四–五八八、五八八–六五四、六五六–六七八。
54. 漢娜・帕庫拉著、林添貴譯，《宋美齡新傳——風華絕代一夫人》（臺北：遠流出版事業股份有限公司，二〇一一年）；漢娜・帕庫拉著、林添貴譯，《宋美齡傳》（北京：東方出版社，二〇一二年）。
55. Karen J. Leong, *The China Mystique: Pearl S. Buck, Anna May Wong, Mayling Soong, and the Transformation of American Orientalism* (Chicago: University of Illinois at Chicago Circle, 2007).
56. Sandy Donovan, *Madame Chiang Kai-shek : face of modern China* (Oxford: Capstone , 2006).

生活一覽（Life at a Glance），終其一生的主要事件均有交代。

傳記作家 Thomas A. Delong（湯瑪斯・德隆）所著 *Madame Chiang Kai-shek and Miss Emma Mills: China's First Lady and Her American Friend*（《艾瑪與宋美齡：中國第一夫人和她的美國朋友》）[57] 一書除去前言、注釋和索引，還有二十二章。該書以宋美齡與艾瑪的通信為基礎，深入分析了宋美齡的美國教育背景和美國的人際關係對其展開對美外交所起的作用，認為好友艾瑪給予宋美齡很大的幫助。

其他著作還有 Samuel C. Chu 和 Thomas L. Kennedy 二人合著的 *Madame Chiang Kai-shek and her China*（《蔣夫人與中國》）[58] 和 *The first lady of China: the historic wartime visit of Mme. Chiang Kai-shek to the United States in 1943*（《一九四三年宋美齡訪美》），[59] 作者為 Harry J. Thomas。

其實從這些著作的作者身份可以看出，沒有歷史學專業的美國學者在研究宋美齡。雖說屢有佳作問世，可並無法掩蓋宋美齡研究尚未進入美國學者研究的視野，因此有關的學術論文也很少。

除了上述地區以外，日本、韓國、俄羅斯亦有學者做了一些研究。日本方面，據日本學者久保田博子介紹，以「宋美齡」或「蔣夫人」為關鍵字的搜索，多半為大眾性、一般讀物。最早有關宋美齡的記述見於一九三三年由《人物傳聞》發表、菜花野人執筆的《蔣中正與夫人宋美

57. Thomas A. Delong, *Madame Chiang Kai-shek and Miss Emma Mills: China's First Lady and Her American Friend* (North Carolina: McFarland & Company, 2007).
58. Samuel C. Chu & Thomas L. Kennedy, *Madame Chiang Kai-shek and her China,* (Norwalk: East Bridge, 2005).
59. Harry J. Thomas, *The first lady of China: the historic wartime visit of Mme. Chiang Kai-shek to the United States in 1943,* (NewYork:International Business Machines Corp. ,1943).

齡》。[60]筆者在日本國立國會圖書館發現日本學者有關宋美齡的研究著作多種，列表如下：

表附-3 日本國會圖書館庋藏關於日本學者研究宋美齡著作表

編號	作者	題目名	出版／發表資訊	著述類型
1-1	村田孜郎	宋美齡	ヘラルド雜誌社一九三九年	著作
1-2	山田文吾	活躍在戰場上的中國女人：宋美齡的驚人活動	東京朝野新聞出版部一九三七年	著作
1-3	武村與志夫	中國掌控者——宋美齡的真面目：活躍在香港外交界的精靈	近代小說社 一九三八年	著作
1-4	中野好夫	永遠的女性	河出書房（河出新書）一九五五年	著作
2-1	譚〔ロ〕美	宋美齡作為女性的一生	新潮 45／新潮社［編］23（1）（通號 261）2004—01 p.200 ～ 206	論文
2-2	中牟田明子	宋美齡的影響及其活動	蒼翠：筑紫女學園大學亞洲文化學科紀要：Bulletin of Chikushi Jogakuen University Department of Asian Studies／筑紫女學園大學亞洲文化學科編（通號 10） 2009—03 p.102 ～ 117	論文

60. 久保田博子，〈日本雜誌上的宋美齡像〉，收入秦孝儀主編，《蔣夫人宋美齡女士與近代中國學術討論集》（臺北：財團法人中正文教基金會，二〇〇三年），頁二六三。

2-3	富永孝子	張學良和宋美齡不為人知的純真感情	新潮 45／新潮社［編］32(12)（通號 380）2013—12 p.210～220	論文
2-4		世界新闻鼻祖——Dragon Lady 宋美齡（蒋介石夫人）的一個世紀	週刊東洋經濟（5861）2003—11—22 p.133	論文
2-5	上村幸治	民意顛覆王朝——臺北十五日（動搖李登輝政權的宋美齡事件）（臺灣的新道路〈特集〉）	經濟學家／每日新聞社［編］66(10) 1988—03—01 p.p61～66	論文
2-6	石川照子	美中關係與宋美齡——以日中戰爭時期其援華申請活動為中心	大妻比較文化：大妻女子大學比較文化學部紀要／大妻女子大學比較文化學部 編（通號 2）2001 p.24～41	論文
2-7	川上和久	戰後六十年——影響猶在的宋美齡外交 日本步中國後塵的國際宣傳能力	中央公論 120(10)（通號 1457）2005—10 p.158～165	論文
2-8	小松原伴子	宋氏三姐妹——宋靄齡、宋慶齡、宋美齡與中國革命（特集 中國歷史上的女性——從西施到宋氏三姐妹）	月刊 Sinica／「月刊 Sinica」編輯室 編 10(12)（通號 117）1999—11 p.73～75	論文

茲就日本學者兩篇學術論文為例，來瞭解日本方面的研究視野：

日本學者久保田博子提到，日本在報導宋慶齡和宋美齡時的最大區別在於，宋慶齡是以「孫中山夫人」形象出現，對她和孫中山先生的婚姻關係來探討和評價；而宋美齡則不完全是以「蔣中正夫人」的關係來報導，比較關注宋美齡個人的政治能力和對中國造成的影響。[61]

日本人妻女子大學石川照子在〈日本人眼中的蔣夫人宋美齡——以抗日戰爭時期的新聞報導為中心〉一文中，分析了《東京朝日新聞》和《大陸新報》中有關宋美齡的報導，發現在抗戰之前多集中在與蔣中正結婚和西安事變，而抗戰時期是以在國內及香港的抗日運動、對美請求支援等對外活動，以及私生活等為主。由於中日雙方當時處於戰爭狀態，因此用詞多為諷刺、挖苦之語，對宋美齡在抗戰中的表現，始終採取批判態度。到戰後，中日敵對關係消除，日本報導較之戰前變得客觀、冷靜了。[62]

事實上，近年日本學者已經認識到宋美齡研究在國民黨史、中美關係史、中日關係史和中國女性史等各種分野中，是一項重要體裁。[63]但因為在日本有關宋美齡的史料較少，學者常常依託本國報刊雜誌的新聞報導，進行人物比較、資料對比，進而得出比較「樸素」的結論。

韓國獨立運動受到中國國民政府的支持，中韓外交活動與蔣中正、宋美齡有著千絲萬縷的聯繫。故讀到韓國學者研究宋美齡的論文時，很多是圍繞此一方面展開研究。如，朴明熙的〈開羅會議上的韓國獨立問題和蔣中正、宋美齡的作用〉和李奎泰的〈蔣中正時期中華民國的對韓政

61. 久保田博子，〈日本雜誌上的宋美齡像〉，收入秦孝儀主編，《蔣夫人宋美齡女士與近代中國學術討論集》（臺北：財團法人中正文教基金會，二〇〇三年），頁二六二—二八〇。
62. 石川照子，〈日本人眼中的蔣夫人宋美齡——以抗日戰爭時期的新聞報導為中心〉，收入秦孝儀主編，《蔣夫人宋美齡女士與近代中國學術討論集》（臺北：財團法人中正文教基金會，二〇〇三年），頁三四六—三五九。
63. 石川照子，〈日本人眼中的蔣夫人宋美齡——以抗日戰爭時期的新聞報導為中心〉，收入秦孝儀主編，《蔣夫人宋美齡女士與近代中國學術討論集》（臺北：財團法人中正文教基金會，二〇〇三年），頁三五九。

策——兼論宋美齡女士與韓中關係〉。[64]

韓國學者張公子在其論文〈宋美齡和她的領導才能〉中提出了韓國對宋美齡的研究現狀，即：幾乎是全無狀態，僅僅只有新聞報導。[65]由於宋美齡除正式的語錄以外，她沒有給後代留下任何的回憶錄、日記、往來書信等資料，在韓國對她的研究也非常不足，與她的姐姐宋慶齡相比評價過低。這一點和日本研究呈現出的特點是一樣的，研究資料缺乏，史料運用以當時的報紙新聞為主，研究方法多採取和宋慶齡相互對照的比較研究。同時，韓國學者看到宋美齡被《時代》雜誌以「龍的女人」來稱讚她的能力及貢獻，說明她不只是中國女性領導力量的楷模，也是亞洲女性領導力的標杆，且為良好的總統夫人的形象提供了一個典型。研究宋美齡的領導力，對提出符合二十一世紀要求的女性領導者典範要求具有價值。[66]同樣，有的學者也認為，對宋美齡的評價，應置於中韓關係、韓國對外政策和韓國歷史的背景下，抱著客觀和尊重歷史事實的態度，而不能僅僅依照個人的觀點或意識形態的不同有所偏頗。[67]

---

64. 兩篇論文分別載於胡春惠、陳紅民主編，《宋美齡及其時代國際學術研討會論文集》（香港：珠海書院亞洲研究中心，二〇〇九年），頁九三—一〇九、一一一—一二三。

65. 張公子，〈宋美齡和她的領導才能〉，收入胡春惠、陳紅民主編，《宋美齡及其時代國際學術研討會論文集》（香港：珠海書院亞洲研究中心，二〇〇九年），頁三六八。

66. 張公子，〈宋美齡和她的領導才能〉，收入胡春惠、陳紅民主編，《宋美齡及其時代國際學術研討會論文集》（香港：珠海書院亞洲研究中心，二〇〇九年），頁三七四。

67. 李奎泰，〈蔣介石時期中華民國的對韓政策——兼論宋美齡女士與韓中關係〉，收入胡春惠、陳紅民主編，《宋美齡及其時代國際學術研討會論文集》（香港：珠海書院亞洲研究中心，二〇〇九年），頁一一三—一二三。

俄羅斯莫斯科大學亞非學院潘佐夫、高念甫[68]關於〈俄羅斯檔案館中的宋美齡女士文件〉的介紹，得知俄羅斯對宋美齡的研究是匱乏和缺失的，其檔案館館藏資料僅為與宋美齡在大陸時期有關的資料而已。

日、韓、俄學者對宋美齡的研究較少，其研究成果乏善可陳。因此，通過不定期的召開以「宋美齡」為主題的國際學術討論會，讓不同國家地區的學者在一起相互交流，瞭解彼此間的研究狀況，才能推動宋美齡研究的進一步發展。

四、學術研討會

二十世紀九〇年代末期在臺灣與香港開始召開以「宋美齡」為主題的學術研討會議，至今已有五次。一是一九九九年三月二十日，由財團法人中正文教基金會與婦聯會共同在臺北舉辦「蔣夫人宋美齡女士行誼演講會」。會中所發表的論文及發言紀錄由高淑純整理後，收錄於《近代中國》雜誌第一三〇期。二是一九九九年十一月，由財團法人中正文教基金會、婦聯會、國史館、故宮博物院、中央研究院近代史研究所、中國國民黨中央黨史委員會等六個單位舉辦「蔣夫人宋美齡女士與近代中國的國際學術討論會」。這是首次以宋美齡為主題的國際學術研討會，有來自美國、加拿大、日本、俄國、韓國等十四位國際學者和臺灣史學、政治、外交、國父思想等多個

---

68. 潘佐夫、高念甫，〈俄羅斯檔案館中的宋美齡女士文件〉，收入秦孝儀主編，《蔣夫人宋美齡女士與近代中國學術討論集》（臺北：財團法人中正文教基金會，二〇〇三年），頁三七二－三七九。

學科專業的二百餘位學者專家與會。會上共發表二十一篇學術論文，涵蓋了宋美齡各個方面的思想行誼，論題主要集中在她的生平業績，及其對近代中國的深遠影響和積極貢獻。會後，由秦孝儀主編、財團法人中正文教基金會出版《蔣夫人宋美齡女士與近代中國學術討論集》，將討論會中所發表的論文及發言紀錄結集出版。[69]這次會議真正開啟了宋美齡研究，激發了學界的研究熱情。三是二〇〇四年十月，財團法人中正文教基金會與婦聯會在臺北舉辦「蔣夫人宋美齡女士言為士則行為世範學術座談會」，會中發表的論文及發言紀錄由呂琳、任育德整理後，收錄於《近代中國》雜誌第一五九期。四是二〇〇八年十月，由香港珠海書院亞洲研究中心、南京大學中華民國史研究中心、浙江大學中國近現代史研究所、加拿大多倫多大學東亞研究系等單位主辦「宋美齡及其時代國際學術研討會」。這是兩岸三地學術界首次共同舉辦民國時期重要政治人物的研討會。[70]會後，由胡春惠、陳紅民主編，由香港珠海書院亞洲研究中心出版《宋美齡及其時代國際學術研討會論文集》（*Papers of International Conference on Madame CHIANG SOONG Mayling and Her Times*），該論文集收錄各國與會學者所發表的論文五十九篇。這些文章受新史學研究方法的影響，從政治、外交、重大歷史事件以及家庭生活等不同方面展開研究，且一些觀點也擺脫了意識形態的限制。這次研討會既是對以前研究成果的總結，也為以後宋美齡研究開拓了新的方向。五是二〇一一年十一月四日，臺灣中央大學歷史研究所和臺灣基督教史學會在臺北舉行「蔣中正總統與蔣宋美齡夫人基督教信仰」座談會。會議分兩場進行，第一場為論文發表，第二場為教會界及與

69. 《蔣夫人宋美齡女士與近代中國學術討論集》二〇〇〇年初版，二〇〇三年再版。
70. 張憲文，〈序二〉，收入《宋美齡及其時代國際學術研討會論文集》（香港：珠海書院亞洲研究中心，二〇〇九年），頁五。

當事人親近人士或部屬的回憶。參加座談會的有學術界、教會界人士八十餘人，提問和討論均甚為踴躍。[71]

大陸真正意義上的以宋美齡為專題的學術討論會還沒有。但是，以宋氏家族成員為主題的學術會議，影響比較重要的主辦方有：上海復旦大學近代中國人物與檔案文獻研究中心、上海宋慶齡研究會以及海南「兩宋」研究會等。通過這些會議的召開，或多或少地涉及宋美齡的研究。

二〇一五年十一月二十三至二十四日，由美國聖若望大學亞洲研究所（Institute of Asian Studies, St. John's University）主辦的「世界歷史中的孫中山、蔣中正與宋美齡國際學術討論會」（In World History: Sun Yat_sen, Chiang Kai-shek & Soong Meiling）在紐約舉行。來自美國、中國海峽兩岸的學術機構與美國漢學家，交流了對這三位影響中國近代歷史進程的人物研究。這也是有關宋美齡研究的最新會議，柯惠玲等學者提交了新的研究成果。

五、研究評析

綜上所述，我們可以看出整個史學界展開宋美齡的研究已有多年，成果較為豐富，研究面向多元，研究隊伍不斷擴大，而近年來隨著新的研究資料、文物、檔案的開放和整理，為進一步深化宋美齡研究打下了基礎。但是，目前的研究還存在著明顯的不足，大致表現在幾個方面：

71.〈蔣中正總統與蔣宋美齡夫人基督教信仰座談會在臺北舉行〉，收錄於「近代中國研究網」：http://jds.cass.cn/Item/21879.aspx（2012/3/12 點閱）。

第一，不同國家地區的研究狀況不平衡。美國學者研究進展較快，不斷有力作湧現，如漢娜的 *The Last Empress Madame Chiang Kai-Shek and the Birth of Modern China*、李台珊的 *Madame Chiang Kai-shek: China's Eternal First Lady*，史料新穎且多樣性，打通敘事的空間，使得宋美齡形象生動而立體。大陸和臺灣學者也是研究的主力軍，多以東方人的思維習慣和世界觀、方法論考量宋美齡，但史料以其在國內的資料居多，對海外資料涉獵不足。蔣中正日記和一些當事人的口述資料對研究國內問題尚有分量，但涉及國際尤其是中美關係時，就難免偏頗。日、韓、俄對宋美齡研究，尚處於起步階段，需要努力和突破的地方還很多。

第二，研究著作多以傳記文學為主，且大多是無新意的重複。嚴格的學術性著作寥寥可數。研究重點集中在一九四九年以前的外交和婦女工作，對宋美齡其他時段和其他研究領域拓展不足，如其思想、宗教信仰等，有待進一步深入探討。

第三，研究著述中引用的資料單一，有的甚至是毫無出處。作者在寫作中因為占有的史料較少，對某些場景只能採取想像、演繹，毫無歷史真實性。對資料的解讀和分析不夠，對背景資料鑽研不深，使得研究流於表面，不夠深刻。

第四，研究方法落伍，許多專題還缺乏理論框架支撐，僅有少數研究進行了這方面的探索。例如，石之瑜曾運用政治心理學來解構宋美齡一九四〇年代的訪美外交，詮釋中外文明的衝突。陳蘊茜用女性視角討論「性別視野下的宋美齡」。張瑾將重慶地方史、一九三〇、四〇年代的陪都史和宋美齡人物研究緊密聯繫，考察人物在一張地圖上的作為。這些都是很有意義的嘗試，而非空洞地就事論事、就人看人。

第五，還是難以擺脫意識形態的影響，對研究人物預設定論。早期，宋美齡作為「第一夫人」，諸如一九四三年訪美功績被學者過度抬高；後來，「去蔣化」影響到學術研究，反過來把宋美齡當成攻擊對象，即使在其逝世後仍不依不饒地惡毒醜化。而在大陸，過去的研究不重視她對世界的影響，把她視為蔣中正的「幫兇」，在論述中一筆帶過。慢慢地，隨著思想解放，學者對宋美齡的研究趨於平和，關注到她所做的貢獻；但對有分歧的地方，仍是先簡單下結論，在分析表述過程中想跳出既有的框框，但最終導致表述和結論前後不一致。美國的學者則以本國利益為衡量標準，對宋美齡所作所為的評價，建立在是否有利於我的基礎上，結論的公正性值得商榷。

第六，其後半生的研究課題，尚屬宋美齡研究的薄弱環節。可以說，現在還沒有一部真正意義上的、以嚴謹史料為考證的專著。[72]何虎生的《蔣介石宋美齡在臺灣的日子》、竇應泰所著《宋美齡最後的日子》、佟靜的《晚年宋美齡》和《宋美齡的晚年歲月》等，尚與本文研究範圍和研究時段吻合，但皆屬於文學性的傳記，前兩者並無出處和注釋，後者則在許多關鍵的史料上無從考證，可信度不夠，無法做到論從史出。而臺灣及海外學者的著作，一般涵蓋其一生或是只寫到一九四九年，目前暫未有專門撰寫此一時段的著作。且臺灣學者書寫宋美齡一九四九年以後的歷史時，往往是關注於她某一方面的工作，如婦女工作、建立華興育幼院或與婦女祈禱會的研究，並未把宋美齡各方面完整呈現出來。而美國學者寫的是宋美齡的一生，一九五〇年代以後的內容遠遠少於一九五〇年以前的描述，與其年限時間不成比例。

72. 著者已於二〇一四年完成博士論文〈政治符號與社會角色——宋美齡後半生研究〉，擬於二〇一六年出版。

貳、研究的文獻

一、宋美齡個人檔案文獻

（一）文集（言論集、論著）

據宋美齡身邊的侍從或護士等工作人員的敘述，似乎她生前沒有寫日記的習慣。諸多人士都在宋美齡晚年遊說她做口述歷史，[73]而她始終保持緘默，把「一切交給上帝」。她沒有留下類似蔣中正那樣豐富的日記，也沒有接受學者的採訪做口述史，更沒有自己書寫的回憶錄。不過她個人留下的《文集》，卻十分重要，這是研究宋美齡的基礎史料。《文集》可分為兩類：一是公開言論集，包括她的論著、演講、函電、談話等。前後有多個版本。由於編者不同、編纂時間的先後，使得言論集內容有相同的也有不同的，為令讀者能夠瞭解到宋美齡思想變化的歷程，因而相同的內容在前後言論集中也稍作調整和改動。二是宋美齡的中英文著作。值得注意的是，二十世紀五〇年代以後宋美齡的著作不同於她年輕時的著作。[74]大多是政論性和宗教性的著作。

茲按出版時間先後的宋美齡相關言論集，列表如下：

表附-4　宋美齡文集版本一覽表[75]

---

73. 秦孝儀、唐德剛、宋仲虎，還有其他外媒記者等均對外表示，曾經勸說宋美齡能夠接受採訪，留下歷史紀錄。
74. 宋美齡早年創作了《中國民間故事蘇小妹》（*Little sister Su*）英文小說，於一九四二年在紐約出版。
75. 此表依據張斐怡所著論文〈宋美齡相關出版目錄〉提供書目所製。

編號	名稱	編著者	出版處所	出版年代
1	蔣夫人言論集	國民出版社編譯	重慶：國民出版社	一九三九
2	蔣夫人訪美言論集	青年文協社編	福建永安：中國文化服務	一九四四
3	蔣總統暨夫人耶穌受難節廣播證道詞	行政院新聞局輯	臺北：中央圖書館複印	一九五五
4	蔣夫人耶穌受難節默念文		行政院新聞局	一九五六
5	蔣夫人言論彙編（四卷）	蔣夫人言論彙編編輯委員會	正中書局	一九五六
6	蔣夫人抵美演講集			一九五九
7	蔣夫人言論彙編（續編）（兩卷）		中央文物供應社	一九五九
8	蔣總統手著《蘇俄在中國》中外評價暨蔣夫人在美國重要演說彙編		銀河出版社	一九五九
9	蔣夫人演講選集：民國四十七年至四十八年	蔣夫人演講選集編輯委員會		一九六〇
10	蔣夫人演講選集（*Madame Chiang Kai-shek Selected Speeches 1958–1959*）	行政院新聞局		一九六一
11	蔣夫人演講選集（*Madame Chiang Kai-shek Selected Speeches 1958–1959*）	行政院新聞局		一九六三

12	蔣夫人演講選集	行政院新聞局		一九六六
13	蔣夫人思想言論集（六卷）	蔣夫人思想言論集編輯委員會	中央文物供應社	一九六六
14	蔣夫人訪美言行集		戰鬥週刊社	一九六七
15	蔣夫人旅美演講集（*Madame Chiang Kai-shek Selected Speeches 1965–1966*）		中國出版公司	一九六八
16	蔣夫人言論集（上下）	王亞權總編	中華婦女反共抗俄聯合會	一九七七
17	指導長蔣夫人對婦女的訓詞	中國國民黨中央委員會婦女工作會		一九七九
18	蔣夫人言論集		中央文物供應社	一九八〇
19	蔣夫人言論集		光華出版社	一九八二
20	蔣夫人言論集		匡華	一九八六
21	國父總統蔣公暨夫人宗教言論輯要		中央文物供應社	一九八六
22	蔣夫人言論集	陳煜堃	生生印書館編輯部	一九八七
23	蔣夫人為輔仁大學七十五學年度畢業同學贈言	教育部		一九八七
24	輔仁大學董事長蔣宋為歷屆畢業同學贈言	天主教輔仁大學		一九八八
25	蔣夫人宋美齡女士言論選集	陳鵬仁	近代中國出版社	一九九八

此外，二十世紀五〇年代以後，宋美齡一些活動中的演講單獨成集，一是一九六三年出版《蔣夫人演講選集》，[76]是宋美齡一九五八年七月至一九五九年六月在美國各地演講內容的收錄。一九六八年的《蔣夫人旅美演講集》，[77]收錄一九六五年九月至一九六六年十月在美國各地英文演講稿。這兩部書內容已翻譯成中文，均收入在一九八七年陳煜堃主編的《蔣夫人言論集》。另外，宋美齡作為臺灣輔仁大學的校董，自一九六七學年起為歷屆畢業生贈言，直至一九八七年度第二十一屆，共計十七篇，收錄在由輔仁大學印行的《輔仁大學董事長蔣宋為歷屆畢業同學贈言》中，基本未被上述言論集或選集收入。[78]而此資料對於瞭解宋美齡如何對學生講述共產主義及政權、美國社會與教育問題，具有較高的參考價值。

此外，宋美齡在一九五〇年以後出版的中英文著作情況見下表。

表附-5　一九五0年以後出版的宋美齡中英文著作

編號	名稱	出版處所	出版年代	附註
1	*The Sure Victory*	New York: Fleming H. Revell Company	一九五五	

76. 《蔣夫人演講選集》（*Madame Chiang Kai-shek Selected Speeches 1958–1959*）。臺北：行政院新聞局，一九六三年。
77. 蔣夫人旅美演講集編輯委員會編，《蔣夫人旅美演講集》（*Madame Chiang Kai-shek Selected Speeches 1965–1966*）。臺北：中國出版公司，一九六八年。
78. 由陳煜堃主編的《蔣夫人言論集》只收錄了第一屆、第六屆、第八屆、第十一屆、第十九屆和第二十屆的畢業贈言。

2	*We do beschrei it.* ①不要說它，但我們不得不說 ②不要說它，但我們要說 ③我們不得不說 ④我們不得不說：蔣夫人檢討世界局勢專文	①臺南：臺灣莒光圖書資料中心 ②臺北：黎明文化事業公司 ③臺北：星光出版社 ④臺北：時兆出版社	一九七五	該英文書被翻譯成多個中文版，由多家出版社出版，雖然書名不同，但內容大體差不多。
3	與鮑羅廷談話的回憶	臺北：源成文化事業公司	一九七六	
4	蔣夫人發表公開信：勸告鄧穎超信服三民主義統一中國	臺北：文中出版社	一九八四	
5	我將再起	臺北：黎明文化事業公司	一九八七	
6	我將再起：蔣夫人專文集	臺北：中國國民黨黃復興黨部	一九八七	
7	閱讀魏德邁將軍《論戰爭與和平》一書的感言	臺北：光華出版社	一九八八	
8	*The Sure Victory*《必勝》或《穩操勝券》	美國佛萊明・李維爾公司[81]	一九五五	這本書被兩次縮寫，第一次是在一九五五年該書出版之前，發表在美國《讀者文摘》中文版第七卷第四期，後被收錄在臺灣出版的《蔣夫人言論集》（上集），題目為〈祈禱的力量〉；第二次縮寫是在二〇〇三年，宋美齡去

	世的第二天，十月二十五日臺灣的《中央日報》第十七版上登載的〈我怎樣成為一名基督徒〉，內容更為簡略。

這其中最為著名的是〈與鮑羅廷談話的回憶〉一文。一九七六年，宋美齡在美國寓所撰寫了四萬字的〈與鮑羅廷談話的回憶〉，十月在紐約發表，被臺灣報刊轉載。該文從介紹鮑羅廷開始，到回憶當年與之的談話，最終回歸她晚年「反共」的基調，引用了一些資料來提醒人們關注美、蘇在世界地位的變化和世界格局下資本主義陣營和社會主義陣營的新動向。可以從中瞭解到宋美齡的世界觀和政治傾向。

（二）檔案

臺北國史館和中國國民黨黨史館（**以下簡稱國民黨黨史館**）是最主要的典藏宋美齡檔案資料的機構。兩個單位都有一定數量的宋美齡相關資料，由於館內編目分類的原因，並未設置個人專檔，而是附在將中正或蔣經國檔案之中。

衛斯理學院（Wellesley College）是宋美齡在美國學習期間的第二個母校，保存著完整的宋美齡個人檔案《*Papers of May-ling Soong Chiang, 1916–2003*》。[80]因此，嚴格的說，宋美齡的專檔，

79. 出版社名 Fleming H. Revell Company。
80. 有關衛斯理學院的宋美齡檔案介紹，可以參考：宋時娟，〈美國衛斯理學院藏宋美齡檔案介紹——以米爾斯檔案為中心〉，

實際是在美國。

衛斯理學院檔案館之《蔣宋美齡檔案》的蒐集，是二十世紀七〇年代從該校校長辦公室、校友會辦公室移交到校檔案館以及圖書館曾有的館藏資料。[81]其中校友捐贈的資料和宋美齡本人捐贈資料，包括三方面：一是從一九一六年至二〇〇四年宋美齡和該學院社團成員的文章、隨筆、剪報和提供履歷資訊的照片；二是宋美齡學生時代及其以後與該學院相關的手稿、列印稿和文物，包括書信、演講、講話、訪問、宣傳、班級信件、照片、剪貼簿、致學院禮物；三是展現宋美齡政治生涯的資料，包括宋美齡的出版物（**書、文章、講話和演講**）、有關宋美齡和蔣中正的剪報和視頻。這些館藏檔案分成四部分：

1. 一般／生平：包括文章、生平簡介、隨筆、報刊剪報、訃告、宋美齡和蔣中正的照片；也包括中文報紙，主要是臺灣報紙的剪報和插圖（**一九五〇年一－五月**）；還包括個人肖像、家人照片、結婚照片以及出現在中國公共場合的有框、無框照片；以及宋美齡一九四三年訪美的無框照片。這一部分為三類：一般、文章和剪報、照片。每一類都由「標題」（title）、「盒」（box）和「資料夾」（Folder）組成，共有一百五十一盒檔案，其中超大盒的檔案就有八十一盒。

《史林》二〇一四年第一期（二〇一四年一月），頁一八三－一八八；Wilma R. Slaight著、鄧純芳譯，〈衛斯理學院檔案館宋美齡相關史料簡介〉，《婦研縱橫》二〇〇四年第六十九期（二〇〇四年一月），頁四一－六七；以及衛斯理學院圖書館網站關於「蔣宋美齡檔案」的目錄指南。

81. 根據衛斯理學院圖書館在一九三九年製作的一份清單，可知這些資料是其中的一部分。

2. 衛斯理學院：包括宋美齡在該校的演講和講話手稿、列印稿、複印稿、錄影帶等；一九四三年宋美齡訪問學院的資料；報刊剪報、衛斯理學院宣傳部的書信、新聞統發稿、檔案、剪報和記錄她一九四三年訪問北美的檔案；蔣夫人與學院的各種往來函件，如班級信件、宋美齡基金會、宋美齡在「中國研究」和T. Z. E學生會的檔案紀錄；同學製作的剪貼簿、送給衛斯理學院的中國旗。宋美齡一九四三年訪美時無關學院的照片，放在第一部分中。而宋美齡就讀該校時的照片及其後訪問學院的照片列入這一部分。這一部分共分為：一般類、訪問、剪貼簿、照片和教學用品（班級禮物）。

3. 書信：包括宋美齡致信給衛斯理學院師生，如瑪麗・S・凱斯、索菲哈特、伊莉莎白・曼沃琳和校長蜜德莉・麥卡菲（霍頓）[82]等教授。這些書信從一九一六年始至一九八七年止，其中一九一六—一九一七年有兩盒，一九三四—一九三九年有兩盒，一九四〇—一九四七年有兩盒，一九五七—一九八七年有兩盒，一九三八年出版書信有三大盒。

4. 著作：包括宋美齡的出版品（一九三〇—一九七九年及未知日期的）；宋美齡一九四三年訪美時的文章、講話和演講，包括演講錄音和底片。其中，有五十七盒超大量的「演講」類資料，時間點是一九三八—一九四五和一九五〇—一九七二年，以一九四三年在美國巡迴演講材料居多。另有三十盒「著作」類資料，時間為一九三〇—一九七九年。

82. 疑為Mildred McAfee Horton，即霍頓校長。

（三）與相關人員直接交往的資料，如：書信、函電、電報等。

1. 與蔣中正和蔣經國往來資料

《蔣中正總統檔案》即原來的「大溪檔案」，[83]一九九五年二月，國史館接管該批檔案，將其正式命名。二〇〇二年，國史館對館內檔案資料開始數位元化處理，數位化後的《蔣中正總統檔案》包括檔案、照片、圖書、視聽、器物等類型史料，改稱《蔣中正總統文物》。

國史館所藏蔣經國總統文物，分別在一九九〇年、一九九五年，由陳立夫先生和總統府所移轉。這批檔案經過整理分析後，分為檔、圖書、照片、視聽及器物等五個系列，其中檔、照片已完成編目建檔作業，數量較大。

由此可見，「文物」較之「檔案」增加了實物方面，比如《蔣中正總統文物》中有蔣宋美齡繡相、蔣宋美齡夫人肖像銀盤、CYMA女用手錶等。而蔣介石和蔣經國的檔案中都有與「宋美齡」相關檔案文件，[84]時間跨度從一九一九年至一九七九年。主要包括：

一是《蔣中正總統文物》中〈**革命文獻**〉之抗戰時期部分，有「對美外交（**七**）蔣夫人訪美」專門一冊，內容包括宋美齡訪美期間與蔣中正往來函電，以及在美加各地演講講詞；「領袖家書」的「致夫人」部分，共七冊，收錄蔣介石致宋美齡函電計五百七十七件。其中第六冊和第七冊為

83. 包括蔣中正在大陸和臺灣時期的函電、文稿、照片等檔。因其數量巨大，被整理分成「蔣中正籌筆」、「革命文獻」、「特交文卷」、「特交文電」、「特交檔案」、「領袖家書」、「文物圖書」、「蔣氏宗譜」、「照片影輯」和「其他」十個類別。

84. 參閱劉維開〈宋美齡女士檔案資料介紹〉、朱重聖〈親情、國情、天下情——蔣夫人宋美齡女士與經國先生〉兩篇論文關於國史館館藏史料的介紹。

一九四七年四月到一九六七年九月間的函件。

二是《蔣中正總統文物》中還有宋美齡參與的諸如「西安事變」、「同盟國聯合作戰（三）蔣委員長訪印」及「同盟國聯合作戰（四）開羅會議」、「毛邦初案」、「西方企業公司卷」等事件的檔案資料中亦可查找到相關內容。以及Madame Chiang Kai Shek蔣宋夫人剪報冊，收錄各地區關於她的報導資料。

三是影像資料，包括《蔣中正總統文物》中「蔣夫人照片資料輯集」（一九三八年五月至一九七六年八月），「蔣宋美齡夫人照片」，「總統蔣公影輯」中之「領袖伉儷之部」（一九三六年十月至一九五八年三月）、「夫人玉照之部」（一九三六年至一九五四年三月）和「親屬合影之部」（一九四一年七月至一九六0年九月）。

四是從《蔣中正總統文物》中附帶移轉的蔣經國史料，有「蔣經國先生文電資料」四十八冊，其中有「蔣夫人致經國先生」一冊，自一九四〇年三月至一九六五年十月，共四十二件，內容多半為關切蔣中正的健康與安危，請蔣經國多留意陪侍。還有「經國先生上蔣夫人」一冊，自一九三七年四月至一九六七年九月，共一百九十三件，內容有報喜、報平安、恭祝節慶壽辰、問安、問疾，以及隨侍蔣中正視察各地及金馬前線、國內政情、外交情勢等的報告。

五是《蔣經國總統文物》中「蔣夫人在美與經國先生來往電報錄底影印」，共十三冊，自一九六五年九月至一九八六年十月，計七百六十三件，其中宋美齡致蔣經國者二百四十七件，蔣經國上宋美齡者四百九十七件，宋美齡致蔣孝武、蔣孝勇者六件，蔣孝武、蔣孝勇上宋美齡者十一件。內容除延續之前的報喜、報平安、報行止、賀節慶壽辰與問安、問疾、互訴對蔣介石的思念與勵志外，凡對國家有重要影響的事件，蔣經國都會稟報或請教，宋美齡也會提供意見供參考。這些往來電報後來均收入國史館二〇〇九年所編的《蔣經國書信集——與宋美齡往來函電》上下兩冊。[85]

國民黨黨史館亦藏有宋美齡的檔案，就目前開放的數量來看，比國史館要少，主要集中在《一般檔案》、《吳稚暉檔案》、《特種檔案》、《會議紀錄》中。內容大致為：

一是在《總裁史料》中有宋美齡訪美期間的照片、宋美齡在《紐約時報》發表的英文文章和《蔣夫人遊美紀念冊》。另外，還有宋美齡參加開羅會議時的照片。

二是宋美齡參與外事接待的相關報導和與往來人士的合影，如：《蔣夫人與勞勃森及雷德福晤談》（中央社，一九五八年八月）、《美眾議員周以德與蔣夫人會談攝影》（行政院新聞局，一九四六年）、《蔣總統蔣夫人與李副總統李夫人之攝影》、《羅斯福總統與蔣夫人白宮合影》、《杜魯門總統與蔣夫人談話合影》、《蔣夫人在印度廣播演講與總裁尼赫魯合影》、《蔣夫人與尼赫魯之妹等合影》、《美國務卿杜勒斯夫人與蔣夫人晤談攝影》等。這些資料大都比較常見。

此外，宋美齡在中國國民黨內長期負責指導婦女工作，並於一九四五年擔任第六屆中央執行委員，一九五二年第七屆中央委員會起至二〇〇三年逝世，一直擔任中央評議委員，並為中央評議委員會議主席團主席，但是她在黨內留存的資料，包括歷次全國代表大會、歷屆中央委員會全體委員會議、歷屆中央評議委員會議的發言紀錄及婦女工作指導會議等，十分有限。國民黨黨史館所存會議記錄中，目前僅見《婦女談話會工作報告》（婦女談話會編，一九三八年七月）、《婦

85. 周美華、蕭李居編，《蔣經國書信集——與宋美齡往來函電》（上下），臺北：國史館，二〇〇九年。

運幹部工作討論會紀要》（**中央組織部編印，一九四一年八月**）以及《陳逸雲等呈主席團文》、《蔣宋美齡為中央婦女運動委員會主委案》、《蔣宋美齡辭婦女運動委員會主任委員案》等檔案。

2. 與艾瑪・德隆・米爾斯（Emma Delong Mills）往來資料。

艾瑪・德隆・米爾斯是宋美齡在衛斯理學院的大學同學、好朋友，是一名服務於中國國民黨事業的美國慈善家和活動家。[86] 一九二二年，米爾斯來到中國，在華北語言學校（The North China Language School）教授英文，並為 Shanghai Gazette 工作。她被推薦給溥儀哥哥的未婚妻上課。一九二五年她回到美國。在隨後的幾十年裡，米爾斯頻繁與家人、朋友通信，宋美齡是她通信的主要對象。一九三七年，米爾斯開始為美國醫藥援華會（The American Bureau for Medical Aid to China，**即後來的美國援華醫療促進會**）[87] 工作。一九五〇年，她作為執行秘書代表該機構訪問臺灣。二戰後，米爾斯努力為真光基金會工作。她幫助成立唐人街計畫委員會（Chinatown Planning Council, CPC，**臺灣翻譯為華埠發展規劃委員會**），這是一個向紐約華人社區提供教育、社會、就業服務和說明的非營利性組織，米爾斯在該組織的執行董事會服務近二十年，於一九六八年當選為會長，是惟一一個當過會長的西方人。鑒於米爾斯為中國和中國國民黨的事業的不懈工作，她被國民黨當局授予榮譽勳章。米爾斯在其一生都大量寫作，常年記錄日記（一九二二－一九二三

---

86. 衛斯理學院館藏艾瑪・德隆・米爾斯檔案（Papers of Emma Delong Mills）中介紹「Mills was an American philanthropist and activist for the Chinese Nationalist cause, and a close personal friend of Madame Chiang Kai-shek, both members Wellesley College, class of 1917.」
87. 全稱是：the AmericanBureau for Medical Advancement in China，英文縮寫 ABMAC。

年，一九三一—一九八〇年）和書信，並出版一些文章和書信。一九八七年米爾斯去世，其全部財產（包括個人檔案）被她的侄子湯瑪斯·德隆繼承。二〇一〇—二〇一一年德隆先生將米爾斯檔案捐贈給衛斯理學院檔案館。

米爾斯檔案（Papers of Emma Delong Mills, 1888-2007）除去個人、家庭、受教育、職業生涯和活動的資料以外，與宋美齡相關的資料見於館藏檔案第五部分「蔣宋美齡（蔣中正夫人）（一九一七—一九八〇）」。內有從一九一七至一九八〇年兩人之間的通信和宋美齡書信裡的卡片、信封、小冊子、文章、簡報、手稿，以及兩人的照片；幾封宋家給米爾斯的信和宋美齡給米爾斯父母的信。信中談論的話題廣泛，從畢業後的生活到個人問題、國際關係和國際政治、政治軍事以及中、美和其他國家的慈善工作，共計二百四十三盒文件。另有一盒一九一六—一九六〇年宋美齡的照片，一盒米爾斯於一九三八年不確定日期書寫的關於宋美齡的文字。

3. 與張學良、趙一荻往來資料

宋美齡與張學良關係是很密切的。因此，在張學良的檔案資料中可見宋美齡與之往來的文字和實物。美國哥倫比亞大學善本與手稿圖書館（Rare Book and Manuscript Library）館藏的「張學良、趙一荻檔案與口述史料」（The Peter H.L. Chang and Edith Chao Chang Papers and Oral History Collection）中，與張學良保持函件來往的有一百五十五人。[88] 圖書館將所有函件按來往者區分，以

88. 包括：張大千、張群、張景惠、張學銘、張治中、趙一荻、鄭介民、鄭毓秀、王以哲、魏道明、吳鼎昌、邢士廉、吳鐵城、徐永昌、閻寶航、楊虎城、于斌、於學忠、于右任、邵力子、沈鴻烈、宋子文、萬福麟、李登輝、李杜、李石曾、馬占山、

張與蔣中正家族（包括宋美齡、蔣經國）的通信最多。從時間上看，張學良與宋美齡往來信件均是一九三七年遭軟禁後寫成的。這些信件較簡短，內容多為相互寒暄、討論生活瑣事與個人情誼，還有宋美齡向張學良夫婦送禮金禮物，張學良夫婦會回贈禮物或在宋美齡生日、節日等一些特殊日子寄送賀卡。有些信件無法判斷準確的寫作時間。通信文字有中文亦有英文。如：

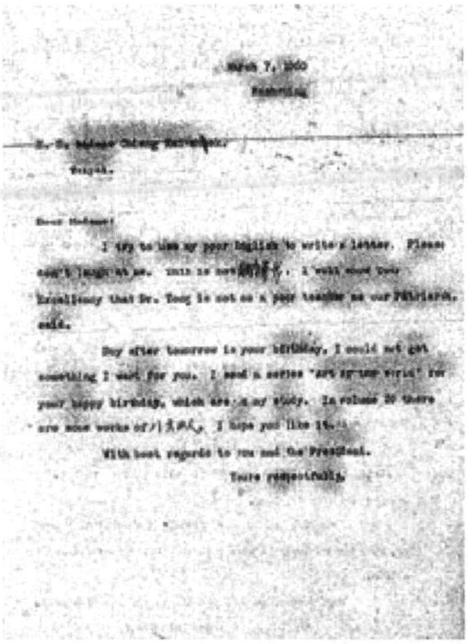

March 7, 1960

Dear Madame:

I try to use my poor English to write a letter. Please don't laugh at me. [illegible]

Day after tomorrow is your birthday. I could not get something I want for you. [illegible] your happy birthday, [illegible] I hope you like it.

With best regards to you and the President.

Yours respectfully,

圖 1：張學良給宋美齡的英文信（1960 年 3 月 7 日）。

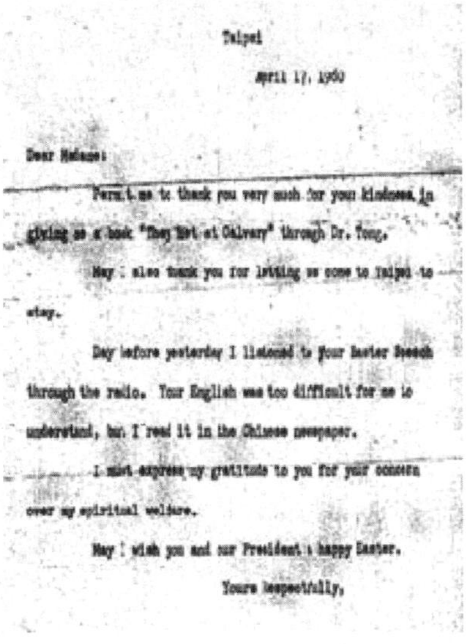

Taipei

April 17, 1960

Dear Madame:

Permit me to thank you very much for your kindness in giving me a book "They Met at Calvary" through Dr. Tong.

May I also thank you for letting me come to Taipei to stay.

Day before yesterday I listened to your Easter Speech through the radio. Your English was too difficult for me to understand, but I read it in the Chinese newspaper.

I must express my gratitude to you for your concern over my spiritual welfare.

May I wish you and our President a happy Easter.

Yours Respectfully,

圖 2：張學良給宋美齡的英文信（1960 年 4 月 17 日）。

張學良寫給宋美齡的這些家常信件語氣都極其謙卑，對宋的來信和贈送的禮物感謝備至。猜測張是幽禁的日子閒來無事，或是對宋美齡太過重視，一封短信也打了幾稿（圖附4這封信中間偏下的位置可見較大潦草字「一稿」）。另外，張學良深知宋美齡喜好英文，因此竟也學著用英

毛人鳳、劉紹唐、莫德惠、彭孟緝、何柱國、胡宗南、蔣經國、蔣宋美齡、蔣鼎文、孔令侃、孔祥熙、白崇禧、鮑文樾、陳布雷、陳誠、陳立夫、陳果夫、陳儀、戴笠、董顯光、杜重遠、端納、唐縱、孫科等人。

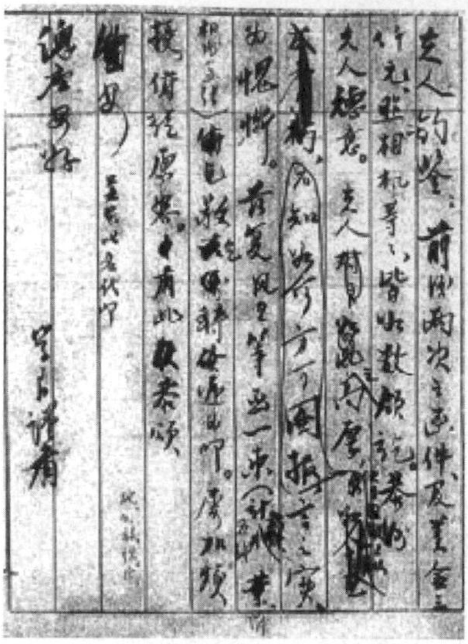

圖 3：張學良給宋美齡的中文信 -1（日期不詳）。

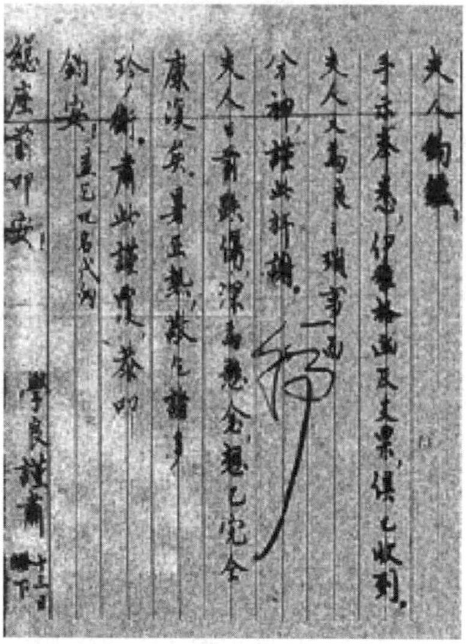

圖 4：張學良給宋美齡的中文信 -2（日期不詳）。

文給宋美齡寫信。一九六〇年三月七日，張學良寫了封英文信，信中坦露自己可憐的英語不要被宋美齡笑話，還插了句中文詞「班門弄斧」，饒有趣味。

宋美齡致張學良的信函有時候會由秘書代筆，有時候自己也回信。如：

漢卿伉儷惠鑒：

適逢誕辰，蒙惠寄賀卡祝壽，盛意殊感，特此函中謝悃，並祝健康。

（日期不詳）

漢卿伉儷惠鑒：

適逢賤辰，乃蒙惠寄賀卡祝壽，遠承關注，殊感盛意，特此致謝，並頌儷祺。

蔣宋美齡

（日期不詳）

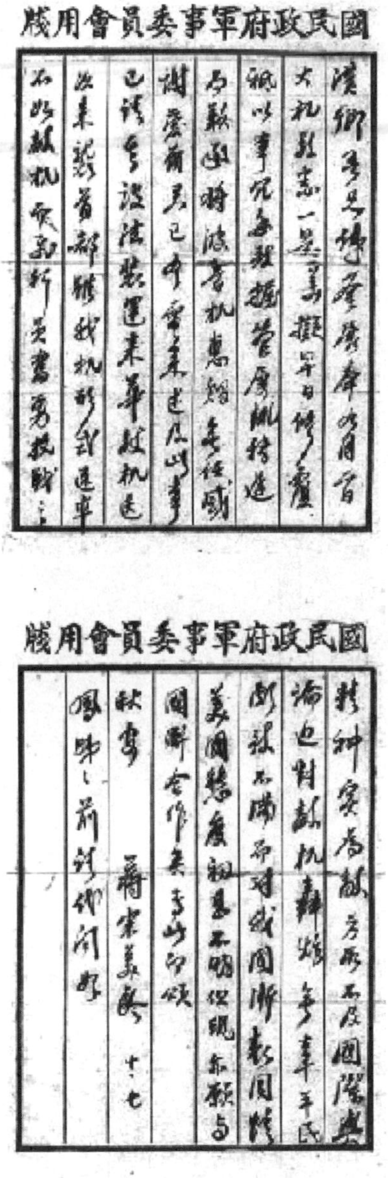
國民政府軍事委員會用箋

國民政府軍事委員會用箋

圖5：抗戰時期，宋美齡給張學良的中文信。

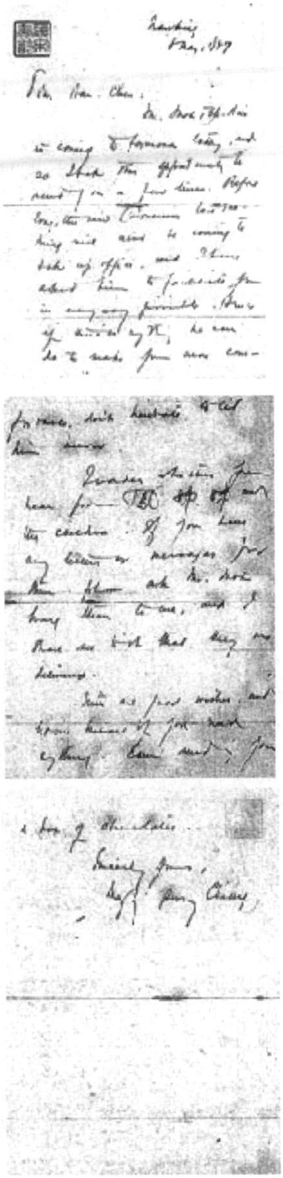

圖6：宋美齡給張學良的英文信（1947年5月8日）。

縱觀宋美齡與張學良、趙一荻二人的通信，似乎對於研究重大的歷史問題沒有什麼史料價值。但對研究宋美齡、張學良、蔣中正等彼此關係、心理活動，完善宋美齡個人研究不無裨益。

4. 與宋子文等家人往來資料

宋美齡與家族成員的通信應該不少。不過，目前個人僅見史丹佛大學胡佛研究所所藏宋子文檔案中有關宋美齡的檔案介紹。[89] 一九七一年宋子文去世後，其檔案資料由其後人捐贈，保存在美國史丹佛大學胡佛研究所，經整理後，於一九七八年部分開放。二〇〇三年宋美齡在美國去世之後，經二〇〇四年、二〇〇六年進一步開放和增加。目前除少數敏感檔案尚未公開外，已開放了六十九盒文件，一千一百餘個資料夾。宋子文檔案有其與國內外首腦的中英文信函、往來電報、主題檔案、演講稿等文字資料和大量照片，涵蓋宋子文家庭、家族、求學、從政、交往、個人財務和晚年生涯等多方面內容。其中第十一盒第一個資料夾為一九四二年六月至十月宋子文在美國期間的電報，包括宋子文致宋慶齡、宋美齡的電報。第五十八盒名為「限制資料」（Restricted Materials）中，含有以宋美齡為標題之資料夾。第五十九至六十九盒為「新捐贈資料」（Incremental Materials），中英文均有。

二、有關交往的部門、個人資料

（一）蔣介石日記

二〇〇六年三月，《蔣介石日記》在美國史丹佛大學胡佛研究所對公眾正式開放。胡佛研究

89. 吳景平，〈胡佛研究所所藏宋子文檔案概況及其學術價值〉，《復旦學報》（社科版），二〇〇八年第六期（二〇〇八年十二月），頁二九–四一。

所研究員郭岱君對《蔣介石日記》有一個較為客觀的評價：「其意義不僅在於瞭解蔣中正本人，更有助於人們研究從一九七五年上溯半個世紀中國歷史的真相，所以我們看日記，也看到中華民族在二十世紀的變化和發展，包括政治的變化、經濟的變化、領導人物之間的關係，還有領導人物與外國的關係，包括非常廣泛。」[90]其實，在蔣日記中大量記錄了他與夫人宋美齡的關係，宋美齡在外交方面，是蔣非常得力的顧問和助手。夫妻在生活上、宗教信仰上，尤其在對待「娘家人」的問題，在日記中均有反映。例如一九五〇年十月二十六日的《日記》，即有一段極為生動的記趣：

> 午餐後與妻（宋美齡）同遊溪內瀑布（桃園復興鄉）……途經霞雲鐵索橋（約五十公尺長）時，妻行至橋中不敢前進，但亦不便後退。此乃其平生惟一之難境乎？卒以冒險鼓勇，緊握侍從手臂再進居然到達彼岸。……回途，以余與當地村長講話時，妻先行，後余趕至橋邊，則彼已度過對岸相待。問其如何過橋，則彼秘而不宣也。余謂其或由侍從背負而過此橋乎，彼不承認，終未知其究竟如何過來耳。[91]

又如一九七二年五月十七日蔣中正日記云：「晚見令侃，心生厭惡，國家生命幾乎為他所送。妻既愛我，為何要加重我精神負擔？」[92]諸如此類紀錄，對於研究宋美齡，極為重要。

90. 〈從日記瞭解蔣介石和中國現代史〉，收錄於「鐵血社區」：http://bbs.tiexue.net/post_4226859_1.html（2010/5/20 點閱）。
91. 《蔣介石日記》，一九五〇年十月二十六日。轉引陳立文，《蔣中正的生活拾趣》（臺北：國立中正紀念堂管理處，二〇一四年），頁八八–八九。
92. 楊天石，〈蔣介石晚年曾對宋美齡不滿〉，《南方都市報》二〇一一年七月一日，B一二版。

（二）婦聯會、華興、振興等機構的資料

婦聯會是宋美齡一九五〇年抵達臺灣後創辦的一個婦女組織，由其親自領導，擔任該會的主任委員，直至二〇〇三年十月辭世。從宋美齡個人的政治角色為出發點來觀察，婦聯會是她在臺灣重新崛起，並發揮個人在婦女界影響力的重點機構。[93]後來，婦聯會因應外在情勢的變化，其活動方向轉為注重社會福利事業和國際間組織交流。婦聯會在其臺北市長沙街會址的至德堂內設專室，陳列宋美齡行誼照片及歷年獲贈的海內外勳章等。婦聯會也曾為南京大學中華民國史研究中心《宋美齡與近代中國》課題組提供研究資料，如：《中華婦女》、宋美齡照片及辜嚴倬雲女士採訪口述等。據臺灣學者估計，該會有相當數量的宋美齡檔案資料，包括文字與非文字，如影像、實物等方面，且在內容、性質上與上述國史館及國民黨黨史館兩單位會有相當差異。例如，依其工作性質，應該有宋美齡在婦幼社會福利等方面的資料。此外，宋美齡還在臺灣創建了兩所主要社會福利機構：華興育幼院（**一九五五年成立，後陸續增設小學、中學**）及振興復健醫學中心（**一九六五年成立**）。宋美齡作為兩個機構的董事長，有大量的資料留存於這兩處，惜未對外開放。華興前校長林建業及多位校友都曾發表過有關「蔣夫人與華興」的文章，就所述內容可以看出校方應該保存有相當數量的檔案資料。振興復健醫學中心方面，從游鑑明的論文可知，其所典藏檔案資料包括籌備會、董事會會議紀錄，各類報告書，「蔣夫人」的公文、信函，及相關人

93. 王丰，《美麗與哀愁：一個真實的宋美齡》（北京：團結出版社，二〇〇五年），頁三一〇—三一一。林博文，《跨世紀第一夫人宋美齡》（臺北：時報文化出版企業股份有限公司，二〇〇〇年），頁四七七。

士的專文、回憶、口述資料等。[94]此外，婦聯會、華興、振興，均曾在屆五、十或其倍數的週年紀念時發行特刊，如《婦聯五週年》、《華興四十》、《振興二十年》等，這些均可作為研究的參考資料。

（三）其他人的回憶錄、傳記

曾經在宋美齡身邊工作、生活的人當中有不少寫了回憶錄和傳記，比較重要的回憶錄有以下幾種：

1. 陸以正所撰《微臣無力可回天：陸以正的外交生涯》。[95]其中對某些特定時間和經歷的記錄文字，提供了宋美齡在臺灣時期與美國交往的一手資料；
2. 長期擔任蔣中正機要秘書的周宏濤口述記錄的《蔣公與我：見證中華民國關鍵變局》，記載了一九五〇年來到臺灣後，他對宋美齡、蔣中正與美國方面交往的觀察和描述，以及他所看到的宋美齡與孔宋家族關係；
3. 一九三一年起擔任宋美齡私人秘書的錢用和，撰寫的《錢用和回憶錄》。[96]對研究宋美齡開展婦女和社會工作，尤其是二十世紀五〇年代以後婦聯會在臺的慰勞工作有很大的幫助；

94. 曾在振興接受過治療和教育的中研院近史所游鑑明研究員利用該院的檔案資料寫過相關學術論文。
95. 陸以正，《微臣無力可回天：陸以正的外交生涯》，臺北：天下遠見出版股份有限公司，二〇〇二年。
96. 錢用和，《半世紀的追隨：錢用和回憶錄》，北京：東方出版社，二〇一一年。

4. 顧維鈞晚年接受哥倫比亞大學的口述採訪，會同他本人的日記、會議紀錄、信函檔案、電報檔案等，整理出版了六百餘萬字，計十三卷的個人回憶錄，為研究中國近現代外交的重要資料。一九九四年顧維鈞女兒顧菊珍與天津編譯中心合作出版一部《縮編》。[97]其中，對一九四八年以後宋美齡多次赴美情況皆有描述；

5. 二〇一二年由臺灣中研院近史所黃克武等做的口述訪問《蔣中正總統侍從人員訪問紀錄》[98]上下兩冊，記錄了郝柏村、王正誼、楚崧秋、錢復、汪希苓、姜必寧、錢漱石、何占斌、錢義芳、應舜仁、郭斌偉、鄭敦浦、朱長泰、竺聯庭、張茂才、周賡標、張欣超、樓文淵、唐茂昊、倪國年、朱恒清、郭永業、戴位珩、蔣茂發、胡浩炳、董仁章、葛光越等二十七位侍從人員對蔣宋的直接觀察，展現了蔣宋的真實生活。他們中有的是醫生、攝影師，有的是廚師、警衛員。有的人員如錢義芳還跟著宋美齡離臺赴美，照顧她晚年的起居生活。他們的口述對我們瞭解宋美齡的晚年生活狀態有較大的價值。

6. 《蔣夫人宋美齡女士行誼口述訪談錄》。該書採訪者包括宋美齡之親朋故舊、侍從、部屬以及照顧其晚年生活之醫護人員。二〇一四年十二月由國史館與中正紀念堂管理處出版，是目前所見最新有關什麼課之訪談錄，對於宋美齡晚年生活點滴，提供觀察與見證，可茲參考。

除此之外，另有由韋慕庭（C. Martin Wilbur）等採訪整理的《從上海市長到「臺灣省主席」

97. 天津編譯中心編，《顧維鈞回憶錄縮編》（上下），北京：中華書局，一九九七年。
98. 黃克武等訪問、周維朋等紀錄，《蔣中正總統侍從人員訪問紀錄》（上下），臺北：中央研究院近代史研究所，二〇一二年。

（一九四六—一九五三）——吳國楨口述回憶》[99]、唐德剛負責採訪並出版的《張學良世紀傳奇（口述實錄）》[100]，以及《蔣經國自述》、[101]《陳誠回憶錄——建設臺灣》、[102]《熊丸先生訪問紀錄》、[103]《董顯光自傳——一個中國農夫的自述》、[104]《黃仁霖回憶錄》、[105]《蔣緯國口述自傳》、[106]《孔令晟先生訪談錄——永不停止永不放棄，為革新而持續奮鬥》、[107]厲謝緯鵬的《天涯憶往——一位大使夫人的自傳》、[108]《溫哈熊先生訪問紀錄》、[109]《使美八年紀要——沈劍虹回憶錄》、[110]《在蔣介石身邊八年：侍從室高級幕僚唐縱日記》、[111]《杭立武先生訪問紀錄》[112]等書籍。

---

99. 裴斐、韋慕庭訪問整理，吳修垣譯，《從上海市長到「臺灣省主席」（一九四六—一九五三）——吳國楨口述回憶》，上海：上海人民出版社，一九九九年。
100. 唐德剛訪問，王書君著，《張學良世紀傳奇（口述實錄）》，濟南：山東友誼出版社，二〇〇二年。
101. 曾景忠、梁之彥選編，《蔣經國自述》，北京：團結出版社，二〇〇五年。
102. 陳誠，《陳誠回憶錄——建設臺灣》，北京：東方出版社，二〇一一年。
103. 陳三井訪問，李鬱青記錄，《熊丸先生訪問紀錄》（臺北：中央研究院近代史研究所，一九九八年。
104. 董顯光著，曾虛白譯，《董顯光自傳——一個中國農夫的自述》，臺北：新生報社，一九八一年。
105. 黃仁霖，《黃仁霖回憶錄》，臺北：傳記文學出版社，一九八四年。
106. 蔣緯國口述，劉鳳翰整理，《蔣緯國口述自傳》，北京：中國大百科全書出版社，二〇〇八年。
107. 孔令晟口述，遲景德、林敏秋訪問，林敏秋記錄，《孔令晟先生訪談錄——永不停止永不放棄，為革新而持續奮鬥》，臺北：國史館，二〇〇二年。
108. 厲謝緯鵬，《天涯憶往——一位大使夫人的自傳》，臺北：臺灣商務印書館，一九八一年。
109. 劉鳳翰、李鬱青整理，《溫哈熊先生訪問紀錄》，臺北：中央研究院近代史研究所，一九九七年。
110. 沈劍虹，《使美八年紀要——沈劍虹回憶錄》，臺北：聯經出版事業公司，一九八二年。
111. 唐縱著 公安部檔案館編注，《在蔣介石身邊八年：侍從室高級幕僚唐縱日記》。北京：群眾出版社，一九九一年。
112. 王萍訪問，官曼莉記錄，《杭立武先生訪問紀錄》，臺北：中央研究院近代史研究所，一九九〇年。

回憶錄雖然是第一手史料，可以補充文獻資料的不足。但受回憶者個人和記錄時代的影響，也存在很大的局限性。因此在利用過程中，必須進行必要的考證和辨異工作。這包括把口述資料與文字史料相互印證。對於沒有文字可查對的孤證，一般只能參考。作為曾經在第一夫人身邊的人員和屬下，在寫到她時常有溢美之詞，過分誇大宋美齡的成績和貢獻，這都需審慎的衡量。

三、《中華婦女》及《婦友》有關資料

《中華婦女》是婦聯會創辦的一個定期出版的對外公開出版物，但不同於一般的雜誌，實際是一份對內公報。發行的對象主要是各界婦女、海外僑胞並分贈軍中閱讀。《中華婦女》一九五〇年七月十五日發行第一卷，以後按月出版。[113]內容包括：關於各項婦女問題及時事的論文、本會工作報導、國內外婦女偉人介紹、婦嬰衛生、烹飪縫紉、文藝創作、詩歌、漫畫連環圖等。其中最主要的內容是當月宋美齡的訓詞言論及函電，自一九八六年至一九八九年底，歷期刊出宋美齡言論訓詞十二篇、其他論著四十五篇。其他欄目有：「婦聯動態」主要是報導分會通訊、縫征衣瑣聞及慰勞、組訓及宣傳的各組活動，「婦女與家庭」關於婦女兒童各種常識，「醫藥衛生」，「海外之音」以及特別節日的專欄。[114]

113.《中華婦女反共抗俄聯合會工作紀要》（自三十九年三月起至四十一年十二月止），《中華婦女》一九五三年第三卷第八期（一九五三年四月），頁二四。

114. 許志致，〈「中華婦女」四十年一日〉，《婦聯四十年》（一九九〇年四月），頁六四。

《婦友》是國民黨婦女文宣服務的雜誌。一九五四年十月問世，最初為月刊，一九九〇年改成雙月刊，一九九七年一月停刊。計發行三百七十一期。雜誌的封面，大多都是宋美齡的相關照片，如與各國人士的互動、與臺灣地方人士或團體之互動、與蔣介石的合照或是她的書畫作品，僅有少部分期刊不是如此。

所以，這兩份雜誌中反映宋美齡的內容是比較多的，具有那個時代鮮明的政策導向性。在使用時要考慮時代背景，不能「人云亦云」。

另外，還有《中央日報》《聯合報》等重要的報刊亦可輔助研究，許多都已開發了資料庫。學者可以更加便捷地利用其中的檢索功能加以搜索、整理宋美齡在各個時期的活動。

參、結語

檔案無窮盡，歷史無限長。著者實力不逮，期許更多文獻的能被補充和發現，有更多的同仁加入研究，以補強這一薄弱的學術領域。

參考文獻及徵引書目

一、檔案

一般檔案，臺北，中國國民黨黨史館藏。

振興復健醫學中心藏檔案。

會議紀錄，臺北，中國國民黨黨史館藏。

蔣中正總統文物，臺北，國史館藏。

蔣經國總統文物，臺北，國史館藏。

The Peter H.L. Chang and Edith Chao Chang Papers and Oral History Collection（Rare Book and Manuscript Library, Columbia University）

Chiang Kai-shek Papers（Hoover Institution library and Archives, Stanford University）

Emma Delong Mills Papers（Library & Technology, Wellesley College）

George E. Sokolsky Papers（Hoover Institution library and Archives , Stanford University）

May-ling Soong Chiang Papers（Library & Technology, Wellesley College）

United States Department of State Foreign relations of the United States diplomatic papers, China（1861-1960）（http://digicoll.library.wisc.edu/FRUS/Browse）（FRUS, University of Wisconsin）

二、出版史料、年鑑與工具書

《中國大百科全書》總編輯委員會《軍事》編輯委員會，《中國大百科全書・軍事I》。北京：中國大百科全書出版社，一九八九年。
〈輔仁大學董事長蔣宋為歷屆畢業同學贈言〉。臺北，天主教輔仁大學，一九八八年。
丁蕙原編，《蔣夫人與中國》。臺北：歷史文化，一九八一年。
上海宋慶齡故居紀念館編譯，《宋慶齡來往書信選集》。上海：上海人民出版社，一九九五年。
中國國民黨中央委員會婦女工作會編，《四年來本黨的婦女工作》。臺北：中國國民黨中央委員會婦女工作會，一九五七年。
中國國民黨中央委員會婦女工作會編，《我們的工作》。臺北：中國國民黨中央委員會婦女工作會，一九七六年。
中華民國婦女聯合會，《中華民國婦女聯合會慶祝創會五十週年暨主要幹部工作發展研討會紀實》。臺北，二〇〇〇年。
中華婦女反共抗俄聯合會，《婦聯三十五年》。臺北，一九八五年。
中華婦女反共抗俄聯合會，《婦聯三十年》。臺北，一九八〇年。
中華婦女反共抗俄聯合會，《婦聯五週年》。臺北，一九五五年。
中華婦女反共抗俄聯合會，《婦聯四十年》。臺北，一九九〇年。
中華婦女反共抗俄聯合會，《婦聯四年》。臺北，一九五四年。

中華婦女反共抗俄聯合會編印，《婦聯八年》。臺北，一九五八年。
王世杰，《王世杰日記》（手稿本）。臺北，中央研究院近代史研究所，一九九〇年。
王亞權編，《蔣夫人言論集》（上下）。臺北：中華婦女反共抗俄聯合會，一九七七年。
伍野春等編，《中華民國史研究綜述》。天津：天津教育出版社，一九九一年。
江敦彬主編，《蔣夫人與中國》。臺北：中華史記編譯出版社，一九七八年。
行政院新聞局，《蔣夫人演講選集》（Madame Chiang Kai-shek Selected Speeches 1958-1959）。臺北，一九六三年。
行政院新聞局編，《蔣夫人演講選集》（Madame Chiang Kai-shek Selected Speeches 1958-1959）。臺北，一九六三年。
李雲漢、林養志編，《中國國民黨黨務發展史料——中央常務委員會黨務報告》。臺北：中國國民黨中央委員會黨史委員會，一九九五年。
周美華、蕭李居編，《蔣經國書信集——與宋美齡往來函電》（上下）。臺北：國史館，二〇〇九年。
林養志編，《中國國民黨黨務發展史料——婦女工作》。臺北：中國國民黨中央委員會黨史委員會，一九九六年。
南京大學臺灣研究所編，《海峽兩岸關係日誌（一九四九—一九九八）》。北京：九州圖書出版社，一九九九年。
振興復健醫學中心，《榮譽傳承四十年特刊——振興四十》。臺北，二〇〇七年。

秦孝儀編，《中華民國重要史料初編——對日抗戰時期》（第一—七編）。臺北：中國國民黨中央委員會黨史委員會，一九八一年。

秦孝儀編，《革命文獻》。第七十九輯，《中國國民黨歷屆歷次中全會重要決議案彙編（一）》。臺北：中國國民黨中央委員會黨史委員會一九七九年。

秦孝儀編，《總統蔣公大事長編初稿》。臺北：中國國民黨中央委員會黨史委員會，一九七八年。

秦孝儀主編、中國國民黨中央委員會黨史委員會編，《先總統蔣公思想言論總集》。臺北：中央文物供應社，一九八四年。

財團法人屏東基督教醫院，《財團法人屏東基督教醫院四十週年紀念特刊》。屏東，一九九三年。

國史館，《蔣中正總統檔案．事略稿本》（60）（民國三十四年三月至五月）。臺北，二〇一一年。

國史館，《蔣中正總統檔案．事略稿本》（61）（民國三十四年六月至七月）。臺北，二〇一一年。

國史館，《蔣中正總統檔案．事略稿本》（62）（民國三十四年八月至九月）。臺北，二〇一一年。

陳鵬仁編，《蔣夫人宋美齡女士言論選集》。臺北：近代中國出版社，一九九八年。

陶文釗，《美國對華政策檔案集》（第1卷）。北京：世界知識出版社，二〇〇三年。

黃伯平編，《蔣夫人與中國》。臺北：東南出版社，一九六二年。

新生活運動促進總會編，《新生活運動彙編第一集》。南昌：新生活運動促進總會，一九三四年。

蔣夫人言論彙編編輯委員會，《蔣夫人言論彙編》。第一卷・論著。臺北：正中書局一九五六年。

蔣夫人言論彙編編輯委員會編，《蔣夫人言論彙編》。臺北：中正書局，一九五六年。

蔣夫人思想言論集編輯委員會編，《蔣夫人思想言論集》。臺北：中央文物供應社，一九六六年。

蔣夫人旅美演講集編輯委員會編，《蔣夫人旅美演講集》（*Madame Chiang Kai-shek Selected Speeches 1965-1966*）。臺北：中國出版公司，一九六八年。

鄭仰恩主編，《信仰的記憶與傳承——臺灣教會人物檔案》（一）。台南：人光出版社，二○○一年。

蕭繼宗主編，《革命文獻》。第六十九輯，《中國國民黨宣言集》。臺北：中國國民黨中央委員會黨史委員會，一九七六年。

駱香林主修、苗允豐纂修，《中國方志叢書》。第一卷《花蓮縣誌》。臺北：成文出版社，一九八三年。

鐘堅，《驚濤駭浪中戰備航行：海軍艦艇志》。臺北：麥田出版股份有限公司，二○○三年。

三、專書

《自由中國的婦女》。臺北：婦友社，一九五七年。
《蔣夫人發表公開信：勸告鄧穎超信服三民主義統一中國》。臺北：文中出版社，一九八四年。
亓樂義，《蔣夫人與華興》。臺北：商訊文化事業股份有限公司，二〇一一年。
孔令晟口述，遲景德、林敏秋訪問，林敏秋紀錄，《孔令晟先生訪談錄——永不停止永不放棄·為革新而持續奮鬥》。臺北，國史館，二〇〇二年。
王作榮，《我們如何創造經濟奇跡》。臺北：時報文化出版事業有限公司，一九七八年。
王美玉，《凄美榮耀異鄉路——蔣方良傳》。臺北：時報文化出版企業股份有限公司，一九九七年。
王章陵，《蔣經國上海打虎記》。臺北：正中書局，一九九九年。
王萍訪問、官曼莉紀錄，《杭立武先生訪問紀錄》。臺北：中央研究院近代史研究所，一九九〇年。
王朝柱，《宋美齡與蔣介石》。北京：中國青年出版社，一九九一年。
王朝柱，《宋美齡與蔣介石》。鄭州：河南文藝出版社，二〇〇七年。
王冀，《從北京到華盛頓：我的中美歷史回憶》。北京：華文出版社，二〇一二年。
王丰，《宋美齡臺灣生活私密錄：一九四九—一九七五》。北京：作家出版社，二〇一三年。
王丰，《美麗與哀愁：一個真實的宋美齡》。北京：團結出版社，二〇〇五年。

王丰，《蔣介石死亡之謎》。北京：團結出版社，二〇〇九年。
皮以書，《中國婦女運動》。臺北：婦聯畫刊社，一九七三年。
石之瑜，《宋美齡與中國》。臺北：商智文化事業股份有限公司，一九九八年。
朱承杰主編，《華興三十年》。臺北華興校友會，一九八八年。
江南，《蔣經國傳》。美國論壇出版社，一九八四年。
何虎生，《宋美齡傳》。北京：中國工人出版社，二〇一二年。
何虎生，《蔣介石宋美齡在臺灣的日子》。北京：華文出版社，二〇〇七年。
佟靜，《宋美齡大傳》（上下）。北京：團結出版社，二〇〇六年。
佟靜，《宋美齡的晚年歲月》。北京：團結出版社，二〇一四年。
佟靜，《晚年宋美齡》。合肥：安徽人民出版社，一九九八年。
宋美齡，《不要說它，但我們不得不說》。臺南：臺灣莒光圖書資料中心，一九七五年。
宋美齡，《我將再起：蔣夫人專文集》。臺北：中國國民黨黃復興黨部，一九八七年。
宋美齡，《與鮑羅廷談話的回憶》。臺北：源成文化事業公司，一九七六年。
宋美齡，《閱讀魏德邁將軍〈論戰爭與和平〉一書的感言》。臺北：光華出版社，一九八八年。
李恒編譯，《宋美齡傳》。臺北：天元圖書有限公司，一九八九年。
沈劍虹，《使美八年紀要——沈劍虹回憶錄》。臺北：聯經出版事業公司，一九八二年。
辛慕軒等，《宋美齡寫真》。北京：檔案出版社，一九八八年。
卓遵宏、陳進金訪問，陳進金紀錄整理，《劉修如先生訪談紀錄》。臺北：國史館，一九九六年。
周宏濤口述、汪士淳著，《蔣公與我：見證中華民國關鍵變局》。臺北：天下遠見出版股份有限公司，二〇〇三年。
周敏，《周阿姨的故事》。臺北：商周文化事業股份有限公司，二〇一一年。
宓熙、汪日章等，《在蔣介石宋美齡身邊的日子：侍衛官回憶錄》。北京：團結出版社，二〇〇五年。
岳渭仁、冬卉、向東華、曉晴編，《外國人眼中的蔣介石和宋美齡》（上下）。西安：三秦出版社，一九九四年。
林家有、李吉奎，《宋美齡傳》。鄭州：河南人民出版社，一九九五年。
林桶法，《一九四九大撤退》。臺北：聯經出版事業股份有限公司，二〇〇九年。
林博文，《跨世紀第一夫人宋美齡》。臺北：時報文化出版企業股份有限公司，二〇〇〇年。
林蔭庭，《尋找世紀宋美齡：一個紀錄片工作者的旅程》。臺北：天下遠見出版股份有限公司，二〇〇四年。
林鐘雄，《臺灣經濟發展四十年》。臺北：自立晚報社文化出版部，一九九一年。
茅家琦，《蔣經國的一生和他的思想演變》。臺北：臺灣商務印書館，二〇〇三年。
金沖及，《二十世紀中國史綱》（上下）。北京：社會科學文獻出版社，二〇〇九年。
洪亮、姚嵐，《宋美齡在美國》。北京：團結出版社，二〇〇八年。
胡春惠、陳紅民主編，《宋美齡及其時代國際學術研討會論文集》。香港：珠海書院亞洲研究中心，二〇〇九年。
唐縱著、公安部檔案館編注，《在蔣介石身邊八年：侍從室高級幕僚唐縱日記》。北京：群眾出版社，一九九一年。
師永剛、林博文，《宋美齡畫傳》。北京：作家出版社，二〇〇八年。
秦孝儀主編，《蔣夫人宋美齡女士與近代中國學術討論集》。臺北：財團法人中正文教基金會，二〇〇三年。
秦風、宛萱編，《宋美齡圖傳》。杭州：浙江大學出版社，二〇一三年。
秦風、宛萱編，《宋美齡》。臺北：大地出版社，二〇〇三年。
郭榮生編著，《民國孔庸之先生祥熙年譜》。臺北：臺灣商務印書館，一九八一年。
陳三井訪問、李鬱青紀錄，《熊丸先生訪問紀錄》。臺北：中央研究院近代史研究所，一九九八年。
陳立文，《蔣中正的生活拾趣》。臺北：國立中正紀念堂管理處，二〇一四年。
陳立夫主編，《蔣夫人宋美齡女士行誼口述訪談錄》。臺北：國史館、中正紀念堂管理處，二〇一四年。
陳永祥，《宋子文與美援外交》。北京：世界知識出版社，二〇〇四年。
陳廷一，《宋美齡全傳》。青島：青島出版社，一九九六年。
陳布雷等編著，《蔣介石先生年表》。臺北：傳記文學出版社，一九七八年。
陳紅民等，《蔣介石的後半生》。杭州：浙江大學出版社，二〇一〇年。

陳啟文，《宋美齡》。北京：中國文聯出版公司，一九八八年。
陳誠，《陳誠回憶錄——建設臺灣》。北京：東方出版社，二〇一一年。
陳曉林等編，《蔣夫人寫真》。臺北：聯豐書報社，一九八五年。
陳鵬仁、劉維開編，《蔣夫人宋美齡女士畫傳》。臺北：近代中國出版社，一九九八年。
陶文釗，《中美關係史（一九七二—二〇〇〇）》。上海：上海人民出版社，一九九九年。
陶文釗主編，《中美關係史（一九四九—一九七二）》。上海：上海人民出版社，一九九九年。
陸以正，《微臣無力可回天：陸以正的外交生涯》。臺北：天下遠見出版股份有限公司，二〇〇二年。
崔之清，《從傳統到現代：近代中國史節點考察》。北京：生活．讀書．新知三聯書店，二〇〇四年。
張慧英，《李登輝：一九八八—二〇〇〇執政十二年》。臺北：天下遠見出版股份有限公司，二〇〇〇年。
張憲文等編著，《宋美齡、嚴倬雲與中華婦女》。臺北：黎明文化事業股份有限公司，二〇一二年。
黃仁霖，《黃仁霖回憶錄》。臺北：傳記文學出版社，一九八四年。
黃天才，《世紀蔣宋美齡：走過三個世紀的傳奇》。臺北：婦聯會，二〇〇四年。
黃克武等訪問、周維朋等紀錄，《蔣中正總統侍從人員訪問紀錄》（上下）。臺北：中央研究院近代史研究所，二〇一二年。

曾景忠、梁之彥選編，《蔣經國自述》。北京：團結出版社，二〇〇五年。
董顯光著、曾虛白譯，《董顯光自傳——一個中國農夫的自述》。臺北：新生報社，一九八一年。
董顯光著、譯者不詳，《基督教在臺灣的發展》。臺北：大地出版社，一九六二年。
游鑑明訪問，吳美慧、張茂霖、黃銘明、蔡說麗記錄，《走過兩個時代的臺灣職業婦女訪問紀錄》。臺北：中央研究院近代史研究所，一九九八年。
達利編，《中國第一夫人》。太原：山西高校聯合出版社，一九九四年。
楊樹標、楊菁，《宋美齡傳》。南昌：江西人民出版社，一九九五年。
楊樹標、楊菁，《蔣介石傳（一八八七—一九四九）》。杭州：浙江大學出版社，二〇〇八年。
楊耀健，《宋氏姐妹在重慶》。北京：人民日報出版社，一九八六年。
厲謝緯鵬，《天涯憶往——一位大使夫人的自傳》。臺北：臺灣商務印書館，一九八一年。
壽韶峰，《宋美齡全紀錄》（上中下）。北京：華文出版社，二〇〇九年。
蔣中正，《蘇俄在中國》。臺北：中央文物供應社，一九九二年。
蔣永敬，《國民黨興衰史》（增訂本）。臺北：臺灣商務印書館，二〇〇九年。
蔣孝嚴，《蔣家門外的孩子》。北京：九州出版社，二〇一一年。
蔣經國，《守父靈一月記》。臺北：三民書局，一九七六年。
蔣緯國口述、劉鳳翰整理，《蔣緯國口述自傳》。北京：中國大百科全書出版社，二〇〇八年。
趙學功，《巨大的轉變：戰後美國對東亞的政策》。天津：天津人民出版社，二〇〇二年。

劉巨才，《政治女強人：一代風流宋美齡》。臺北：風雲時代，一九九四年。
劉維開，《蔣中正的一九四九：從下野到復行視事》。臺北：時英出版社，二〇〇九年。
劉鳳翰、李鬱青整理，《溫哈熊先生訪問紀錄》。臺北：中央研究院近代史研究所，一九九七年。
劉毅政，《宋美齡評傳》。北京：華文出版社，二〇〇〇年。
遲景德、林秋敏訪問記錄整理，《鄭玉麗女士訪談錄》。臺北：國史館，二〇〇〇年。
錢用和，《錢用和回憶錄》。北京：東方出版社，二〇一一年。
錢劍秋，《三十年來中國婦女運動》。臺北：中國國民黨中央委員會婦女工作會，一九七六年。
簡潔、孟忻編著，《蔣介石和宋美齡》。長春：吉林文史出版社，一九八九年。
嚴守珍，《蔣夫人和她的孩子們：打開華興的時光膠囊》。臺北：商周出版社，二〇一一年。
羅浩等編，《蔣夫人與元老派》。臺北：風雲出版社，出版日期不詳。
竇應泰，《宋美齡身後重大事件揭秘》。北京：團結出版社，二〇〇八年。
竇應泰，《宋美齡最後的日子》。北京：華文出版社，二〇〇三年。
顧維鈞著、中國社會科學院近代史研究所譯，《顧維鈞回憶錄》。北京：中華書局，一九八八年。
[日]山田文吾，《戦場に猛る支那女：宋美齡の物凄き活躍》。東京朝野新聞出版部，一九三七年。

［日］中野好夫，《永遠の女性》。河出書房，一九五五年。
［日］村田孜郎，《宋美齡》。ヘラルド雜誌社，一九三九年。
［日］武村与志夫，《支那を操る宋美齡の正体：香港外交界に躍る妖怪》。近代小説社，一九三八年。
［美］尼克森著、劉宏謀譯，《改變亞洲歷史的人物》。臺北：洞察出版社，一九八八年。
［美］艾蜜莉・哈恩著，李豫生、靳建國、王秋海譯，《宋氏家族——父女・婚姻・家庭》。北京：新華出版社，一九八五年。
［美］艾德華著，馬肯南、梁嘉木、賴秀鋒等譯，《我為中國而生——周以德的一生及其時代》。臺北：中央日報出版社，一九九一年。
［美］亨利・基辛格著、陳瑤華等譯，《白宮歲月：基辛格回憶錄》。北京：世界知識出版社，一九八〇年。
［美］李台珊著，齊仲裡、郭驊譯，《宋美齡：一個世紀女人的夢想、輝煌和悲劇》。北京：華文出版社，二〇一二年。
［美］李台珊著、黃宗憲譯，《宋美齡：走在蔣介石前頭的女人》。臺北：五南出版社，二〇一〇年。
［美］陳香梅著、陳虹選編，《華府春秋：陳香梅回憶錄》。杭州：浙江文藝出版社，一九九九年。
［美］斯特林・西格雷夫著、丁中青、于永安、張益庭、戴樹喬譯，《宋家王朝》。北京：

中國文聯出版公司，一九八六年。
[美]鄒讜著，王寧、周先進譯，《美國在中國的失敗》。上海：上海人民出版社，一九九七年。
[美]漢娜・帕庫拉著、林添貴譯，《宋美齡新傳——風華絕代一夫人》。臺北：遠流出版實業股份有限公司，二〇一一年。
[美]漢娜・帕庫拉著、林添貴譯，《宋美齡傳》。北京：東方出版社，二〇一二年。
[美]裴斐、韋慕庭訪問整理，吳修垣譯，《從上海市長到臺灣省主席（一九四六－一九五三）——吳國楨口述回憶》。上海：上海人民出版社，一九九九年。
[美]約瑟夫・史迪威著、黃加林等譯，《史迪威日記》。北京：世界知識出版社，一九九二年。
[美]薛光前著、中山學術文化基金董事會譯，《八年對日抗戰中之國民政府（一九三七－一九四五年）》。臺北：臺灣商務印書館，一九七八年。
[美]羅比・尤恩森著，趙雲俠譯，《宋氏三姐妹：宋靄齡、宋慶齡、宋美齡》。北京：世界知識出版社，一九八四年。
[美]羅斯・Y・凱恩著、張曉貝等譯，《美國政治中的「院外援華集團」》。北京：商務印書館，一九八四年。
Robert Accinelli, *Crisis and commitment: United States policy toward Taiwan ,1950-1955,* North Carolina University,1996.
Stanley D. Bachrack, *The Committee of One Million 'China Lobby 'Politics, 1953-1971,* New York:

Columbia University Press,1976.

Gordon H. Chang, *Friends and Enemies: The United States, China, and the Soviet Union, 1948-1972,* Stanford,CA.:Stanford University Press,1990.

Madame Chiang Kai-shek, *The Sure Victory,* New York: Fleming H. Revell Company, 1955.

Samuel C. Chu & Thomas L. Kennedy, *Madame Chiang Kai-shek and her China*, East Bridge, 2005.

Thomas A. Delong, *Madame Chiang Kai-shek and Miss Emma Mills: China's First Lady and Her American Friend,* McFarland, 2007.

Sandy Donovan, *Madame Chiang Kai-shek : face of modern China,* Oxford:Capstone , 2006.

Hahn Emily, *The Soong Sisters*, New York: Doubleday, 1941.

John F. Kennedy, *A Democratic Look at Foreign Policy*, Foreign Affairs, Summer 1957.

Karen J. Leong, *The China Mystique: Pearl S. Buck, Anna May Wong, Mayling Soong, and the Transformation of American Orientalism*, University of Illinois at Chicago Circle, 2007.

Laura Tyson Li, *Madame Chiang Kai-shek:China's Eternal First Lady*, Atlantic Monthly Press, 2006.

Laura Tyson Li, *Madame Chiang Kai-shek:China's Eternal First Lady*, Oversea Publishing House, 2007.

Hannah Pakula, *The Last Empress Madame Chang Kai-Shek and the Birth of Modern China,* Simon & Schuster, 2010.

Koen Rcss Y, *The China Lobby in American Politics*, New York: Macmillan, 1960.

Paul K. T. Sih, *Nationalist China During the Sino-Japanese War, 1937-1945*, Exposition Pr of Florida, 1st edition,1977.

Bachrack, Stanley D. *The Committee of One Million: The "China Lobby" and U.S. Policy, 1953 -1971*, New York: Columbia University Press, 1976.

Seagrave Sterling, *The Soong Dynasty*, New York: Harper & Row, 1985.

Tsou, Tang, *America's Failure in China, 1941 – 1950*, Chicago: University of Chicago Press, 1963.

Harry J. Thomas, *The first lady of China: the historic wartime visit of Mme. Chiang Kai-shek to the United States in 1943*, International Business Machines Corp. ,1943.

U.S Department of State, *American Foreign Policy ,1950-1955*, Basic Department , 1957 .

四、論文：

Wilma R. Slaight著，鄧純芳譯，〈衛斯理學院檔案館宋美齡相關史料簡介〉，《婦研縱橫》，第六十九期。

蔡玉真，〈馬英九細談宋美齡——她爲臺灣回歸寫下歷史記錄〉，《新聞週刊》，第四十期，二〇〇三年。

茶館，〈服務與揩油〉，《民報》，一九四六年一月七日，第六十九號，第二版。
茶館，〈一個到臺後簡單的印象〉，《民報》，一九四六年一月十四日，第六十九號，第二版。
陳紅民、傅敏，〈敗退臺灣前後蔣介石的父子情——六〉，《世紀》，二〇一〇年。
陳紅民、何揚鳴，〈蔣介石研究：六十年學術史的梳理與前瞻〉，《學術月刊》，第五期，二〇一一年。
陳紅民、夏思，〈蔣介石緣何與鮑羅廷決裂——《蔣介石日記》解讀之十三〉，第二期，《世紀》，二〇一三年。
陳紅民，〈解讀蔣介石寫日記之緣由〉，《總統府展覽研究》，第一期，二〇一三年。
陳進金，〈勞燕不分飛：烽火下的蔣、宋情〉，《近代中國》，第一五八／一五九期，二〇〇四年。
陳立文，〈為臺灣發聲——從蔣夫人幾次訪美談起〉，《近代中國》，第一五八／一五九期，二〇〇四年。
陳友民，〈走過三個世紀，見證百年歷史：蔣宋美齡著述及研究目錄〉，《全國新書資訊月刊》，第五十九期，二〇〇三年。
賴慧仙，李孟智，〈美國在華醫藥促進局（AMMAC）與臺灣公衛和醫護發展〉，《臺灣雜誌》，Vol.32，No.6，2013.
李非，〈光復初期臺灣經濟的重建與恢復〉，收入海峽兩岸臺灣史學術研討會論文，http://www.doc88.com/p—9582751 8496.html（2015/09/18 點閱）。

林秋敏，〈謝娥與臺灣省婦女會的成立及初期工作（一九四六—一九四九）〉，《臺灣文獻》（季刊），第六十三卷第一期暨《別冊》，第四十號。

林蔭庭，〈宋美齡書目舉隅〉，《婦研縱橫》，第六十九期，二〇〇四年。

劉維開，〈從《蔣中正總統檔案》看蔣夫人一九四八年訪美之行〉，《近代中國》，第一五八／一五九期，二〇〇四年。

劉維開，〈從南京到臺北——一九四九年國府遷台經過〉，《晉陽學刊》，第二期，二〇一二年。

劉維開，〈作為基督徒的蔣中正〉，《晉陽學刊》，第一期，二〇一一年。

石之瑜，〈從蔣夫人宋美齡女士對美外交論中國的地位〉，《近代中國》，第一一三期，一九九六年。

石之瑜，〈蔣夫人與中國的國家性質——後殖民父權文化的建構〉，《近代中國婦女史研究》，第四期，一九九六年。

石之瑜，〈蔣宋美齡女士的戰略思路——西方對一九四三年蔣夫人赴美演說的迴響〉，《中華戰略學刊》，春季刊，一九九七年。

石之瑜，〈美國媒體如何報導蔣夫人訪美行——一九四三年二月二十日〉，《近代中國》，第一一六期，一九九六年。

吳景平，〈胡佛研究所所藏宋子文檔案概況及其學術價值〉，《復旦學報》（社科版），第六期，二〇〇八年。

夏蓉，〈宋美齡與抗戰初期廬山婦女談話會〉，《民國檔案》，第一期，二〇〇四年。
嚴倬雲，〈蔣夫人與近代婦女工作〉，《近代中國》，第一三〇期，一九九九年。
楊翠華，〈美援對臺灣的衛生計畫與醫療體制之形塑〉，《近代史研究所集刊》，第六十二期，二〇〇八年。
楊天石，〈蔣介石晚年曾對宋美齡不滿〉，《南方都市報》，二〇一一年七月一日，B二三版。
葉霞翟，〈蔣夫人對婦女工作的提示〉，《臺北師專學報》，第七期，一九七八年。
游鑑明，〈是為黨國抑或是婦女？一九五〇年代的《婦友》月刊〉，《近代中國婦女史研究》，第十九期，二〇一一年十二月。
張斐怡，〈宋美齡相關出版目錄〉，《婦研縱橫》，第六十九期，二〇〇四年。
Madame Chiang Kai-shek, a Power in Husband's China and Abroad, Dies at 105,《紐約時報》二〇〇三年十月二十五日。
[日]譚〔ロ〕美，〈宋美齢という「女の一生」〉，新潮四十五／新潮社[編]二十三(一)（通號 261）2004－01 p.200－206。
[日]中牟田明子，〈宋美齢の及ぼした影響と活躍について〉，蒼翠：筑紫女學園大學アジア文化學科紀要：Bulletin of Chikushi Jogakuen University Department of Asian Studies / 筑紫女學園大學アジア文化學科編（通號 10）2009–03 p.102－117。
[日]富永孝子，〈張学良と宋美齢の知られざる純愛〉，新潮四十五／新潮社[編]三十二（十二）（通號 380）2013–12 p.210–220。

[日]ワールドニュース，〈元祖「ドラゴン・レディ」蔣介石夫人・宋美齡の一世紀〉，週刊東洋経済 (5861) 2003–11–22 p.133。
[日]上村幸治，〈民意が王朝を覆した台北の十五日間——李登輝政権を揺るがした宋美齡事件〉，（台湾の新たな道〈特集〉）エコノミスト／毎日新聞社［編］66(10) 1988–03–01 p.p61－66。
[日]石川照子，〈米中関係と宋美齡——日中戦争時期の対中支援要請活動をめぐって〉，大妻比較文化：大妻女子大学比較文化学部紀要／大妻女子大学比較文化学部 編（通號 2）2001 p.24－41。
[日]川上和久，〈戦後六十年、いまだ残る宋美齡の爪あと中国の後塵を拝する日本の国際宣伝力〉，中央公論 120(10)（通號 1457）2005–10 p.158－165。
[日]小松原伴子，〈宋家の三姉妹——宋靄齡・宋慶齡・宋美齡と中国革命（特集 中国史のなかの女性たち——西施から宋家の三姉妹まで）〉，月刊しにか／『月刊しにか』編集室編 10(12)（通號 117）1999–11 p.73－75。

五、報刊

《大公報》（臺灣）

《中央日報》（臺灣）
《中國時報》（臺灣）
《中華婦女》（臺灣）
《民眾日報》（臺灣）
《民報》（臺灣）
《自立晚報》（臺灣）
《近代中國》（臺灣）
《近代中國婦女史研究》（臺灣）
《婦友》（臺灣）
《傳記文學》（臺灣）
《臺灣新生報》（臺灣）
《聯合報》（臺灣）

後記

二○○九年，南京大學中華民國史研究中心組織兩岸十餘位學者開展專案「宋美齡與近代中國」的各項專題研究，其中「宋美齡後半生研究」課題由我承擔，並以此為博士論文選題。研究之初，即明確了自己的努力目標，以宋美齡個人的思想、行爲與生活爲主線，著力書寫宋美齡在歷史上的定位。二○一四年九月，四十萬字博士學位論文終告完成。雖說完稿，竟並沒有「一覽衆山小」的「豁然開朗」的感覺，而是有種接近目標卻無法觸碰的悵然。長達四、五年的對宋美齡的研究，使我一時也停不下來，念茲在茲的不斷思考。

承蒙蔣永敬老師提攜與愛護，指導修改論文，爲我作序，今得以成書出版。蔣老師對我這個晚輩扶助無微不至，令我感激不已。

在南京大學工作學習的十年裡，一直得到衆多師長的幫助和支持，使我由一個史學的門外漢慢慢進入到民國史研究之中。

本選題和寫作受到了張憲文教授的悉心指導。其間，更由他親自率領課題組成員赴臺灣蒐集資料，在當時臺灣歷史學界引起不少的轟動。平日裡，在老師身邊學習、工作，耳濡目染，給我以學術上的啓迪。

感謝吾師陳謙平教授體恤我工作、家庭的雙重壓力，從不對我做過高的要求，但在學術上始終要求我應以紮實的史料爲基礎，「有一份證據說一分話」；指導我在分析問題時一定要站在「國際化」的視野下來加以考量。

崔之清教授多年來關心我的成長，從論文學術史的回顧到多章的撰寫，都在理論方法、語言敘述上給予具體、細緻的指導，並不斷鼓勵我歷練自己思想，堅強面對困難。

陳紅民教授是我最早結識的南大歷史系（二〇一四年改為歷史學院）老師，多年來對我鼓勵有加，知道我做有關宋美齡的研究，無私地與我分享他在史丹佛大學胡佛研究所摘抄的「蔣中正日記」，提供了很多有關宋美齡的學術資訊和成果。

在「宋美齡與近代中國」研究的學術團隊裡，我們常常交流學術心得。張瑾、陳蘊茜、姜良芹、武菁、朱寶琴、張立杰、楊菁、潘敏、陳英杰等老師和李寧師妹，無不互相幫助，親密有加。吳世民、錢佼如等老師精湛的翻譯水準、嚴謹的治學態度，令我欽佩，使我獲益匪淺。

臺灣的諸多學者老師對我幫助頗多。國史館卓遵宏纂修、政治大學博士候選人楊善堯先生提供了諸多學術資訊和資料文獻。沒有他們的幫助，我的論文難有史料的積澱。赴臺收集資料期間，受到中研院張玉法、張力、沈懷玉、謝國興，香港珠海書院胡春惠，政治大學劉維開，輔仁大學林桶法，稻江科技暨管理學院孫若怡，國史館陳立文、侯坤宏、吳淑鳳，東華大學許育銘、陳進金等諸多師長的關照。

衷心感謝博士論文答辯的諸位評閱人和答辯委員，南京大學張生、李玉、王雲駿，南京師範大學張連紅和中國第二歷史檔案館馬振犢等教授提出的真知灼見，使論文在整體結構、主題思想等方面得到了提升。

同時，我還要感謝朱慶葆、張海林、范金民、申曉雲、李良玉、馬俊亞、劉相平、曹大臣、楊金榮等教授，他們精彩的講課、獨特的學術視角爲我們樹立了良好的學術榜樣。另外，我要感謝歷史學院李力、楊駿、任玲玲、胡正寧、顧薌、翟意安等同仁對我多方的關照。校圖書館陳遠煥、李佳，歷史系資料室張愛妹、韓文寧以及中美中心圖書館管理員等位先生，爲我查閱資料提供便利，在此一併致謝。

中國第二歷史檔案館郭必強、曹必宏，江蘇省社科院歷史研究所孫宅巍、王衛星，華東師範大學謝俊美，南開大學江沛，南京市檔案館夏蓓，南京師範大學經盛鴻等師長長期以來對我學術上的指引和勉勵。研究生院吳曉曼、金光兩位先生工作認真負責，在此表示敬意和謝意！

感謝熊玉文、崔巍、孫揚、邵瑋楠、銀品、柳德軍、龍天貴、車志慧、何志明、牛力、王靜、董爲民、陳中夏、范國平等同門、學友的幫助和鼓勵。

特別感謝臺灣商務印書館讓本書付梓出版，感謝責任編輯徐平先生爲書稿付出的心力！

最後，我還要感謝我的父母公婆，姨媽陸渝蓉、姨丈翟宏如教授對我攻讀博士的支持與關心，尤其是爸爸媽媽爲我做出的犧牲。我的先生方勇對我呵護備至，承擔了各種生活壓力，我不能忘卻他爲我做的付出，深深感謝你。我在讀書期間，有了兩個可愛的女兒，玥歡、思淇聰明伶俐，體貼待人，是我堅持前行的動力。

呂晶　二〇一五年十一月九日

於南京大學中華民國史研究中心

歷史，

中國史

宋美齡的後半生
找到真實的第一夫人

作者	呂　晶
審訂	蔣永敬
發行人	王春申
編輯指導	林明昌
營業部兼任 編輯部經理	高　珊
責任編輯	徐　平
封面設計	吳郁婷
校對	鄭秋燕
印務	陳基榮
出版發行	臺灣商務印書館股份有限公司
地址	23150 新北市新店區復興路43號8樓
電話	(02) 8667-3712　傳真：(02) 8667-3709
讀者服務專線	0800056196
郵撥	0000165-1
E-mail	ecptw@cptw.com.tw
網路書店網址	www.cptw.com.tw
網路書店臉書	facebook.com.tw/ecptwdoing
臉書	facebook.com.tw/ecptw
部落格	blog.yam.com/ecptw

局版北市業字第 993 號
初版一刷：2016 年 2月
定價：新台幣 450 元

ISBN 978-957-05-3036-0

宋美齡的後半生：找到真實的第一夫人 ／ 呂晶 著，蔣
永敬 審訂. --初版. --新北市：臺灣商務，2016. 02
面； 公分. --（歷史 中國史）

ISBN 978-957-05-3036-0（平裝）

1. 宋美齡 2. 傳記

782.886　　　　104029282

廣　告　回　信
板橋郵局登記證
板橋廣字第1011號

免　貼　郵　票

23150
新北市新店區復興路43號8樓
臺灣商務印書館股份有限公司　收

請對摺寄回，謝謝！

傳統現代　並翼而翔

Flying with the wings of tradtion and modernity.

讀者回函卡

感謝您對本館的支持，為加強對您的服務，請填妥此卡，免付郵資寄回，可隨時收到本館最新出版訊息，及享受各種優惠。

■ 姓名：________________　性別：□ 男　□ 女

■ 出生日期：________年________月________日

■ 職業：□學生　□公務(含軍警)　□家管　□服務　□金融　□製造
　　□資訊　□大眾傳播　□自由業　□農漁牧　□退休　□其他

■ 學歷：□高中以下（含高中）□大專　□研究所（含以上）

■ 地址：
____
____

■ 電話：(H) ________________　(O) ________________

■ E-mail：________________________

■ 購買書名：________________________

■ 您從何處得知本書？
　□網路　□DM廣告　□報紙廣告　□報紙專欄　□傳單
　□書店　□親友介紹　□電視廣播　□雜誌廣告　□其他

■ 您喜歡閱讀哪一類別的書籍？
　□哲學・宗教　□藝術・心靈　□人文・科普　□商業・投資
　□社會・文化　□親子・學習　□生活・休閒　□醫學・養生
　□文學・小說　□歷史・傳記

■ 您對本書的意見？（A/滿意　B/尚可　C/須改進）
　內容 ________編輯________校對________翻譯________
　封面設計________價格________其他________________

■ 您的建議：________________________

____

※ 歡迎您隨時至本館網路書店發表書評及留下任何意見

臺灣商務印書館　The Commercial Press, Ltd.

23150新北市新店區復興路43號8樓　電話：(02)8667-3712
讀者服務專線：0800-056196　傳真：(02)8667-3709
郵撥：0000165-1號　E-mail：ecptw@cptw.com.tw
網路書店網址：www.cptw.com.tw　網路書店臉書：facebook.com.tw/ecptwdoing
臉書：facebook.com.tw/ecptw　部落格：blog.yam.com/ecptw